WELTREPORTER
global correspondents

MIT 50 EURO DURCH ...

Herausgeber
Christoph Drösser

Zu allen Unternehmungen in diesem Buch stehen für Sie GPX-Daten zum kostenlosen Download bereit. Einfach den nebenstehenden QR-Code scannen und losreisen!

POLYGLOTT

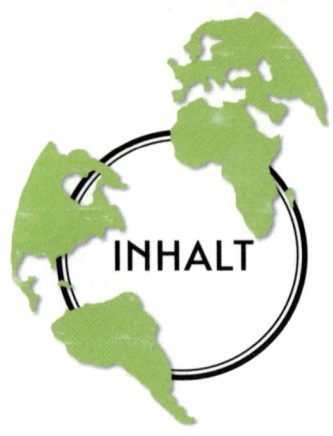

INHALT

4
VORWORT
Kleines Budget, großes Erlebnis

—

8
AMSTERDAM
Venezia Hollandia – per *fiets* durch vier Jahrhunderte

—

19
BANGKOK
Der Geschmack der Megacity

—

28
BARCELONA
Renitente Diva am Mittelmeer

—

38
BELGRAD
Schmuddelig und prachtvoll, Flüsse & Hügel, Parks & Villen

—

48
BERLIN
Auf in den unentdeckten Westen

—

56
BUENOS AIRES
Ein Häusermeer, das niemals schläft

—

65
DURBAN
Surfer, Straßenhändler und Sundowner – im Herz der Multi-Kulti-Metropole

—

75
EDINBURGH
Auf den Spuren der schottischen Könige

—

85
FLORENZ
Toskanischer Abstecher in die Moderne

—

95
GENF
Zwischen Schwänen, Möwen und Friedenstauben

—

104
ISTANBUL
Logenplatz auf dem Bosporus

113
JERUSALEM
Dem Himmel ganz nah

124
KOPENHAGEN
Auf zwei Rädern am Wasser unterwegs

134
LONDON
Quer durch den »melting pot«

143
LOS ANGELES
Surferinnen, Siedler, Straßenbahnen

152
MADRID
Auf der Suche nach Stadt und Meer

161
NAIROBI
Viele Welten in einer

170
NEW YORK
Weltreise auf 87 Quadratkilometern

180
PARIS
Flânerie durch Zeit und Raum

190
PRAG
Die hippen Seiten der Goldenen Stadt

200
ROM
Zwischen Kolosseum und Koriander

210
SALVADOR DA BAHIA
Ein Uber-Spaziergang durch die afrikanischste Stadt außerhalb Afrikas

220
SAN FRANCISCO/OAKLAND
Unterwegs auf beiden Seiten der Bucht

232
SYDNEY
Wellenrauschen und Wolkenkratzer

241
TAIPEH
Heiße Quellen und ein Hafen voller Geschichte

251
TUNIS
Von Schutzheiligen und Chilischoten behütet

260
WARSCHAU
Tragische Vergangenheit, aufregende Gegenwart

269
WIEN
Pferdeleberkäs-Semmel und drei Achtel in Ehren

278
DIE AUTORINNEN UND AUTOREN DIESES BUCHS

KLEINES BUDGET, GROSSES ERLEBNIS

Kann man mit 50 Euro pro Tag die Metropolen der Welt erfahren? Diese Frage stand am Anfang dieses Buchs, und wir sind zu dem Schluss gekommen: Ja, man kann!

Dabei schummeln wir natürlich ein wenig, weil wir die Übernachtungskosten nicht einbeziehen. Da hat jeder und jede Reisende andere Maßstäbe, und es gibt nur noch wenige Länder auf der Welt, in denen man für diesen Preis ein annehmbares Zimmer bekommt. Die 50 Euro beziehen sich auf den Teil des Tages, den man in wachem Zustand verbringt, vom Morgenkaffee bis zum Absacker am Abend. Und auch da sollten Sie die Zahl eher symbolisch verstehen: Dieses Buch ist kein Reiseführer für Billigheimer und Schnäppchenjäger – es steht Ihnen frei, das Budget zu überziehen und zum Beispiel in einem Sternerestaurant zu essen. Sehen Sie unsere Kapitel eher als *proof of concept* an, als einen Beweis für die These, dass man auch mit schmalem Budget einen Eindruck vom Leben in diesen Städten bekommen kann. Einen Eindruck, der häufig authentischer ist, als wenn man die Standardsehenswürdigkeiten abklappert, die in anderen Reiseführern aufgelistet werden.

Was als Erstes auffällt: Für 50 Euro bekommt man natürlich nicht überall auf der Welt gleich viel. Während meine Kollegin in Istanbul oder der Autor in Warschau am Ende des Tages noch Geld übrig hatten, mussten wir für das Kapitel über San Francisco und Oakland sehr sparsam sein. Und als wir gerade mit Mühe die 50-Euro-Latte unterquert hatten, fiel der Eurokurs auf den Wert von exakt einem Dollar, was die Preise entsprechend steigen ließ. Die Autorin in Buenos Aires beschreibt in ihrem Text, wie viele verschiedene Devisenkurse es in Argentinien gibt und dass daher »50 Euro« alles Mögliche bedeuten können. Und ein Jahr nach dem Erscheinen dieses Buchs sieht wahrscheinlich sowieso alles ganz anders aus. Dazu kommt, dass im Jahr 2022 die ganze Welt über Inflation klagt. Wir können daher keinen der in diesem Buch angegebenen Preise garantieren. Sehen Sie also die 50 Euro als Richtwert an und nicht als eine exakte Preisangabe!

Hier und da machen wir Vorschläge für »Upgrades« – Dinge am Wegesrand, die sich lohnen, deren Kosten aber das gesetzte Budget deutlich überschreiten würden. Entscheiden Sie selbst, ob Sie tiefer in die Tasche greifen oder lieber unbeeindruckt weiterspazieren wollen.

Die Autorinnen und Autoren dieses Buchs sind Mitglieder des Vereins Weltreporter.net, einer Vereinigung von freiberuflichen Journalistinnen und Journalisten, die aus aller Welt für deutschsprachige Medien berichten. Alle leben schon mindestens ein paar Jahre in den Ländern, über die sie schreiben. Wir glauben, dass eine fundierte Auslandsberichterstattung nur möglich ist, wenn die Berichtenden eingebettet sind in die Kultur und die Lebensweise der Region – und nicht einfach schnell eingeflogen werden, wenn ein Land in die Schlagzeilen gerät. Weil sich immer weniger Medien feste Korrespondentinnen und Korrespondenten leisten können, wird die Rolle von freien Reporterinnen und Reportern mit Ortskenntnis immer wichtiger.

Für dieses Buch sind die Weltreporterinnen und Weltreporter die idealen Autoren: Sie haben sich die Stadt, in der sie leben, freiwillig ausgesucht und schreiben mit Liebe und Engagement über ihre Wahlheimat. Als »Einheimische« kennen sie Stadtviertel und Sehenswürdigkeiten, die in den meisten Reiseführern nicht auftauchen. Gleichzeitig haben sie weiterhin eine Verbindung zur Öffentlichkeit in ihrer Heimat und können die Städte auch noch mit dem Blick von Deutschen, Schweizern und Österreichern sehen.

Herausgekommen sind 28 sehr unterschiedliche Kapitel. Die eine Autorin führt Sie auf einer eher klassischen Tour durchs Stadtzentrum, während der andere Autor die Innenstadt ganz meidet und Sie in ein Viertel führt, in dem Sie kaum auf Touristen stoßen werden. Allen gemeinsam ist: Ziehen Sie sich gutes Schuhwerk an, denn Sie werden viel zu Fuß unterwegs sein. In acht Städten auch per Fahrrad – seit es in fast allen Metropolen Stationen mit Leihrädern gibt, ist das eine preiswerte, flexible und flotte Methode, die Stadt zu erkunden. Selbst New York hat sich zu einer fahrradfreundlichen Stadt gewandelt.

Unsere Touren sind kein Pflichtprogramm. Sehen Sie jedes Kapitel als ein Angebot an. Sie können den Tagesausflug exakt so absolvieren, wie er beschrieben ist – er funktioniert an einem Tag, versprochen! Oder gehen Sie es ruhiger an und verteilen die Route auf zwei Tage. Und wenn Sie auf die klassischen Touristenziele nicht ganz verzichten wollen: Sie sind doch sicherlich nicht nur einen Tag in der Stadt, oder? Machen Sie gerne Mix & Match – picken Sie sich interessante Elemente aus unserem Angebot heraus und kombinieren Sie diese mit Ihrer eigenen Wunschliste.

Mit unserem Reiseführer können Sie auch Städte neu entdecken, die Sie schon einmal besucht haben. Die Atmosphäre, die Gerüche und Geräusche, die Alltagskultur der Einheimischen – das sind Dinge, die man auch für wenig Geld erfahren kann.

Christoph Drösser

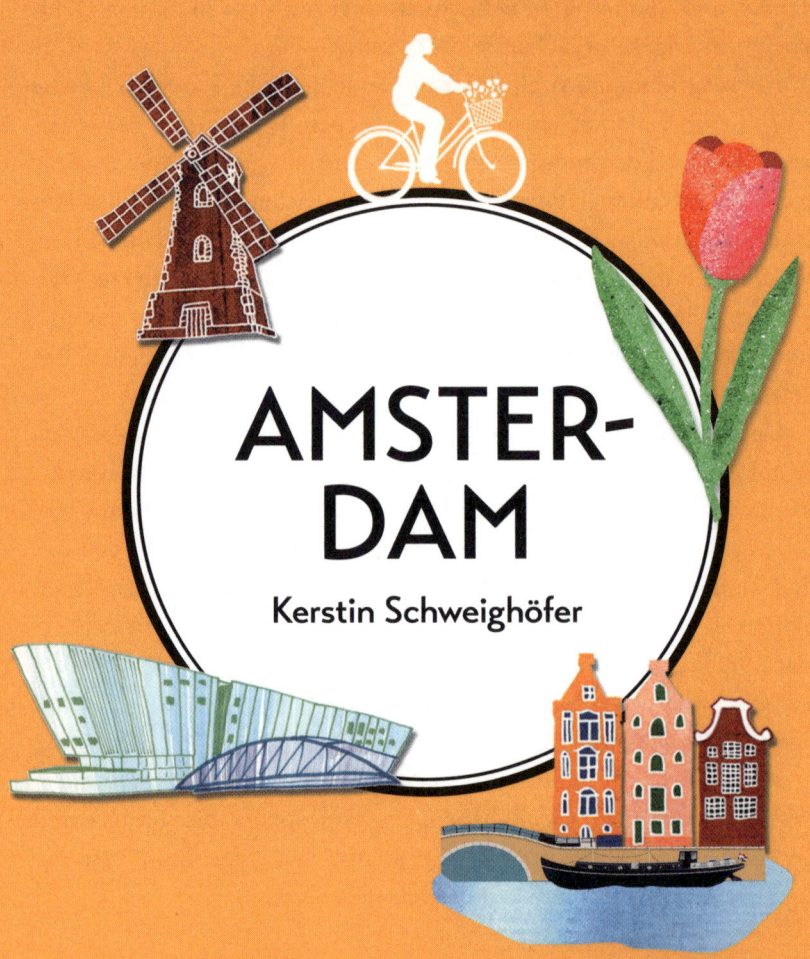

AMSTERDAM

Kerstin Schweighöfer

VENEZIA HOLLANDIA – PER FIETS DURCH VIER JAHRHUNDERTE

Amsterdam ist Naschen mit den Augen«, pflegt mein Freund Vincent zu sagen, ein Fotograf. Recht hat er. Und das Schönste daran: Man bekommt nie genug. Ich jedenfalls kann mich nicht sattsehen an den Backsteinfassaden der Grachtenhäuser, eine schiefer als die andere, die mit ihren weiß umrandeten Fenstern und Giebeln aussehen wie Lebkuchen mit Zuckerguss. An den Hausbooten, die in allen Formen und Altersklassen auf dem Wasser dümpeln. Den Brücken und Kanälen, Treppen-, Schnabel- und Glockengiebeln.

Kurzum – das Sortiment ist vielfältig. Damit Sie einen Überblick bekommen, führe ich Sie als Erstes auf das schiefe Dach des **Wissenschaftsmuseums Nemo**, das uns, einen Steinwurf vom Hauptbahnhof entfernt, wie ein grüner Schiffsrumpf entgegenschimmert. Der italienische Architekt Renzo Piano hat es wie eine Piazza gestaltet, mit Loungebänken, Wasserspielen, Blumenkübeln und einem Café – aber als abschüssige Terrassenlandschaft mit einem traumhaften Panoramablick über die Stadt.

Hier oben liegt uns Amsterdam zu Füßen wie eine überdimensionale geöffnete Pralinenschachtel: Links im Osten leuchtet das monumentale weiße Schifffahrtsmuseum zu uns herauf, vor dem die »Amsterdam« vor Anker liegt – die originalgetreue Kopie eines Dreimasters, auf dem die Ostindische Handelskompanie VOC einst Gewürze, Seide und Porzellan aus Asien nach Europa brachte. Auf der anderen

> Ohne Grachtengürtel kein Amsterdam-Gefühl. Doch die niederländische Hauptstadt hat mehr zu bieten als nur ihr Welterbe aus dem 17. Jahrhundert: Hinter dem Hauptbahnhof entstehen neue Kreativviertel mit witzigen Kneipen, Museen, Künstlerateliers und viel experimenteller zeitgenössischer Architektur.

Seite, im Westen, zeichnet sich die Kuppel der Nikolausbasilika gegen den Himmel ab. Hinter ihr erstreckt sich die Amsterdamer Altstadt mit den Wallen, dem berühmt-berüchtigten Rotlichtbezirk. Noch weiter rechts, direkt neben uns, die neue städtische **Bibliothek OBA**: Dieser 40 Meter hohe, mit Designmöbeln eingerichtete Bücherpalast macht dem Nemo Konkurrenz, auch er hat oben eine Terrasse zu bieten. Eine prima Alternative bei Regenwetter, denn sie ist teilüberdacht. Der Nachteil: Im Selbstbedienungsrestaurant auf dem OBA-Dach muss man etwas kaufen.

FRÜHSTÜCK MIT FERNBLICK

Auf dem Nemo hingegen packen wir um zehn Uhr morgens unseren Proviant aus, um zu frühstücken. Neben uns plätschert ein Wasserlauf von Stufe zu Stufe nach unten. Ein paar Meter weiter liegt eine Frau auf einer Stufe und liest. Und vom Springbrunnen weiter unten tönt Kinderlachen herauf, denn da laden Kurbeln dazu ein, Wasserstrahlen in die Höhe schießen zu lassen. Ein Vater kurbelt mit seinen Söhnen um die Wette.

Amüsiert schauen wir zu, während wir unser Käsesandwich genießen – frisches Baguette mit *boerenkaas* belegen – pikantem Bauernkäse. *Lekker!* Zweimal 250 Gramm für 4,75 Euro. Reicht locker für unsere heutige Tourgruppe von vier Personen. Damit eingedeckt haben wir uns bei **Albert Heijn**, einer Supermarktfiliale an der Oosterdokskade, auf halber Strecke zwischen Hauptbahnhof und Nemo. AH, wie er kurz heißt, gehört zu Holland wie die Tulpen und die Windmühlen. Alle meine niederländischen Freunde haben Kristallgläser und Silberbesteck, das sie mit AH-Rabattmarken zusammengespart haben. Ich auch.

Alles in allem kostet unser Frühstück auf dem Dach keine 6 Euro pro Person, das Teuerste daran ist der Kaffee. Wir hätten für 2 Euro *Coffee to go* von AH mit nach oben nehmen können, aber wir leisten uns frischen heißen im Nemo-Café, auch wenn er da 1 Euro mehr kostet. Dafür können wir hier unsere Flaschen umsonst mit Wasser für unterwegs füllen. Überall in der Stadt gibt es Trinkwasserhähne, auch auf dem Nemo (man findet sie alle unter www.drinkwaterkaart.nl).

IM KÖNIGREICH DER *FIETSERS*

»Seht ihr die Schwimmer da drüben?«, frage ich, als wir die breite Rampe wieder nach unten laufen. Denn am anderen Ufer, auf dem **Marineterrein** neben dem Schifffahrtsmuseum, ist Schwimmen erlaubt. Auf eigene Gefahr, aber gratis und mit Sicht auf Nemo und den VOC-Dreimaster ziemlich einzigartig (Infos gibt's hier: www.marine terrein.nl/news/information-for-swimmers).

Wenn wir die Badesachen dabei hätten ... So aber schließen wir die Fahrräder auf, die wir unten zurückgelassen hatten. Die Hauptstadt des Königreichs der *fietsers* wird auf dem Rad entdeckt, völlig klar. Ausgeliehen haben wir sie bei **MacBike**, gleich neben der AH-Filiale an der Oosterdokskade, 24 Stunden für 14,75 Euro. Man kann Amsterdam natürlich auch zu Fuß erobern. Aber das ist anstrengender. Oder mit Tram und Metro für 8,50 Euro pro Tag. Aber das ist umständlicher. Mit dem Rad hat man sehr viel mehr Freiheit. Acht geben allerdings sollte man schon, vor allem vor den einheimischen *fietsers*. Denn die kommen grundsätzlich von allen Seiten, mit einem mörderischen Tempo.

Zum Abschluss heute Nachmittag werden wir das neue Amsterdam hinter dem Hauptbahnhof besuchen, mit viel experimenteller Architektur. Jetzt aber geht es erst einmal in die Altstadt mit dem Grachtengürtel, für den fast alle kommen. Ohne Grachten kein Amsterdam-Gefühl. Wobei die meisten Touristen der Stadt sozusagen umgehend an die Wäsche gehen: Vom Hauptbahnhof aus steuern sie schnurstracks auf das Rotlichtviertel zu.

Wir hingegen machen als Erstes einen Schlenker nach rechts, an die **Brouwersgracht.** Hier sind wir am westlichen Ende des Grachtengürtels, und unsere Augen haben besonders viel zu naschen. Egal, wohin sie schauen – überall sind Brücken! Denn die Brouwersgracht verbindet die drei berühmtesten Grachten der Stadt: die Heren-, Keizers- und Prinsengracht. Vormittags ist es hier am schönsten, dann ist es noch ruhig. Das Sonnenlicht zaubert goldene Flecken in das helle Grün der Laubbäume und lässt das Wasser der Grachten silbern aufblitzen. Vor den Häusern bohren sich Stockrosen aus dem Kopfsteinpflaster, zwischen den Blumenkübeln an Deck eines Hausbootes lugt eine Katze hervor.

Gleich um die Ecke, am **Herenmarkt,** liegt das Westindisch Huis, das einstige Hauptquartier der Westindischen Handelskompanie WIC, die anders als die VOC nicht nach Asien, sondern nach Amerika segelte. Im Innenhof steht die Statue eines einbeinigen Mannes: Peter Stuyvesant, letzter Gouverneur von Nieuw Amsterdam. So hieß der Handelsposten der Niederländer am Hudson River. 1667, nach dem Zweiten Seekrieg gegen die Engländer, mussten sie ihn dem Gegner überlassen. Aus Nieuw Amsterdam wurde New York. Viele Straßen- und Ortsnamen im Big Apple erinnern bis heute daran. Die Wall

Street war früher die Wallstraat, hat also nichts mit einer Wand zu tun, sondern mit einem Wall. Harlem ist nach der niederländischen Stadt Haarlem benannt, und Brooklyn nach Breukelen, einem kleinen Ort bei Utrecht.

Wir radeln die **Prinsengracht** entlang, vorbei am Anne-Frank-Haus und der Westerkerk mit ihrem imposanten Turm. Das Glockenspiel unter seiner Kaiserkronenkuppel hat Anne Frank von ihrem Versteck im Hinterhaus aus hören können und in ihrem Tagebuch beschrieben. Der Oude Wester, wie der Turm genannt wird, ist das Wahrzeichen des **Jordaan,** eines liebevoll sanierten Arbeiterviertels, in dem heute viele Intellektuelle und Künstler leben und das westlich an die Prinsengracht grenzt. Im Jordaan sind die Gassen und Grachten besonders pittoresk und die Kneipen besonders urig. Hier gibt es viele Galerien für zeitgenössische Kunst, darunter so tonangebende wie Torch, Annet Gelink oder Fons Welters. Ideal für einen Galerienspaziergang bei Regenwetter! Eine kostenlose Alternative für einen Museumsbesuch.

DIE GOLDENE BIEGUNG

Wir sind dafür zu früh dran, die meisten Galerien öffnen erst um 13 Uhr. Außerdem ist heute Mittwoch – und mittwochs von 12.30 bis 13 Uhr gibt es im Concertgebouw am Museumsplatz kostenlose Lunchkonzerte (leider nicht im Juli und August). Ich habe online Karten reserviert.

Auf dem Weg dorthin radeln wir über das schönste Stück der Herengracht, den Abschnitt zwischen Leidse- und Vijzelstraat: **Gouden Bocht** heißt er, goldene Biegung, denn hier sind die Grachtenhäuser besonders groß und prächtig und reich verziert. In dieser Gegend befinden sich die feinsten Adressen der Stadt – und auch das Amsterdamer Goethe-Institut.

Gleich um die Ecke liegt das Stadtarchiv **De Bazel**, ein wuchtiger Backsteinbau, mehr als 100 Meter lang und genauso viele Jahre alt. Die Innengestaltung mit Säulen und bunten Fliesen ist ein echter Eyecatcher, der Eintritt ist frei. Im Bazel finden obendrein interessante Ausstellungen statt, die meisten können kostenlos besichtigt werden.

Was wir, wenn nicht Mittwoch wäre, gerne täten. So aber steuern wir über die Nieuwe Spiegelstraat auf den Museumsplatz zu, begrüßt von den Türmen des **Rijksmuseums,** die schon von Weitem erkennbar sind. Der neu gestaltete Eingangsbereich im Souterrain mit den beiden gigantischen Lichtkuppeln ist gratis zugänglich. Wir steigen kurz runter, legen den Kopf in den Nacken und drehen uns einmal um die eigene Achse – was für ein Raumerlebnis! *(Upgrade: eine Museumjaarkaart kostet 64,90 Euro – damit kommt man ein Jahr lang in mehr als 450 Museen des Landes. Ohne Museumjaarkaart zahlt man allein im Reichsmuseum 20 Euro.)*

Dann sputen wir uns, an Van Gogh Museum und Stedelijk Museum vorbei, zum **Concertgebouw.** 30 Minuten Livemusik vom Feinsten. Diesmal Bach und Liszt. Die Akustik des Amsterdamer Konzerthauses ist legendär – und das Concertgebouworkest gilt als eines der besten Orchester der Welt. Eine herrliche Erfahrung!

Höchste Zeit fürs Mittagessen: Zur Auswahl stehen Falafel bei **MAOZ**, meinem Lieblings-Falafelladen am Muntplein, eine Portion für 5,95 Euro. Oder eine große Tüte der besten *frietjes* der Stadt beim **Vlaams Friteshuis Vleminckx** in der Voetboogstraat: 5,20 Euro, inklusive Soße. Wir können uns nicht entscheiden. Deshalb radeln wir erst zum Muntplein, teilen uns dort zu viert zwei Portionen Falafel und laufen dann die 200 Meter weiter zum Vlaams Friteshuis, wo jeder eine halbe Tüte *frietjes* bekommt.

Die Räder haben wir am Muntplein zurückgelassen, denn jetzt sind wir mittendrin im Trubel der **Fußgängerzone der Altstadt.** Aber es gibt hier eine wunderbare Oase der Ruhe: den **Beginenhof,** ein mittelalterliches Wohnstift für katholische Frauen mit liebevoll angelegten Vorgärten, Kastanienbäumen und einer kleinen Kirche. Kaum sind wir drin, verebbt der Großstadtlärm. Schweigend drehen wir eine Runde und genießen die Stille.

Dann holen wir die Räder ab, fahren 500 Meter über den Rokin – und schon sind wir mitten auf den **Wallen,** dem berüchtigten Rotlichtbezirk. Einmal muss man ihn gesehen haben. Hier gibt es Bordelle, Coffee- und Sexshops, aber auch ganz normale Tante-Emma-Lädchen, Restaurants und Cafés. So wie das Quartier Putain gleich gegenüber der Oude Kerk: ein Café zwischen einer Kindertagesstätte links und den Fenstern von Prostituierten rechts. Von diesen Fenstern ist die Oude Kerk umringt. Nachts säumen sie das älteste Gebäude der Stadt wie eine überdimensionale, rot leuchtende Halskrause.

SAUFTOURISTEN STATT MATROSEN

So verrucht die Wallen auch sein mögen, sie gehören zu den malerischsten Ecken von Amsterdam. Nirgendwo sind die Gässchen schmaler und die Häuserfassaden schiefer als in diesem mittelalterlichen Labyrinth. Jacques Brel hat es in seinem Chanson »Amsterdam« *(Dans le port d'Amsterdam, y'a des marins qui chantent ...)* beschrieben, denn einst grenzten die Wallen an den Hafen.

Heute rücken statt der Matrosen junge Männer aus ganz Europa mit dem Billigflieger an, um saufend und kiffend durch die Straßen zu ziehen. Zum Leidwesen der Wallen-Bewohner, die inzwischen für Gegenmaßnahmen gesorgt haben: Die Prostituierten sollen in ein

Erotikzentrum anderswo umziehen. Und die Coffeeshops dürfen vielleicht schon bald nur noch einheimische Kiffer bedienen.

Wir gelangen zum **Schreierstoren**, einem ehemaligen Verteidigungsturm. Von seinen Zinnen sollen die Frauen der Seefahrer den ausfahrenden Schiffen hinterhergeweint haben.

EIN ENGLÄNDER IN HOLLÄNDISCHEN DIENSTEN

Eines von ihnen war die »Halve Maen«, der Halbmond. Eine Gedenktafel erinnert daran, dass sie am 4. April 1609 in See stach. Ihr Kapitän war ein gewisser Henry Hudson aus England. Die VOC hatte ihn angeheuert, einen kürzeren Seeweg nach Indien zu finden, nicht länger umständlich um das Kap der Guten Hoffnung herum. Statt unten- sollte es Hudson obenherum versuchen, über die Nordostroute an Russland vorbei. Doch auf See änderte er den Kurs und segelte nach Nordwest über den Atlantik. Das ging eine ganze Weile gut. Bis ihm der amerikanische Kontinent in die Quere kam. Hudson traf dann zwar noch auf die Mündung eines Flusses und folgte ihm. Doch als dieser zu schmal wurde, musste er umkehren und nach Europa zurücksegeln. Kurz darauf wagten sich die ersten Niederländer über den Atlantik und ließen sich an den Ufern des von Hudson entdeckten Flusses nieder. Völlig klar, wie sie ihn nannten, oder? 1626 erwarben die Siedler ein Stück Land, das die Ureinwohner Manahatta nannten, Insel der Hügel: Dort, wo heute Lower Manhattan liegt, gründeten die Niederländer Nieuw Amsterdam, das spätere New York.

Das alles begann hier, am Schreierstoren. Damit schließt sich der Kreis. Auch für uns: Denn nach elfeinhalb Kilometern durch Altstadt und Grachtengürtel sind wir wieder da, wo unsere Radtour begann. Vor uns liegt der Hauptbahnhof mit der Oosterdokskade.

> **HIGHLIGHT**
>
> **AMSTERDAM NOORD**
> Das ehemalige Industrie- und Arbeiterviertel nördlich des IJ ist heute Szeneviertel und Kreativquartier.

Nun steht zum Abschluss das neue, das andere Amsterdam im Norden auf dem Programm. Es beginnt mit einer kleinen Seereise übers Ij, so heißt das Gewässer hinterm Hauptbahnhof. Eine Armada kleiner Fährboote schwärmt von hier wie ein Fächer übers Wasser aus, um Pendler und Ausflügler kostenlos ans andere Ufer zu bringen. Dort ist ein Kreativviertel entstanden mit Galerien und Künstlerateliers, witzigen Cafés und Restaurants. Sein Wahrzeichen ist das **Filmmuseum Eye**. Schneeweiß glänzend leuchtet es vom Nordufer herüber, wie eine gigantische, leicht geöffnete Auster.

Die Überfahrt zum Eye dauert nur fünf Minuten, dann stehen wir in der Arena, im Herzen der Auster. Dieser öffentliche Raum hat die Form eines Amphitheaters mit Café, vollverglaster Fassade und einem prächtigen Blick auf das alte Amsterdam am anderen Ufer.

WERFTEN, KRÄNE UND EIN *BIERTJE*

Wir widerstehen der Versuchung, uns hier zu einem *biertje* niederzulassen, wir wollen noch rund drei Kilometer weiter radeln, auf das Gelände der 1978 stillgelegten **NDSM-Werft**, einst drittgrößte Werft der Welt. 90 Hektar, auf denen Ozeanriesen gebaut und Kreuzfahrtschiffe getauft wurden. Viele Hallen und Kräne stehen noch, stumme Zeugen einer rauen Vergangenheit. Wir staunen über das **Kraanhotel**, in dem man eine unvergessliche Nacht in 50 Meter Höhe verbringen kann, denn es befindet sich in einem alten Kran und hat genau drei Zimmer zu bieten, die wie Container übereinander gestapelt sind. Auch an der **Kraanspoor** radeln wir vorbei, einem 270 Meter langen Bürogebäude, das auf der Trasse einer alten Kranspur errichtet wurde. Wie ein umgekippter gläserner Wolkenkratzer scheint es über dem Wasser zu schweben.

Die Sonne steht schon tief, als wir die Anlegestelle der Fähre erreichen, die von der NSDM-Werft zurück ans Südufer fährt. Aber nach insgesamt 15,5 Kilometern ist es jetzt wirklich Zeit für ein Bier – gleich neben dem Anlegesteg, in der **Ij-kantine**, einem Restaurant in einer alten Industriehalle mit Terrasse. Ein *vaasje* vom Fass, leider nur 0,25 Liter für 2,90 Euro und viel zu schnell leer. Wo soll der Tag ausklingen? Wir haben jeder noch rund 20 Euro übrig. Das würde für ein zweites Bier und eine Quiche oder einen Ijkantinenburger reichen. Wir könnten aber auch etwas typisch Holländisches essen: *pannenkoek*. In der **Pancake-Bakery** an der Prinsengracht ist er wagenradgroß, pikant oder süß und kostet maximal 16,65 Euro. Allerdings wären es vom Hauptbahnhof aus dann nochmal 1400 Meter mit dem *fiets*. Kein Problem?

Kurz darauf stehen wir wieder auf der Fähre, ganz vorne am Bug, das Gesicht im Fahrtwind. Dieses Mal dauert die Seereise 15 Minuten. Über uns kreischen Möwen, vor uns passieren Schlepper und Frachtschiffe. Wir genießen jede Sekunde. Und machen das, was heute zu unserer Lieblingsbeschäftigung geworden ist: mit den Augen naschen.

KASSENBON

Frühstück: Baguette mit Boerenkaas — 6,00 €
Fahrradmiete — 14,75 €
Mittagessen: Falafel und Frietjes — 5,58 €
Bier — 2,90 €
Abendessen: Pannenkoek — 16,65 €

EURO 45,88

AMSTERDAM

DER GESCHMACK DER MEGACITY

Unser Streifzug beginnt bei einem Tempel – aber keine Sorge: Das bei Reisegruppen übliche Abklappern der buddhistischen Klöster und Gebetsstätten ersparen wir uns heute. Die goldenen Dächer, verzierten Pagoden und Buddha-Statuen in den religiösen Anlagen, die man in Thailand »Wat« nennt, heben wir uns für einen anderen Tag auf. Heute werfen wir uns mitten ins Gedränge der thailändischen Megacity: Wir erleben, wo die Millionenmetropole am besten riecht, wie sie schmeckt und wohin man flüchtet, wenn der Lärm wieder einmal überhandzunehmen droht.

Der Tag wird lang, wir brauchen ein gutes Frühstück. Treffpunkt ist der Tempel **Wat Mangkon** – genauer gesagt, die gleichnamige Haltestelle der MRT-U-Bahn-Linie in Bangkoks Chinatown. Sie ist eine von Dutzenden neuen Stationen, die in den vergangenen Jahren zum rasant wachsenden öffentlichen Nahverkehrsnetz hinzugekommen sind, und sie gehört mit Sicherheit zu den schönsten: Die rot-goldenen Wände sind mit traditionellen chinesischen Mustern dekoriert. An den Decken finden sich Drachenmotive – schließlich bedeutet der Haltestellenname übersetzt »Drachen-Lotus-Tempel«.

Wir gehen zu Fuß in Richtung der **Yaowarat Road**, der wichtigsten Verkehrsader des Stadtteils. Abend für Abend säumen Garküchen, Obststände und Süßigkeitenverkäufer die mit Neonlichtern grell erleuchtete Straße. Am frühen Morgen beobachten wir, wie sie langsam vom Gelage des Vortags erwacht. Schräg gegenüber des Shanghai-Mansion-Hotels biegen wir in die Seitengasse Song Sawat ein und finden bereits nach einem Häuserblock unser erstes Ziel: das **Ecklokal Ek Teng Phu Ki**, eines der ältesten Cafés Bangkoks.

> Thailands chaotischer Hauptstadt nähert man sich am besten mit leerem Magen. Gutes und günstiges Essen gibt es in Bangkok buchstäblich an jeder Straßenecke. Unsere kulinarische Tour führt uns von Chinatown über einen schwimmenden Markt bis zu einem jahrzehntealten Familienrestaurant.

Der Blick auf die Speisekarte liefert uns schon einmal einen Hinweis darauf, dass wir keine großen Probleme haben werden, uns mit unserem Budget durchzuschlagen: 50 Euro bringen uns knapp 1850 Baht (100 Baht ≈ 2,72 €) – zum Frühstück brauchen wir nur einen kleinen Teil davon. Nichts ist in dem Laden wirklich teuer.

Wir schlagen richtig zu und bestellen: *khai krata* (ein Pfännchen mit einem Spiegelei, Hackfleisch, vietnamesischer und chinesischer Wurst), eine Portion Garnelen-Dim-Sum sowie gedünsteten Toast, der mit einer Kokosnusscreme zum Eintunken serviert wird. Dazu trinken wir heißen Kaffee nach traditioneller Rezeptur: eine sehr starke schwarze Brühe auf einer Schicht süßer Kondensmilch – der perfekte Wachmacher. Das alles kostet uns zusammen 185 Baht, und ein Glas Tee aufs Haus gibt's obendrein, das ist hier so üblich.

Der Blick auf die mit Fotos und Erinnerungsstücken behängte Wand des inzwischen in vierter Generation betriebenen Lokals lässt erahnen, dass die Preise hier schon immer recht vernünftig waren: Ausgestellt ist dort die erste Speisekarte, mit der das Café im Jahr 1919 eröffnete. Sie bewirbt ein Getränk, das damals noch recht exotisch war: Tee mit Eiswürfeln für 0,25 Baht. In der tropischen Metropole waren Kaltgetränke vor mehr als 100 Jahren noch lange keine Selbstverständlichkeit.

SAMPENG: EIN MARKT FÜR ALLES

Was sich seither nicht geändert hat, sehen wir, wenn wir frisch gestärkt weiterlaufen zum 300 Meter entfernten **Sampeng-Markt**: Chinatown ist heute wie damals Heimat der Händler, Feilscher und Geschäftemacher. Seit Bangkok vor fast 250 Jahren zur Hauptstadt des Königreichs Siam – des heutigen Thailands – wurde, prägen chinesischstämmige Einwanderer und ihre Nachfahren das wirtschaftliche Leben am Ufer des Chao Phraya, des Hauptflusses der Metropole. Anfang des 20. Jahrhunderts war die Gegend das kommerzielle Zentrum Bangkoks. Hier entstanden auch die ersten Einkaufszentren. Eines der ältesten, das **Nightingale Olympic**, das europäische Luxuswaren nach Südostasien brachte, ist immer noch in Betrieb.

Inzwischen kaufen die Thailänderinnen und Thailänder ihre Markenkleidung zwar lieber in den riesigen klimatisierten Shopping-Tempeln rund um den Siam Square, Bangkoks Konsumparadies für das 21. Jahrhundert. Doch wenn es um Schnäppchen geht, dann zieht es sie immer noch nach Chinatown. Die fast einen Kilometer lange Gasse, über die sich der Sampeng-Markt erstreckt, ist schon am frühen Morgen gut besucht. Die Einkäufer sind ebenso dicht aneinandergedrängt wie die Geschäftslokale. Die bieten Rucksäcke, Flip-Flops, Modeschmuck, Plastikpflanzen und jede Menge Krimskrams an, von dem man bis vor ein paar Minuten noch nicht einmal wusste, dass er eigentlich ganz praktisch ist (batteriebetriebene Ventilatoren für unterwegs!). Wer größere Mengen kauft, bekommt fast überall einen ordentlichen Rabatt.

Wir drängen uns durch das Gewusel, machen hin und wieder Platz für junge Männer mit schwer beladenen Sackkarren – und atmen tief durch, wenn wir den Abschnitt der Gewürzgroßhändler erreichen. In die Nase steigt der Duft von Zimt, Sternanis und getrockneten

Matum-Früchten, aus denen die Thailänder einen süßen, aromatischen Tee kochen. Bangkoks Gerüche sind wahrhaftig nicht immer ein Genuss, doch an diesem Ort zeigt sich die Millionenstadt olfaktorisch von ihrer besten Seite.

Am nordwestlichen Ende der Marktstraße erreichen wir den **Khlong Ong Ang**, eine neue Fußgängerpromenade entlang eines Kanals. Ihr Bau vor ein paar Jahren stieß auf Kritik – befürchtet wurde eine Gentrifizierung der Gegend auf Kosten der alteingesessenen Anwohner und Händler. Doch obwohl das alte Bangkok tatsächlich zunehmend verschwindet, kann auch die neue Seite der Stadt überzeugen: Der Khlong Ong Ang ist deutlich ansehnlicher und an Wochenenden zu einer beliebten Flaniermeile geworden. Die Anwohner profitieren mit kleinen Verkaufsständen, die sie vor ihren Häusern errichtet haben.

Wir gehen fünf Minuten lang Richtung Fluss zu unserem nächsten Ziel, an dem wir uns ein wenig erholen können: dem **Chao Phraya Sky Park**. Die Parkanlage liegt nicht neben dem Gewässer, sondern über ihm. Dafür wurde eine nicht genutzte Zugbrücke umgebaut und grün bepflanzt. Das 2020 fertiggestellte Projekt verbindet jetzt nicht nur die beiden Flussseiten für Fußgänger, sondern bietet auch zahlreiche Sitzgelegenheiten zum Entspannen – bei freiem Eintritt. Wir nehmen Platz und genießen die Aussicht auf den prächtigen Fluss, die Passagierboote, die als Teil des öffentlichen Nahverkehrs im Minutentakt unter uns entlangschippern, und Bangkoks höchsten Wolkenkratzer Mahanakhon am Horizont.

Der Ort hat nur einen Haken: Direkt daneben führt auch eine Autobrücke über den Fluss. Das ununterbrochene Dröhnen der Fahrzeuge stört das Idyll nach einiger Zeit dann doch. Wir nehmen den Motorenlärm als Aufbruchsignal und machen uns auf den Weg zu einem Ort, den die Großstadtbewohner lieben, wenn sie es mal wieder etwas ruhiger haben wollen. Zunächst müssen wir uns aber ebenfalls ins Verkehrschaos stürzen: Wir nehmen ein Taxi zur **Bootsanlegestelle am Wat Khlong Toei Nok**. Die Fahrt dauert eine halbe Stunde, und das Taxameter zeigt bei der Ankunft 80 Baht – wir geben 100. Trinkgeld ist in Thailand zwar nicht so üblich wie in Europa. Aber es spricht ja nichts dagegen, trotzdem großzügig zu sein, wenn man es sich leisten kann.

> **HIGHLIGHT**
> **BANG KRACHAO**
> Die große Insel im Fluss Chao Phraya ist Bangkoks grüne Lunge und wird am bestenn mit dem Fahrrad erkundet.

Gegen den Durst gibt es beim Pier eine Flasche Wasser für 10 Baht. 20 Baht kostet das Hin-und-Retour-Ticket fürs Boot, um über den Fluss zu kommen. Am anderen Ufer liegt **Bang Krachao** – eine Insel im Chao Phraya, die auch als »grüne Lunge Bangkoks« bekannt ist. Der inoffizielle Name erschließt sich sofort, wenn man ein Satellitenbild der Stadt ansieht. Von oben ist Bangkok eine graue Fläche aus Beton und Asphalt. Doch in der Mitte bildet Bang Krachao einen kräftigen grünen Fleck. Das 16 Quadratkilometer große Gebiet wurde lange primär für die Landwirtschaft genutzt. Kleine Kokosnuss- und Bananenplantagen im Familienbesitz findet man hier immer noch. Zum wichtigen Wirtschaftsfaktor sind inzwischen aber auch die vielen hippen Cafés und Ausflugslokale geworden, die besonders am Wochenende beliebt sind, wenn die Bangkoker ins Grüne ausschwärmen.

KREUZ UND QUER MIT DEM DRAHTESEL

Die Flussüberquerung dauert nur drei Minuten, ist aber ein kleines Abenteuer: Das wackelige Holzboot wirkt, als könnte eine Bugwelle der vorbeifahrenden Containerschiffe es mühelos zum Kentern bringen. Die erfahrenen Bootsleute wissen aber, wie sie die Passagiere sicher über das Wasser befördern. Ihr Pendelverkehr am Chao Phraya ist 24 Stunden am Tag im Einsatz, sieben Tage die Woche.

Am Ziel schnappen wir uns das beste Verkehrsmittel für die grüne Insel: eines von den Dutzenden am Ufer aufgereihten Fahrrädern. Sie werden hier in unterschiedlichen Preisklassen vermietet. Die bequemsten kosten 100 Baht (2,60 Euro) für den ganzen Tag. Schon nach wenigen Metern sind kleine, befestigte Pfade zu sehen, die links und rechts von der Straße abgehen. Hier beginnt der Spaß des bewussten Verirrens: Am besten lässt sich Bang Krachao erkunden, wenn man wahllos den Wegen durch den Dschungel folgt – und sich überraschen lässt von den Palmen, Mangroven und traditionellen Holzhütten, auf die man stößt. Gelegentlich muss man auch einem Waran ausweichen, der gemütlich über den Straßenbelag spaziert.

Um nicht ganz die Orientierung zu verlieren, empfiehlt sich aber hin und wieder ein Blick auf Google Maps. Wir steuern in Richtung des **schwimmenden Marktes Bang Nam Phueng,** der jedes Wochenende geöffnet ist – perfekt für die Mittagspause. Wer an einem Wochentag kommt, findet in den Restaurants in der Nähe etwas zu essen, zum Beispiel im Gartenrestaurant Kuenwang. Im Markt ist die Auswahl enorm: von gegrillten Garnelen über Fleischspieße mit Erdnusssoße bis zu gebratener Ente und kräftig-scharfen Suppen. Wir entscheiden uns für das berühmte Nudelgericht *pad thai* (50 Baht) und einen eisgekühlten Matum-Tee (25 Baht), der uns an den Streifzug durch Chinatown erinnert. Zum Nachtisch radeln wir gemütlich fünf Minuten weiter zum **Café Hiddenwoods:** Mit bester Aussicht auf den Schiffsverkehr am Chao Phraya gibt es hier Käsekuchen (150 Baht) und Eiskaffee (110 Baht).

Die Rückfahrt zum Fahrradverleih am Pier dauert 20 bis 30 Minuten. Auf der anderen Flussseite geht's wieder ab ins Taxi. Der Schrittzähler im Handy ist inzwischen schon über die Marke von 10 000 gesprungen. Wenn Ihr Hotel einigermaßen zentral liegt – am besten in der Nähe der Hauptstraße Sukhumvit –, haben Sie jetzt die Gelegenheit, sich dort kurz auszuruhen – auch zum Duschen und Umziehen haben Sie jetzt wahrscheinlich Lust. Die Taxifahrt zu und von Ihrem Hotel dürfte um die 200 Baht kosten. Wenn Sie eine Strecke mit der Bahn zurücklegen, ist es etwas billiger.

EIN KULINARISCHER ABSCHLUSS

In den Abend starten wir in der Rooftopbar **Sky on 20,** im 26. Stock des Novotel-Hotels. Es liegt in der Sukhumvit-Nebenstraße Soi 20, die zwischen den Haltestellen Asok und Phrom Phong der Hochbahn BTS von der Magistrale abgeht. Die Bar bietet uns einen 270-Grad-Blick über die Skyline der Stadt und eine wunderbare Sicht auf den Sonnenuntergang. Im Gegensatz zu den meisten anderen Bangkoker Hotelbars wird man hier nicht gleich das halbe Urlaubsbudget los, wenn man einen Cocktail bestellt. Zwischen 17 und 19 Uhr kosten ein Ginger Treat mit Wodka, Limettensaft, Honig und Ingwer oder ein Sunset mit Gin, Mangostansaft, Eiweiß und Rosensirup 200 Baht. Alternativ bekommen Sie für den Preis auch ein großes Bier. Lassen Sie es sich schmecken, während zwischen 18 und 19 Uhr die Sonne langsam hinter dem benachbarten Benjakitti-Park und den Wolkenkratzerreihen am Horizont verschwindet.

Jetzt ist es zwar schon dunkel, unser Tag aber noch nicht zu Ende: Für 2,5 Kilometer schnappen wir uns noch einmal ein Taxi (50 Baht) und fahren ins **Restaurant Taling Pling** in der Sukhumvit Soi 34. In der ruhigen Seitengasse empfängt man uns in einem modernen Haus, das fast ausschließlich aus Glas und Stahl zu bestehen scheint. Wir gehen einmal quer durch den Gastraum auf die Gartenterrasse, auf der es viel gemütlicher ist als drinnen. Neben uns schwimmen Kois in einem kleinen Teich, während wir uns in der seitenlangen Speisekarte zu orientieren versuchen.

Die große Auswahl sollte aber niemanden ins Schwitzen bringen – das übernimmt schon das Bangkoker Wetter. Bei der Wahl kann man hier kaum etwas falsch machen. Das 40 Jahre alte Familienrestaurant ist bekannt für tadelloses Handwerk und authentische Rezepte, die nicht verfälscht werden, um dem angeblichen Geschmack der Touristen zu entsprechen. Zu empfehlen ist der Pomelo-Salat mit getrockneten Shrimps (170 Baht), das Massaman-Curry mit Schwein (230 Baht) und dazu natürlich eine Portion Reis (35 Baht). Dazu passt ein erfrischender Zitronengras-Eistee (100 Baht).

Wenn Sie mit mehreren Personen unterwegs sind, sollten Sie noch ein paar weitere unterschiedliche Gerichte bestellen. Wie es sich in Thailand gehört, kommen alle in die Tischmitte, und jeder kann sich bedienen. Meistens bestellt man viel zu viel – aber man will ja schließlich so viel wie möglich probieren. Wenn nichts mehr in den Magen passt, ist es Zeit zu gehen. Und wenn Sie es nicht übertrieben haben, sollten Sie sich mit ein paar 100-Baht-Scheinen in der Tasche auch noch die Fahrt zum Hotel leisten können.

KASSENBON
100 Baht ≈ 2,72 €

Frühstück	185 Baht
Taxi (mehrmals)	350 Baht
Wasserflasche	10 Baht
Bootsfähre	20 Baht
Fahrradmiete	100 Baht
Mittagessen	75 Baht
Käsekuchen	150 Baht
Eiskaffee	110 Baht
Cocktail	200 Baht
Abendessen	535 Baht
....	....
BAHT	1.735
≈ EURO	47,20

BARCE-LONA

Julia Macher

RENITENTE DIVA AM MITTELMEER

Barcelona ist eine Diva mit der Seele einer Anarchistin. Als ich 2004 hierherzog, hat mich die erste Facette überfordert. Der Name der Stadt zauberte jedem ein Glitzern in die Augen: Das Meer! Die Architektur! Jedes Festival gab vor, das größte oder innovativste zu sein. Die Stadt brach jährlich Besucherrekorde, ich fluchte über die hohen Mieten. Dann lernte ich die renitente Seite der Metropole kennen und war mit der Primadonna versöhnt. Barcelona vereint kokettes Geltungsbewusstsein mit kratzbürstigem Widerstandsgeist. Ich bin mir sicher, dass Sie das nach unserem Spaziergang verstehen – und Barcelona genauso lieben werden wie ich.

Stürzen wir uns mittenrein, ins Herz der Stadt, in die **Boqueria an den Rambles**. Das Buntglasemblem am Eingang weist die 1840 eröffnete Stahl-Glas-Konstruktion als »Mercat de Sant Josep« aus. Die bunten Smoothies, die an den Obst- und Gemüseständen auf Touristen warten, bleiben links liegen. Wir setzen uns auf einen der Barhocker an der Pinotxo-Bar gleich am Eingang. Der alte Herr mit Fliege und blau-beige gestreiftem Jäckchen, der den *café amb llet,* den Milchkaffee, für 1,80 € serviert, heißt Joan Bayen, genannt Juanito. Zum Frühstück lieber ein großes Stück Kartoffel-Tortilla für 4,50 Euro oder die Variante mit gesottenen Auberginen? Das entscheidet Juanito. Er spielte schon hinterm Tresen, als seine Mutter 1940 den Stand eröffnete, und die Tapas, die er zubereitet, lassen auch Drei-Sterne-Köche mit der Zunge schnalzen. Juanito erzählt gerne, wie zunächst die Massen aus den Kreuzfahrtschiffen, dann die Pandemie das Miteinander im Mikrokosmos Markthalle verändert haben, und weist Besuchern dann trotzdem den Weg zu den besten Ständen. Zehn Euro aus dem Budget werden in Oliven, Brot und – je nach Gusto – in *fuet*, eine salamiartige katalanische Hartwurst, oder vegetarischen Aufstrich investiert. Frisches Obst der Saison gibt es an den Ständen an der Plaça de Sant Galdric. Auf dem kleinen Vorplatz an der Nordseite verkaufen Bauern aus dem Umland ihre Produkte, meist etwas günstiger als in der Halle. 5 Euro sollten für eine kleine Auswahl reichen.

MULTIKULTI IM FRÜHEREN VORORT

Direkt hinter der Markthalle breitet sich das Gassengewirr des **Raval** aus. Das ehemalige Rotlichtviertel ist heute Heimat für pakistanische Einwanderer und europäische Expats, die billiges Gemüse und handbemalte Skateboards verkaufen. Die Häuser stehen teilweise so dicht zusammen, dass kaum ein Sonnenstrahl aufs Kopfsteinpflaster fällt. Dabei war das Viertel im Mittelalter noch Agrar- und Klosterland, auch das **Antic Hospital de la Santa Creu** lag vor den Toren der Stadt.

Im Innenhof der Anlage aus dem 15. Jahrhundert wachsen Orangenbäume, ein Springbrunnen plätschert. Die Guides, die die kleine Oase inzwischen auch in ihre Touren aufgenommen haben, erzählen gern, dass hier 1926 der von einer Straßenbahn angefahrene Architekt Antoni Gaudí verstarb, einsam und verarmt. Das stimmt, aber für mich ist das Wichtige an diesem Ort etwas anderes: Im Sommer stellt die hier ansässige Stadtbibliothek Stühle, Zeitschriftenständer und ein Riesen-Schachspiel auf den Hof. Unter den Arkaden sitzen dann Studierende im Examensstress, betagte Rentner und *sin papeles*, »papierlose«,

> Barcelona ist eines der beliebtesten Städteziele – die Top-Ten-Sehenswürdigkeiten können die meisten wohl im Schlaf herunterbeten. Schwieriger ist es, den Charakter der Stadt zu verstehen. Barcelona ist elegante Diva und Kratzbürste zugleich. Beide Facetten lernen Sie auf diesem Spaziergang kennen.

also irreguläre Migranten, die vor Jahren einen leer stehenden Saal des Gebäudekomplexes besetzt haben. Es ist eher ein Neben- als ein Miteinander, aber die Selbstverständlichkeit, mit der sich so viele unterschiedliche Menschen einen Ort teilen, ist einer der Gründe, warum ich den Raval so gerne mag.

Vom ehemaligen Hospital geht es weiter über den Carrer dels Àngels zum MACBA, dem **Museu d'Art Contemporani de Barcelona**. Das von Richard Meier entworfene, strahlend weiße Museum für zeitgenössische Kunst sollte Mitte der 1990er-Jahre Licht, Luft und Kultur in den Raval bringen. Dass dadurch auch die Immobilienpreise in die Höhe kletterten, bleibt vielen ein Ärgernis – noch dazu, weil über die Ausrichtung des Museums immer wieder gestritten wird. Zumindest die Kulisse haben sich die Bewohner des Raval angeeignet. Im Spiegel der großen Glasfenster üben junge Frauen Moves für ihre Tiktok-Filmchen, Skater nutzen die Rampen als Parcours.

Zurückdrehen lässt sich Gentrifizierung nicht. Aber der Einzelhandel im Viertel erweist sich als erstaunlich resilient. Im **Carrer d'Elisabets** trotzen ein hundertjähriger Kräuterladen und ein Geschäft für Malerfarben dem hippen Großstadteinerlei aus Bubble-Tea-Shop und Boutiquen. Und dann ist da natürlich die **Central del Raval**. Die riesige Buchhandlung in einem Teil der Casa de la Misericòrdia, des ehemaligen Armen- und Waisenhauses der Stadt, hat sich mit edlen Notizbüchern und fancy Stadtmagazinen zwar auch auf die touristische Klientel eingestellt. Aber wegen des herausragenden Sortiments (80 000 Titel auf 850 Quadratmetern!) und der charmant knarzenden Dielen gehört »la Central« nach wie vor zu meinen Lieblingsläden.

Sie können in den wandhohen Regalen nach der Taschenbuch-Ausgabe von Eduardo Mendozas Barcelona-Klassiker »La ciudad de los prodigios« für 9,95 Euro stöbern (auf Deutsch erschienen als »Die Stadt der Wunder«) – mit etwas Glück ist im Fremdsprachenregal auch eine englischsprachige Fassung vorrätig. Oder Sie setzen sich ins lauschige Gartencafé und blättern bei einem »Bikini« (gegrilltes Schinken-Käse-Sandwich) und einem frisch gepressten Orangensaft (7 Euro) in Zeitungen. Eins von beiden gibt das Budget her.

Wer durch die Comic- und Kinderbuchabteilung ins Freie tritt, steht auf der arkadenumkränzten **Plaça de Vicenç Martorell**. Das hüfthohe Bullauge in der Außenwand des Bürgerbüros zur Linken ist eine ehemalige Babyklappe, über die mittellose oder unverheiratete Mütter anonym ihre Neugeborenen in Obhut geben konnten. Dass das Armen- und Waisenhaus fast einen gesamten Häuserblock einnahm, vermittelt einen Eindruck von den sozialen Zuständen der Hafenmetropole im Mittelalter und der frühen Neuzeit.

Über den Carrer d'en Xuclà und den Carrer de les Cabres geht es zurück Richtung Boqueria. Entdecken Sie den ins Pflaster eingelassenen Metallstreifen im Wellenmuster der Rambles, etwas unterhalb des Miró-Mosaiks? Er erinnert an das islamistische Attentat vom 17. August 2017, bei dem ein Lieferwagen über die Flaniermeile raste und 14 Menschen getötet wurden. Bereits am nächsten Tag versammelten sich 100 000 Barceloner und Barcelonerinnen und zogen unter dem Motto *No tenim por* (Wir haben keine Angst) gemeinsam durch die Stadt. Das hat mich damals sehr beeindruckt.

Auf der anderen Seite der Rambles geht es zur **Plaça Sant Jaume**, seit jeher dem politischen Zentrum. Statt des direkten Wegs über den Carrer Ferran Richtung Meer empfehle ich, sich durch die schmalen Straßen des **Call** zu schlängeln, des jüdischen Viertels. Verlaufen lohnt sich, im Zweifelsfall orientieren Sie sich an der sanften Steigung.

Die Römer errichteten ihre Siedlung Barcino auf dem Mont Tàber, mit knapp 17 Metern der höchsten Erhebung der Altstadt. Dort stehen sich heute das Rathaus und das Palais der katalanischen Regionalregierung gegenüber.

Vom Balkon des **Palau de la Generalitat** wurde in den 1930er-Jahren zweimal die »katalanische Republik« ausgerufen. Beide Versuche scheiterten. Vom »verhexten Balkon« sprechen daher manche. Kein Wunder, dass der ehemalige Regionalpräsident Carles Puigdemont nach dem jüngsten Tauziehen mit Madrid auf den Auftritt unter dem symbolträchtigen Emblem des Drachentöters Sant Jordi verzichtete. Nachdem das Parlament im Oktober 2017 nach dem verbotenen Unabhängigkeitsreferendum die Sezession erklärte, floh Puigdemont mit ein paar Vertrauten nach Belgien, der Rest seines Kabinetts wurde zu hohen Haftstrafen verurteilt, inzwischen aber begnadigt. Vielleicht entdecken Sie an einem der umliegenden Häuser noch eine *estelada*. Die mit einem weißen Stern auf blauem Dreieck verzierte katalanische Flagge steht für den Traum von der eigenen Republik. Aber generell ist es still geworden um die katalanischen Separatisten.

IM BARRIO EL BORN

Über den Carrer de la Llibreteria gelangen Sie in den Born. Jenseits der Via Laietana, im **Carrer de la Bòria,** haben Anwohnerinnen und Anwohner auf einer Mauer in knallbunten Portraits Angela Davis, Hannah Arendt und andere Heroinen der Neuzeit verewigt. 350 Meter weiter, im mit bunt zusammengewürfelten Flohmarkt-Möbeln ausgestatteten **Open-Air-Café Mescladis del Pou,** erwirtschaftet eine Migranten-Initiative das jährliche Budget für Schulungen und Ausbildungen für sozial Benachteiligte. Dahinter wachsen in einem urbanen Garten Salat, Bohnen und Mispeln; der Schlüssel wird von den Anwohnern reihum verwaltet. Mit solchen Projekten Kampfgeist zu zeigen gehört zum Selbstverständnis. Eigentlich sollten hier Luxuswohnungen und eine Tiefgarage entstehen, aber der Dauerprotest hat diesen Plänen den Garaus gemacht.

Die **Plaça de Sant Agustí Vell** ein paar Schritte weiter gäbe noch heute eine treffende Kulisse für Mittelalterfilme ab. Weht irgendwo ein dezenter Uringeruch um die Ecke? Mit Hundert multipliziert, ergibt er ein olfaktorisches Bild des 13. und 14. Jahrhunderts. Über die terrassenartigen Stufen des Carrer de les Basses de Sant Pere plätscherte einst ein Bach, sein Wasser nutzten Gerber, Weber, Textilhandwerker für ihre Laugen.

Der Wohlstand wuchs und parallel dazu das Selbstbewusstsein des aufstrebenden Bürgertums. Im späten 19. Jahrhundert quoll es dann buchstäblich aus den Häuserfassaden, zum Beispiel am **Palau de la Música,** den wir über den Carrer de Sant Pere Més Alt erreichen. Über dem steinernen Figurenensemble, das aus der Ecke wächst, lässt der heilige Georg eine katalanische Fahne wehen. Der Architekt Lluís Domènech i Montaner verstand den Konzertsaal des Volkschors als »sprechendes Gebäude«, das von Kataloniens Größe erzählen sollte.

MITTAGSPAUSE IM PALAU

Ein guter Ort für die Mittagspause. In Barcelona gibt es kaum jemanden, der mit tropfendem Döner vor dem Mund durch die Straßen hetzt. Sich ausreichend Zeit für ein Mittagessen zu nehmen ist eine Selbstverständlichkeit. Viele Restaurants bieten preisgünstige *menús de mediodía* inklusive Getränk an, auch das Café del Palau. Die Kombination aus Suppe, Salat oder Pasta und einem Fleisch- oder Fisch-Hauptgang

> **HIGHLIGHT**
> **ILLA DE LA DISCÒRDIA**
> In dem Häuserblock auf dem Passeig de Gràcia konkurrierten berühmte Architekten des Modernisme um den prachtvollsten Bau.

(auch eine vegetarische Option gibt es) plus Nachtisch ist nicht umwerfend originell, aber schmackhaft und für 13 Euro erschwinglich. Und Sie sitzen tatsächlich mitten im Foyer des Palau und können die ganze Schönheit des Modernisme bewundern, der katalanischen Spielart des Jugendstils. Jede Säule ist mit unterschiedlich gearbeiteten Keramikblüten verziert. Rings um die geschnitzten Holztüren mäandern florale Glasmosaiken. Selbst der Backstein der Säulen wirkt prächtig und edel. Mehr als drei Jahrzehnte, zwischen 1885 und 1920, war der Modernisme in Katalonien die prägende Strömung in Architektur, Design und bildenden Künsten – und entfaltete dabei eine beeindruckende Stilvielfalt.

Noch ein Beispiel gefällig? Auf geht's zur **Illa de la Discòrdia**, eine gute Viertelstunde zu Fuß entfernt. Hier hatten Anfang des 20. Jahrhunderts drei Unternehmerfamilien die teuersten Architekten beauftragt, um dem Eixample, der von Ildefons Cerdà entworfenen, schachbrettartigen Neustadt, ihren ganz persönlichen Stempel aufzudrücken. Lluís Domenèch i Montaner brachte in der Fassade der Residenz der Familie Lleó i Morera gleich mehrfach passende Skulpturen zu den Nachnamen »Maulbeere« und »Löwe« unter. Josep Puig i Cadafalch verewigte in seinem niederländisch inspirierten Giebelhaus auch das Hobby des auftraggebenden Schokoladenfabrikanten: Entdecken Sie den Fotoapparat am Eingang? Und Antoni Gaudí verwandelte den Sitz der Batllós in einen Drachen, inklusive geschupptem Dach und schillernder Keramikfassade. Wenn die Handels- und Hafenmetropole Barcelona schon politisch keine große Rolle im spanischen Königreich spielte, wollte man wenigstens in Sachen Kunst und Kultur die Nase vorn haben – auch wenn das den einen oder anderen in den Ruin trieb. Die Atmosphäre dieser Zeit, in der die Immobilienspekulation florierte, schildert übrigens sehr anschaulich Mendozas Roman, den Sie im Raval erstanden haben.

Ein Besuch der Casa Batlló verschlänge die Hälfte unseres Budgets. Wer trotzdem wissen will, wie es drinnen aussieht, guckt auf den Boden. Die sechseckigen Fliesen mit den Meeresmotiven wurden ursprünglich für das Drachenhaus entworfen. Die **Casa Milà**, Gaudís berühmtestes Wohnhaus, findet sich fünf Minuten weiter den Passeig aufwärts. Mit Tiefgarage und versetzbaren Säulen setzte es 1910 neue Maßstäbe und trägt bis heute wegen seiner wuchtigen Fassade den Spitznamen »La Pedrera«, der Steinbruch.

BEL ETAGE IM MODETEMPEL

Diesmal gehen wir rein, allerdings nicht in den Vorzeigebau *(das wäre ein Upgrade für 25 Euro)*, sondern in den **Massimo-Dutti-Flagship-Store** nebenan. Die Bel Etage von 1902 ist original erhalten, und die Verkäuferinnen sind kulturhistorisch interessierte Kundschaft gewohnt. Sie müssen also gar nicht so tun, als interessierten Sie sich für Leinenjackets und Blusen, sondern gehen gleich hoch zum von Löwenköpfen flankierten Kamin mit seinen filigran verschnörkelten Ornamenten. Draußen auf der Terrasse wuchern Farne und Kräuter aus Terracotta-Töpfen, der Blick streift über die Rückseite der »Pedrera«, deren teure Privatwohnungen für Besucher nicht zugänglich sind. Eine gewisse Distinguiertheit hat man sich im großbürgerlichen Stadtviertel Eixample bewahrt. Wir sind hier unweit der Avinguda Diagonal, die bis heute Ober- und Unterstadt trennt. Ich kenne tatsächlich Leute aus »Upper Diagonal«, die noch nie im Raval unterwegs waren.

Die Metrostation ist gleich vor der Tür, mit der L 5 geht es zwei Stationen zur **Sagrada Família**, Gaudís immer noch unvollendeter Basilika, das schlägt inklusive Rückfahrt mit je 2,40 Euro zu Buche. Mit den fotografierenden Scharen ziehen wir von der noch von Gaudí gestalteten, von Symbolik überbordenden Weihnachtsfassade zur düsteren Passionsfassade, legen den Kopf in den Nacken und versuchen zu erahnen, wie der tropfsteinartige Bau einmal aussehen wird, wenn ihn 18 statt der bisher 12 Türme krönen. Welche Sünden der Sühnetempel nach dem Willen der konservativen Geldgeber aus der Welt schaffen sollte, verrät ein Ensemble im Seitenportal El Roser. Es zeigt die Vertreibung aus dem Paradies, doch die Schlange reicht nicht Eva einen Apfel, sondern einem Arbeiter eine Handgranate. Die aufmuckenden Proletarier ruhig zu halten war heilige Pflicht. *(Upgrade: Man kann die Sagrada Família für 26 Euro besichtigen, inklusive App und Audio-Guide.)*

Langsam wird es Abend. Wir nehmen die Metro L4 bis **El Carmel**, steigen in den 119er-Bus um und lassen uns den Berg hoch bis zur Endstation Panorama/Marià Lavèrnia fahren. Die letzten zehn anstrengenden Minuten zu Fuß bis zum ehemaligen Luftabwehrstützpunkt **Bunkers del Carmelo** lohnen sich auf jeden Fall. Denn der Ausblick ist atemberaubend: Die Abendsonne taucht das Schachbrettmuster der Stadt in rot-goldenes Licht, majestätisch erheben sich daraus die Sagrada Família und die Torre Glòries, Jean Nouvels projektilförmiger, glasverkleideter Turm. Suchen Sie sich ein freies Plätzchen zwischen den für Instagram posierenden Hobby-Models und breiten Sie das Picknick aus der Boqueria aus. Langsam verfärbt sich das Meer von hell- zu grau- zu dunkelblau, und wenn es dunkel wird, beginnt die Torre Glòries blaurot zu funkeln. Ja, Barcelona ist eine Diva, die sich in Szene zu setzen weiß.

KASSENBON

Milchkaffee	1,80 €
Kartoffel-Tortilla	4,50 €
Markteinkauf fürs Picknick	15,00 €
Buch »La ciudad de los prodigios«	9,95 €
Mittagsmenü im Café Palau	13,00 €
Metro	4,80 €
EURO	49,05

BELGRAD

Danja Antonović

SCHMUDDELIG UND PRACHTVOLL, FLÜSSE & HÜGEL, PARKS & VILLEN

Acht Uhr dreißig, sagt die Uhr, »wolkenloser Himmel, 32 Grad« sagt die Wetterfee im Radio, wieder ein viel zu warmer Maitag, sage ich. Ja, der Sommer kommt immer früher und gipfelt in 40-Grad-Tagen im August, die wochenlang kaum zu ertragen sind. Ich bin auf dem Weg in die Altstadt, um meine Hamburger Freundin zu treffen, der ich heute »mein« Belgrad zeigen will, die Stadt, in die ich so richtig verliebt bin. Und das seit meiner Kindheit, als Belgrad noch grau, unbeleuchtet und kommunistisch war. Als es keine Supermärkte und Shoppingmalls gab, dafür an jeder Ecke Gemüsehöker, Schuhmacher, Schneiderinnen und frische Milch im Tante-Emma-Laden. Mittlerweile ist Belgrad eine Metropole geworden, mit grellen Leuchtreklamen, die Mond und Sterne ersetzen. Eines aber hat sich nicht geändert: Belgrad war und ist eine quirlige, 24 Stunden am Tag brodelnde Schnittstelle zwischen Orient und Okzident, in der Geschichte und Gegenwart verwoben sind.

Das Straßenbild Belgrads besticht wahrlich nicht mit Schönheit: Bröckelnde Fassaden der Gründerzeithäuser, realsozialistische Wolkenkratzer, winzige Häuser mit kleinen Gärten, Neubauten aus Glas und Granit – doch die baulichen Widersprüche, die nahtlos ineinander übergehen, machen aus der Balkanmetropole einen gelungenen Mix. Belgrad ist zugleich europäisch, orientalisch und mediterran. Und gleichzeitig prachtvoll und schmuddelig. Doch die Tochter der

> Belgrad, die 7000 Jahre alte »weiße Stadt«, ist 40-mal zerstört und wieder aufgebaut worden. Die Festung Kalemegdan hat Kaiser und Könige, Diktatoren und Präsidenten erlebt. Die unruhige, lange Geschichte der Stadt begreift man am besten vom Wasser aus, an der Mündung der Save in die Donau.

Save und Donau hat eine berauschend positive Energie, ist lebensbejahend, warmherzig und gastfreundlich.

Meine Freundin übernachtet im **Hotel Royal Inn** an der Ulica Kralja Petra (König-Peter-Straße), einem der ältesten Hotels der Stadt. In der Römerzeit, als Belgrad Singidunum hieß, war diese Straße eine wichtige Landverbindung zwischen Save und Donau. 1885 kamen Gäste ins erste Belgrader Hotel, nachdem die Osmanen die Stadt verlassen hatten. An derselben Stelle entstand in den 1960er-Jahren das Gebäude aus Beton, im reinen realsozialistischen Stil gebaut.

Vom Hotel aus schlendern wir durch die geschichtsträchtige **Ulica Kralja Petra**, ein kleines Juwel im Herzen von Belgrad. Hier treffen Wiener Melancholie und Mailänder Grandezza an prunkvoll verzierten Jugendstilbauten auf osmanische Spuren. Mit Davidstern geschmückte Häuser erinnern an Belgrads lange jüdische Tradition. Und weiter oben glänzen die goldenen Türme der serbisch-orthodoxen Kirche in der Sonne. Zwar bräuchten viele der Gründerzeithäuser einen neuen Anstrich, aber gerade diese bröckelnden grauen Fassaden, mit Stuck und grafischen oder floralen Mustern verziert, machen den morbiden Charme von Belgrad aus.

Belgrad ist eine hügelige Stadt, 32 Hügel zählt man. Steile, wellige Straßen findet man an allen Ecken, unsere gehört dazu. Wir laufen Richtung Donau, bewundern das prachtvolle fünfstöckige **Gebäude der Jüdischen Gemeinde Serbiens** (Nr. 71). Auf der Flucht vor der Inquisition kamen sephardische Juden im 14. Jahrhundert und ließen sich just hier nieder, in diesem Viertel, das heute noch den türkischen

Namen Dörtyol (auch Dorćol: Vier-Wege-Kreuzung) trägt. Links, gleich nach der Kreuzung mit der Gospodar-Jevremova ulica, lugt die **Bajrakli-Moschee** aus dem 16. Jahrhundert zwischen den Baumkronen hervor (Gospodar-Jevremova Nr. 11). Der stattliche steinerne Bau, umgeben von Gründerzeithäusern, ist die letzte verbliebene Moschee in Belgrad. Die Tür ist offen, der Innenraum leer. Wir schauen kurz hinein und gehen dann zurück in unsere Straße.

NUMMERIERTE DÜFTE UND EISKREATIONEN

Den kleinen Garten in der Nr. 73 ziert ein großer Feigenbaum, **Smokvica** (»Die kleine Feige«) heißt das Restaurant, hier gibt es Fusion Food satt den ganzen Tag über. Jetzt ist Frühstückszeit: Das »Orientalische Frühstück« (zwei gebratene Eier, Hummus, der israelische Frischkäse Labaneh, Feta, Cherrytomaten, Aubergine, Focaccia) und ein Pott Cappuccino kosten 800 serbische Dinar, knapp 7 Euro (100 Dinar ≈ 0,85 €).

Im Haus Nr. 75 befindet sich ein Laden, in dem die Zeit stehengeblieben scheint: dunkle Täfelung, unzählige Fläschchen in den Regalen. In der **Parfümerie Sava** werden seit 80 Jahren Düfte kreiert. Sie sind namenlos, nur mit Nummern bezeichnet. Wer will, kann sich vor dem Kauf mit einem altmodischen Zerstäuber den Duft auf die Haut sprühen lassen. Ein Eau de Toilette (30 ml) mit Düften von Anis, Zimt, Zitrone und Orange hätte 740 Dinar gekostet, heute wird darauf verzichtet!

Crna ovca, »das schwarze Schaf«, begegnet uns in Nr. 58. Das »Schaf« ist eine Eisdiele mit besonderen Kreationen: weiße Schokolade, Erdbeere und Balsamico, fermentierter Knoblauch, Honig und Kakao. Unsere Wahl: Kaffee, Sesam und Schokolade. Ein Eis am Stiel kostet 100 Dinar und schmeckt köstlich.

Weiter geht es in Richtung Save. Boutiquen serbischer Modemacher schauen wir uns etwas näher an (eine bunte Mischung der Modestile, klassische Schnitte oder Anlehnung an serbische Trachten – sie gefällt, die Serben-Mode!), dann werfen wir noch einen Blick in den Rajićeva Shoppingmall, ein Riesenkaufhaus voller westlichen Marken.

Und dann stehen wir an der Kreuzung der Knez Mihajlova ulica (Fürst-Michael-Straße), biegen rechts ab, vorbei an lärmenden Straßenbahnen, und voilà, hier ist **Kalemegdan**: Park, Festung und Museum zugleich. An Holzständen gehäkelte Tischdecken, Magnetherzen, Zuckerwatte für die Kleinen. Die alte türkische Festung wacht über die beiden Flüsse, die Belgrad umarmen. Oben ein großer Museumskomplex, unter der Burg wälzt sich die dicke Save in die mächtige, träge Donau. In der Ferne schimmert die Pannonische Tiefebene. Der Himmel und das Wasser tragen blau, die Bäume wispern, die Brücken über die Save und die Donau schimmern in der Sonne. Kalemegdan, der größte Belgrader Park, ist voller Menschen. Auf den Bänken knutschen Verliebte, Touristen machen Selfies mit Save und Donau.

Das machen wir auch und gehen dann zurück auf die **Knez Mihajlova**. Bald ist Mittag. Die schönsten Altbauten in dieser Vorzeigestraße sind mit viel Farbe aufgehübscht, es ist eine Schlendermeile, die zu jeder Tageszeit voller Menschen ist. Sieben Tage in der Woche platzt sie aus allen Nähten. Flanieren, Schaufensterbummeln: Ganz Belgrad lebt auf der Straße, mampft und schmatzt Pitas, Bourek und Pizza, die es alle paar Meter zu kaufen gibt.

Am **Trg Republike** (Platz der Republik), links von der Fürstenstraße, stehen das Nationaltheater und das Nationalmuseum, alles ehrwürdige Bauten, über 100 Jahre alt. Fürst Michael selbst, in Bronze gegossen, grüßt in Siegerpose. Rechts vom Theater ist eine Bushaltestelle, am Kiosk gibt es ein Tagesticket für 250 Dinar. Die Linien 26 und 27 fahren durch das heutige Zentrum Belgrads, vorbei am protzigen serbischen Parlament, an Königshäusern, Parks (es gibt 52 Parks in Belgrad) und an der Kirche des Heiligen Markus.

Die Straße, die beim Parlament beginnt, ist mit dicken Platanen gesäumt, sieben Kilometer lang und heißt **Bulevar Kralja Aleksandra** (Boulevard des König Alexander). Drei Haltestellen weiter (Pravni fakultet) steigen wir aus, biegen in die Straße Ulica Prote Mateje ab. 300 Meter weiter kreuzt die Krunska (Kronenstraße), an der Ecke ist das **Nikola-Tesla-Museum** (Krunska 51). Vor über 100 Jahren hat Tesla, ein gebürtiger Serbe, der in den USA lebte, mit seinen Erfindungen den Weg zu den heutigen Smartphones geebnet.

OBST UND GEMÜSE, NÄGEL UND SCHRAUBENZIEHER

Links vom Museum, der Krunska-Straße folgend, kommen wir zum **Kalenić-Markt**, einem der 30 täglichen Bauernmärkte. Sie sind nicht nur der Bauch der Hauptstadt, sondern auch ihre Seele, eine Wonne an Farben und Gerüchen: Ziegenkäse jung und alt, schwerflüssiges, grüngelbes Olivenöl, Berge von Obst, Gemüse, Blumen. Aber nicht nur das: Nägel und Schraubenzieher, Antikes und Nachgemachtes – ein Flohmarkt gehört dazu, neue Klamotten auch. Sie sind sehr günstig, ein mintfarbenes Hängerkleid aus Leinen kostet etwa 1500 Dinar. Aber die sparen wir heute, stattdessen kaufen wir Kirschen für 120 Dinar. Es ist kurz nach zwei, der Magen knurrt schon.

Ein Bauernmarkt ohne eine *kafana* gleich um die Ecke ist kein richtiger Markt. Kafana ist Kneipe, Bistro und Restaurant in einem. Da gibt es Kaffee (sowieso), Bier und Wein (selbstverständlich), aber auch Balkan-Blues mit Bohnensuppe, Ćevapčići und Sliwowitz. Ursprünglich ein türkisches Kaffeehaus, wandelte sich die Kafana zu einem Ort der Begegnung für Jung und Alt. Gleich um die Ecke, in der

Mileševska-Straße 2, kehren wir in die **Kalenić-Kafana** ein. Wir sitzen draußen, in einer Ecke eine alterslose Madame mit Zigarettenspitze und Tageszeitung vor der Nase. Kinder wuseln, Opas nuckeln an ihrem Schnapsglas, es wird viel und laut über Tagespolitik, Marktpreise und das Leben als solches geredet, während das eingekaufte Gemüse unter dem Tisch verwelkt. Auch wenn Serbien ein Ćevapčići-Land ist, bei uns wird es heute vegetarisch. Unser Mittagessen im Biergarten von Kalenić: ein großer Teller Bohnensuppe (370 Dinar), zu der viel Brot serviert wird, und ein Sljivo-Schnaps (140 Dinar).

Über die Mutapova-Straße gelangen wir zum **Dom des Heiligen Sava,** einer der größten orthodoxen Kirchen der Welt. Ein monumentales Bauwerk im neobyzantinischen Stil, fast 5000 Quadratmeter groß. »Wow!«, sagt meine Freundin, als sie unter der hohen Gewölbedecke voller Fresken und schwerer Kristallleuchter steht. Wir zünden eine Kerze an, so ist es Sitte, und machen uns auf den Weg zum Buchmuseum, meinem Liebling unter den 40 Museen in Belgrad.

Den Dom im Rücken, kommen wir zum Karadjordjev-Park, überqueren den Bulevar oslobodjenja (Boulevard der Befreiung), steigen in den Bus 401 und fahren etwa eine halbe Stunde, vorbei an Fußballstadien und durch die grüne Villengegend im Süden von Belgrad. Die achte Haltestelle heißt Bastovanska, nach etwa fünf Minuten Fußweg erreichen wir das private **Museum des Buches** in der Josipa-Slavenskog-Straße 19a.

Mein junger Freund Viktor Lazić, Anwalt und Weltreisender, hat schon über eine Million Bücher zusammengetragen, vorwiegend serbische Literatur, aber auch über 100 000 Bände in deutscher und 200 000 in russischer Sprache. Viele der exotischen Bücher hat er selbst von seinen Reisen nach Belgrad gebracht: hier ein buddhistisches Gebetsbuch, da ein Leporello mit magischen Formeln eines Medizinmanns aus dem indonesischen Busch. Überall rotdunkles Holz der Regale,

> **HIGHLIGHT**
>
> **BUCH-MUSEUM**
>
> Die Non-Profit-Organisation »Adligat Society« sammelt Bücher und Schriftstücke aus aller Welt, darunter Tausende Raritäten.

Glasvitrinen, Masken, seltsame Pergamentrollen – und Bücher, Bücher, Bücher. Eintrittspreis: ein Buch. Meine Freundin hat »Die Brücke über die Drina« des Nobelpreisträgers Ivo Andrić mitgebracht. (Wenn Sie auch einen Besuch machen möchten, dann melden Sie sich per Mail an: adligat.saradnja@gmail.com; Infos auf www.adligat-serbia.com.)

Die Buslinie 78 führt uns anschließend nach 16 Haltestellen wieder an die Save. Das dauert: Busfahrt etwa 40 Minuten, ein Fußweg kommt hinzu, sodass wir fast eine Stunde unterwegs sind. Aber es lohnt sich: Wir fahren durch **Dedinje** – das Villenviertel, in dem Belgrads Reiche und Schöne in geräumigen Villen residieren. Wieder im Zentrum, begegnen wir der gigantischen, 23 Meter hohen und 80 Tonnen schweren Statue am Savski-Platz, die den mittelalterlichen König Stefan Nemanja darstellt. Trotz vieler Proteste wurde das teure Denkmal 2021 enthüllt.

IMBISS AM SAVEUFER

Kurz nach fünf sind wir im Viertel **Savamala**, unter den Savabrücken gelegen. In der Straße **Gavrila Principa** 26 finden wir eine der vielen *pekara* (Bäckereien). An der Theke lachen Bourek und Croissants gleichberechtigt die Kunden an. Bourek (ein Joghurtbecher gehört dazu) und eine Flasche Mineralwasser kosten 200 Dinar. Wir laufen zu Nummer 14, zum **Bonbondzija**. Seit 1936 werden hier seidene Bonbons, Lutscher in Regenbogenfarben, Lebkuchenherzen und türkische Süßspeisen selbst gemacht. Ein Belgrader Souvenir wird gekauft: ein buntes Lebkuchenhaus für 100 Dinar.

An der nächsten Ecke biegen wir in die **Kraljevića-Marka-Straße** ein. Noch gibt es hier bunt angemalte Galerien in den Hinterhöfen, Graffiti an den Wänden. Das kleine Häuschen in Quittengelb ist die letzte Buchhandlung im Viertel, sie heißt **Prodavnica snova** (»Verkäufer der Träume«). Das Savamala-Viertel, das Domizil vieler Künstler, wird umgebaut und damit unbezahlbar. Denn am Save-Ufer entsteht »Belgrad am Wasser«, ein teures Projekt der serbischen Regierung. Türme und Wolkenkratzer verändern das Stadtbild und die Mietpreise enorm.

Über die Karadjordjeva-Straße sind wir ans Saveufer gelangt, hier ist die **Savska promenada** (Save-Promenade). Links im Bild die teuren Neubauten; wir schlendern nach rechts, sitzen zwischendurch auf einer Bank, essen Bourek und Joghurt, den Belgrader Hafen im Blick. In der **Beton Hala** (ehemalige Speicher, in denen man eine Reihe Restaurants und Bistros findet) wartet auf uns eine Hafenrundfahrt. Kosten: 1800 Dinar, Dauer: 90 Minuten. Als sie wieder den festen Boden betritt, ist meine Freundin von der Hafenrundfahrt, die eigentlich eher eine Fluss-Stadtrundfahrt ist, begeistert. Der Blick vom Wasser auf Belgrads Gegenwart und Vergangenheit ist einmalig.

EIN PERFEKTER ABEND

Gleich neben der Anlegestelle gehen wir essen. Das **Comunale** (Karadjordjeva 2) ist mein Lieblings-Esstempel, 2022 hat es eine Empfehlung im Guide Michelin bekommen. Wir sind sparsam, es gibt eine leckere Pizza con bistecca (850 Dinar). Bei einem Glas Bier (Zaječarsko pivo, 230 Dinar) lassen wir die Sonne hinter den Brücken ins Wasser fallen.

Savamala ist auch die Königin des Belgrader Nachtlebens. In der **Karadjordjeva-Straße 44** bilden vier zusammenhängende Clubs die

Krone: Mladost, Ludost, Radost, Gadost (Jugend, Torheit, Freude, Bösartigkeit). Sperrstunde? Unbekannt! Bis morgen früh gibt es hier heiße Elektro-Beats (»Jugend«), leise Töne (»Torheit«), Pizza und Sushi (»Freude«), neueste harte Rhythmen (»Bösartigkeit«). Bevor wir uns auf den Weg ins Hotel machen, nehmen wir hier einen Absacker (Limoncello Sour mit Wodka, 480 Dinar) in »Torheit«. Vor der Clubtür nimmt uns die lärmende Trambahn der Linie 2 mit, zwei Haltestellen weiter sind wir schon wieder im Kalemegdan.

Die Lichter machen aus der Knez-Mihajlova-Straße eine Märchenlandschaft. Ich plane die nächsten Tage: der riesige China Market mit China-Schrott und einer Kantine, in der es wie in China schmeckt. Belgrads Friedhof, mit Statuen und Mausoleen wie der Cimetière du Père Lachaise in Paris, oder Zemun, ein Stadtteil an der Donau, früher Grenzstadt zur Habsburger Monarchie, werden morgen beäugt. Ich denke auch an all die Ausstellungen, Konzerte und Museen, ein volles Kulturprogramm, das sich wahrlich mit Berlin messen kann. Vor dem Hotel gibt es einen Gute-Nacht-Kuss, ich gehe beseelt nach Hause, füttere die Katzen, warte, bis sich die Fetzen des Tages im Hirn eingenistet haben, während die Nacht zum Schlaf ruft.

KASSENBON
100 Dinar ≈ 0,85 €

Frühstück im Smokvica	800 Dinar
Eis	100 Dinar
Bus-Tagesticket	250 Dinar
Kirschen	120 Dinar
Mittagessen im Kalenić-Kafana	510 Dinar
Bourek und Mineralwasser	200 Dinar
Souvenir	100 Dinar
Hafenrundfahrt	1.800 Dinar
Abendessen im Comunale	1.080 Dinar
Cocktail	480 Dinar

....

| DINAR | 5.440 |
| ≈ EURO | 46,30 |

BERLIN
Clemens Bomsdorf

AUF IN DEN UNENTDECKTEN WESTEN

Wann immer ich in einer Stadt bin, zieht es mich in jene Gegenden, die nicht von Freunden oder Reiseführern als Erste empfohlen werden. In Paris hatte ich einen der spannendsten Tage im 13. Arrondissement, in Palermo in der Zona Espansione Nord und in Oslo in Grorudalen – alles Stadtviertel, wo Touristen ähnlich selten anzutreffen sind wie Museen. Dabei sind die Wohnviertel der Reichen genauso interessant wie die der Ärmeren. In beiden Fällen begegnet man auf den Straßen fast nur jenen, die wirklich in der Stadt leben und fest arbeiten, und nicht all den zugereisten Touristen oder Geschäftsreisenden.

In Berlin gibt es eine Gegend, die beides verbindet: der klassische Westen und vor allem Charlottenburg.

Urlauber steuern in der deutschen Hauptstadt üblicherweise vor allem die Bezirke Prenzlauer Berg, Kreuzberg, Neukölln, Friedrichshain und Mitte an. Dort stehen die Überreste der Mauer, dort befinden sich die großen Museen und der Fernsehturm, und dort gibt es die coolen Clubs und modernen Cafés.

Klar – jeder, der nach Berlin reist, sollte das alles sehen, deshalb geht es auch für diesen Text nach Mitte. Es lohnt sich aber auch, für den Start einer preiswerten Berlin-Tour Herbert Grönemeyers Bochum-Hymne als Inspiration zu nehmen. In der singt er über die Ruhrpott-Metropole, was auch für Berlin gilt: »Tief im Westen / Wo die Sonne verstaubt / Ist es besser / Viel besser, als man glaubt.«

Berlins klassischer Westen hat ein ähnliches Imageproblem wie Grönemeyers Heimatstadt. Er gilt als langweilig und nicht ganz auf der Höhe der Zeit. Da ist durchaus etwas dran. Aber gerade das macht den Reiz aus.

Ein guter Start für die Tour des Westens ist das Frühstück in einer der Filialen von **M&M Back**. Der Shop öffnet schon um 5 Uhr und wird von jener Mischung frequentiert, die Charlottenburg ausmacht. Geschäftsleute nehmen auf dem Weg zum frühen Flieger oder Zug noch schnell etwas »to go« mit, aber auch Arbeiter sind da, die sich für den Tag stärken. M&M Back liegt direkt am nördlichen Eingang zur **U-Bahn-Station Wilmersdorfer Straße**. Das Logo des Ladens mit rotem Schriftzug und dunkelorangem Hintergrund sieht aus wie 1992 von einem Computerlaien mit Microsoft Paint erstellt und signalisiert: Hipp oder schick gibt es hier nicht, wir sind schließlich im Westen und nicht in Prenzlauer Berg. Das im gleichen Farbton gehaltene Menü zeigt an: dafür preiswert. Der Cappuccino kostet 1,90 Euro, die Esswaren in der Auslage sind ebenfalls alles andere als teuer. Gefragt, ob es auch Schokocroissants gebe, antwortet die dunkelhaarige Verkäuferin: »Wir haben alles.« Sie trägt ihr Kopftuch so, dass sie deutlich mehr als den Haaransatz zeigt, und ist etwa doppelt so alt wie die Bedienungen in den hippen Cafés im Zentrum.

Dann zieht sie ein mit Puderzucker bestäubtes Croissant aus einem Korb hinter sich hervor – 1,20 Euro. Zum Mitnehmen bestelle ich fürs Mittagessen gleich noch einen Bagel mit Käse. »Remoulade drauf?« – »Gern.« 3 Euro. 2 Mahlzeiten also für 6,10 Euro! Der

> Berlin-Besucher zieht es vor allem in den ehemaligen Osten der Hauptstadt. Nichts spricht gegen Mauerpark, Brandenburger Tor und Alex – solange der alte Westen auch besucht wird. Gerade weil sich dort in den letzten Jahrzehnten weniger verändert hat, ist hier noch die Großstadt fernab des Tourismus zu erleben.

Cappuccino kommt, da ich »zum Hiertrinken« sagte, in einer roten Tasse. Ich setze mich an einen der Holztische vor dem Laden. Rechts von mir zwei Männer Mitte 50, links ein männliches Handwerkerduo, zu erkennen an zement- und farbbekleckster Hosen und Schuhen mit Stahlkappe. Sie sind geschätzt halb so alt wie die anderen beiden.

Aus dem Gespräch der Arbeiter ist zu entnehmen, dass sie auf einer Baustelle gleich um die Ecke beim Lietzensee arbeiten. Dort ist gerade einer jener Neubauten entstanden, von denen es in diesem Teil Berlins viel weniger gibt als etwa in Friedrichshain, wo trendige Architekturbüros Sauteures ans Wasser setzen. Dann kommt ein rothaariger jüngerer Mann und holt sich auch einen Kaffee. Meist sitzt oder liegt er in dieser Gegend, bittet um Geld und brabbelt manchmal vor sich hin. Raus aus dem Laden, setzt er sich vor den U-Bahn-Eingang.

MIT DEM FAHRRAD DURCH DEN GRUNEWALD

Nach diesem Frühstück beschließe ich, für die Tour, zu der kurz darauf eine aus Nordeuropa für den Urlaub zugereiste Freundin stoßen wird, das Rad zu nehmen (Call a Bike von DB – 9 Euro für 24 Stunden). »Mit dem Rad ist es einfach herrlich. Da kommt die Stadt viel näher an uns ran, als wenn wir Bahn oder Taxi fahren würden«, wird meine Freundin später sagen. Erst aber bekommt der Rothaarige mein restliches Kleingeld – 1,75 Euro, für die es bei M&M Back einen Kaffee oder etwas zu essen gibt.

Um halb zehn geht es, noch alleine, weiter Richtung Westen. Ziel: der Grunewald. Der steht für mich wie kein anderes Gebiet für eine unterschätzte Seite der Hauptstadt: die unglaublich nahe Natur. Ich radle die **Wilmersdorfer Straße** hoch, Berlins älteste und recht kurze Fußgängerzone – kurz vor der Ecke Goethestraße gibt es übrigens kostenlos Trinkwasser zum Abzapfen für die Tour. Ich biege auf die Bismarckstraße ein. Ein paar hundert Meter Richtung Osten steht die **Deutsche Oper**. Der 1961 eröffnete und von Fritz Bornemann entworfene Bau ist architektonisch ein Kontrast zur Staatsoper Unter den Linden im Osten. Während diese im Stil des Friderizianischen Rokoko erbaut wurde, kombiniert die im Westen Brutalismus mit fensterloser Beton-Kiesel-Fassade an der einen Seite mit einer für jene Zeit typischen klaren Glasfassade an der anderen und ist die zwei Minuten Umweg wert. Ich schaue mir das Gebäude nur von außen an.

> **HIGHLIGHT**
> **GRUNEWALD**
> Wald, Badeseen und Radwege: Im dem beliebten Erholungsgebiet kann man leicht vergessen, dass man sich in einer Millionenstadt befindet.

Nach gut 15 Minuten auf dem Fahrradweg ist gegen halb elf das **Messegelände** erreicht. Architektonisch ein ähnliches Schwergewicht, sticht am Horizont der **Funkturm** hervor, der 1926 für die 3. Große Deutsche Funk-Ausstellung erbaut wurde. Das erheblich kleinere und vielen unbekannte Pendant zum Fernsehturm am Alexanderplatz ähnelt ein wenig dem Pariser Eiffelturm und ist vor allem im Dunkeln ein zurecht beliebtes Fotomotiv.

Kurz danach geht es an der S-Bahn-Station Heerstraße links ab, hinein ins Grüne, und dann alsbald wieder rechts hinauf auf den **Teufelsberg**. Die verlassenen Abhörstationen dort sehen aus wie Türme, an deren oberem Ende runde, mit dicker hellgrauer Plane überzogene Drahtstrukturen thronen. Sie können zum Teil begangen werden (Eintritt 8 Euro). Zwei Stunden reichen kaum, um auf dem weitläufigen Gelände einige der Hallen und Häuser zu erkunden – ehemalige Gebäude der US-Streitkräfte, die nun teilweise für Kunstausstellungen genutzt werden. Hier wurde damals der Funkverkehr des Feindes abgehört. Überbleibsel des Kalten Krieges gibt es eben nicht nur in Ostberlin.

Wieder auf dem Rad, geht es ein paar Minuten über breite Waldwege durch den Mischwald des Grunewalds bis zum **Teufelssee**. Ohne Eintritt zu bezahlen, aber mit DLRG-Bewachung kann man hier in den warmen Monaten eine kurze Schwimmpause einlegen. Das Wasser ist trüber als in den großen Seen am Rande der Stadt, hat aber gute Qualität. Bekannt ist der See auch für den FKK-Bereich und ein Video, in dem ein Wildschwein einem Badegast die Tasche samt Laptop entführt und dieser nackt einen Sprint einlegt, um seine Wertsachen wiederzubekommen. Tatsächlich sind auch heute ein paar junge Wildschweine mit Muttertier ganz nah am Wasser zu sehen. Weil Badende immer wieder ihren Proviant unverschlossen herumliegen lassen, kommen sie gerne hierher, und der See- wird zum gratis Zoobesuch.

VOM TIERGARTEN NACH MITTE

Ich radle wieder in Richtung Zentrum und treffe gegen halb zwei auf meinen Besuch, der mich für den Nachmittag begleitet. Zusammen fahren wir wieder durchs Grüne, diesmal durch den **Tiergarten**. »Wie schön, dass ihr so einen großen Park in der Stadt habt!«, ruft sie, während sie schwungvoll die Rampe zum Biergarten Schleusenkurg nahe der S-Bahn-Station Tiergarten herunterfährt.

Wenig später sind wir am **Großen Stern**. Dort steht auf der Siegessäule die ikonische Statue der Viktoria, die nicht zuletzt aus Wim Wenders' Film »Der Himmel über Berlin« bekannt ist. Barack Obama hat hier 2008 eine Rede gehalten, zu der 200 000 Menschen kamen – noch bevor er zum US-Präsidenten gewählt wurde. Welch ein Ort, um den morgens gekauften Bagel zu Mittag zu verzehren!

Nach ein paar weiteren hundert Metern auf der Straße des 17. Juni radeln wir durchs **Brandenburger Tor** und überqueren damit den ehemaligen Todesstreifen. Mein Besuch findet das so toll, dass wir es gleich zweimal machen. Auch für mich, der nun schon einige Jahre in Berlin lebt, ist es immer wieder ergreifend, dass ich heute so einfach diese ehemalige Grenze überschreiten kann, an der früher die Mauer stand. Den meisten vor der Wende Geborenen geht es wohl ähnlich.

Wir machen dann noch einen Schlenker gen Süden, um am **Potsdamer Platz** die **Neue Nationalgalerie** zu besuchen. Nach aufwendiger Renovierung ist der von Glas dominierte Pavillon 2021 wiedereröffnet worden. Ins aquariumartige Obergeschoss geht es kostenlos. Hier lässt sich die Idee des Architekten Mies van der Rohe am besten erspüren. Der riesige Raum ist von Tageslicht durchflutet und nur von sehr wenigen tragenden Elementen durchbrochen. Dadurch strahlt er eine unglaubliche Leichtigkeit aus. Weil auch die Neupräsentation der Sammlung unten sehenswert ist, kaufen wir uns ein Ticket (12 Euro) und erfreuen uns an Arbeiten von Hannah Höch und den Brücke-Künstlern. Zu unserer Freude entdecken wir ganz hinten auch den Lebensfries, den der norwegische Maler Edvard Munch für die Kammerspiele des Deutschen Theaters entworfen hat.

Wieder auf dem Rad, geht es gegen halb sechs nach Osten in Richtung Alex. Wir stoppen aber schon am Humboldt Forum, das im wiederaufgebauten **Stadtschloss** untergebracht ist. Es gibt keinen umstritteneren Bau in Berlin. Denn nicht nur musste dafür der architektonisch sehr interessante Palast der Republik weichen, womit ein Stück DDR-Geschichte plattgemacht wurde, sondern es wurde auch ein Bau aus einer älteren Epoche des vordemokratischen Deutschlands wiedererrichtet. Eine Außenseite sowie das Innere wurden in heutigem Stil ausgeführt, erinnern aber leider an ein Einkaufszentrum. Einen Besuch wert ist die Dachterrasse (Eintritt frei). Von da oben gleitet der Blick über den Ostteil der Stadt. »Ich hätte nicht gedacht, dass die Umgebung so aussieht«, sagt mein Besuch. Natürlich ist der Fernsehturm am Alexanderplatz gut zu sehen, vor allem aber auch all die Plattenbauten, die zu DDR-Zeiten sehr zentral errichtet wurden. Wie viele es sind, ist eigentlich erst in der Draufsicht zu erkennen. So bringt der Bau (vermutlich ungewollt) immer noch ein wenig DDR-Geschichte zurück ins Bewusstsein.

Nun ist es an der Zeit, wieder an den Ausgangspunkt der Tour zurückzukehren. Mit dem Rad geht es die Straße **Unter den Linden** entlang durchs Brandenburger Tor und dann erneut über den Großen Stern weiter nach Charlottenburg.

Letzte Station ist um halb acht **La Fortuna da Sergio,** ein sehr kleines italienisches Restaurant in der Goethestraße. Der Inhaber stammt aus der Toskana und steht, wie er stolz verkündet, seit Jahrzehnten fast jeden Tag in seinem Laden. »Ohne auch nur einmal krank gewesen zu sein!« Meist bedienen nur er und ein weiterer Mitarbeiter. Die Preise sind so niedrig, dass es für die verbliebenen 13,15 Euro ein komplettes Abendessen gibt: Pasta mit Rucola-Tomatensauce und ein Glas Wein. Auch Trinkgeld ist noch drin.

Danach geht es noch mal eine halbe Stunde aufs Rad, den Kaiserdamm hinunter, der später zur Heerstraße wird, dann links auf den **Drachenberg**, der gleich neben dem Teufelsberg liegt. Hier genießen wir den Sonnenuntergang über Berlin (je nach Jahreszeit wird dieser Stopp natürlich früher eingelegt). Wir überblicken den kompletten Westen mitsamt Funkturm, und am Horizont erstrahlt sogar der Alex. Die besten Dinge im Leben sind halt doch kostenlos.

KASSENBON

Cappuccino und Croissant bei M&M Back	3,10 €
Bagel mit Käse	3,00 €
Spende	1,75 €
Fahrradmiete	9,00 €
Eintritt Teufelsberg	8,00 €
Eintritt Neue Nationalgalerie	12,00 €
Abendessen im La Fortuna da Sergio	13,15 €
EURO	**50,00**

BUENOS AIRES

Karen Naundorf

EIN HÄUSERMEER,
DAS NIEMALS SCHLÄFT

Die Seele von Buenos Aires wohnt in den alten Cafés. Nirgendwo sonst kommt man ihr so nah. Studierende bereiten ihre Kursarbeiten vor, Paare treffen sich fürs erste Stelldichein. Es ist, als gehörten die alten Salons den Gästen, nicht den Besitzern. Stundenlang sitzt ein einziger Gast vor einem längst erkalteten *cafecito*, versunken in ein Buch. Die Kellner übersehen ihn respektvoll, stoßen niemals gegen den Tisch, egal wie nah sie an ihm vorbeigleiten. Lautlos, als habe die Leseruhe klare Priorität über dem eigentlichen Zweck des Etablissements. Den Gast zum Konsum eines weiteren Getränks anzuregen, das wäre ein Affront.

Buenos Aires ist eine der wenigen Städte weltweit, in denen die Kaffeehäuser zu den Sehenswürdigkeiten gehören. Und deshalb muss der heutige Tag genau dort beginnen, zum Beispiel im **Los Galgos** (Avenida Callao 501). Das klassische Frühstück besteht aus einem *cortado* (Espresso mit Milchschaum) und zwei *medialunas de manteca* (süßen Buttercroissants), das Ganze für 590 Pesos. Während es draußen auf der mehrspurigen **Avenida Callao** hupt und laute, rußende Busse im stetigen Wettbewerb um Sekundenvorsprünge die Straßen verstopfen, Krawattenträger auf dem Trottoir hektisch telefonieren und fliegende Händler darum kämpfen, möglichst viele Geschirrtücher oder Synthetiksocken an den Mann oder die Frau zu bringen, ist im Los Galgos die Zeit relativ. Die Teller klappern, die Kaffeemaschine seufzt, am alten Bartresen kommt das Wasser aus einem bronzenen Schwanenkopf. Schon der Tangopoet und Musiker Enrique Santos Discépolo (1901–1951) kam regelmäßig hierher – als Erwachsener. In seinem Tango »Cafetín de Buenos Aires« beschreibt er, wie er sich als kleiner Junge danach sehnte, endlich in einem Café zu sitzen: »Als Kind sah ich dich von außen, wie diese Dinge, die unerreichbar sind, drückte die Nase gegen das Fenster.«

Im Café Los Galgos hat sich seither nichts verändert. Der historische Fliesenboden, die getäfelten Wände, die geschwungene Bar – sie sind stille Zeugen der 1930er-Jahre, in denen Buenos Aires eine pulsierende Metropole war, die in einem Atemzug mit New York genannt wurde. Doch gleichzeitig ist alles anders. Das Betreiberpaar hat es geschafft, Los Galgos zu einem Ort zu machen, der heute und gestern zugleich ist. Das Alte wird behutsam gepflegt, ohne in Nostalgie zu versinken. Das Neue fügt sich ein oder ist unsichtbar, wie das Wi-Fi. Ungemein praktisch, falls Sie noch schnell ein paar Informationen brauchen, bevor Sie die Stadt erkunden.

ACHTUNG BEI DEN WECHSELKURSEN

Wobei ich natürlich hoffe, Sie gehen nicht unvorbereitet in diesen Tag hinein, sonst wird es doch noch ungemütlich im Los Galgos, wenn die Rechnung kommt. Denn wenn Sie Ihre argentinischen Pesos am Automat gezogen oder in einer Halsabschneider-Wechselstube getauscht haben, haben Sie – zum Zeitpunkt, an dem dieses Buch geschrieben wurde – für 50 Euro bestenfalls 6300 argentinische Pesos bekommen (Wechselkurs: 126 Pesos pro Euro). Wenn Sie sich aber mit einem Transferdienst wie Western Union Geld zugeschickt haben, dann sind es 11 200 Pesos. Ganz legal und dennoch fast das Doppelte! Noch ein Tipp: Am

> Ein Sprichwort sagt: »Gott ist überall, aber sein Büro hat er in Buenos Aires.« Wo genau, weiß auch die Autorin nicht. Stattdessen sucht diese Tagestour nach dem besonderen Etwas der Hauptstadt, diesem »no sé qué«, wie die Argentinier es nennen. Es findet sich vor allem dort, wo das alte Buenos Aires noch lebendig ist.

besten haben Sie das Geld in der Western-Union-Filiale schon am Vortag abgeholt. Morgens hat man dort oft noch nicht genug Bargeld, um einen solchen Betrag auszuzahlen.

Die unterschiedlichen Wechselkurse sind das Ergebnis jahrelanger volkswirtschaftlicher Achterbahnfahrten. Niemand in Argentinien vertraut dem Peso. Immobilien werden bar und in Dollar bezahlt, auch Mietverträge immer öfter gleich in Dollar abgeschlossen. Sogar Fernsehsender zeigen im Laufband unten am Bildschirm: Dollarkurs (legal), Dollarkurs (illegal). Wobei da natürlich nicht »illegal« steht; der Schwarzmarktdollar heißt »Dólar blue« und ist derzeit etwa doppelt so teuer wie der auf der Bank. Western Union wiederum zahlt ungefähr den Börsenkurs, der zwar nicht ganz so gut ist wie der »blue«, aber besser als der offizielle – und legal. (Ohnehin können die Preisangaben in diesem Text bei einer Inflation von über 50 Prozent pro Jahr und schwankenden Wechselkursen nur als ungefähre Orientierung dienen.)

Wenn Sie meinem Rat gefolgt sind, kostet Sie der Kaffee mit den *medialunas* im Los Galgos umgerechnet etwa 2,60 Euro (100 Pesos ≈ 0,45 €). Was Sie im besten Fall auch schon gekauft und aufgeladen haben, im Lotto-Kiosk oder an einer U-Bahn-Station: eine Tarjeta SUBE, eine Magnetkarte für U-Bahn- und Busfahrten.

Vom Café Los Galgos aus sind es nur wenige Minuten zur **Buchhandlung El Ateneo Grand Splendid** (Avenida Santa Fe 1860) in einem ehemaligen Theater, mit Balkonen und Bühne. Wo früher Reihen gepolsterter Klappsitze standen, dämpfen heute Teppiche die Schritte der Kunden, die zwischen den Buchregalen umherstreifen. Der schwere, dunkelrote Vorhang umrahmt noch immer die Bühne, nur die Bretter, auf denen bereits die Tangolegende Carlos Gardel sang, wurden gegen Parketthölzer ausgetauscht. Kleine quadratische Tische stehen darauf, an denen Kellner Espresso servieren. Das Grand Splendid ist mit 2000 Quadratmetern Verkaufsfläche die größte Buchhandlung in Südamerika und vermutlich auch die schönste.

> **HIGHLIGHT**
> **ATENEO GRAND SPLENDID**
> Südamerikas wohl schönste Buchhandlung, untergebracht in einem umgebauten Kino aus dem Jahr 1919.

Unter der Bühne, wo früher die Schauspielergarderoben waren, ist die Jugendbuchabteilung untergebracht. Im Erdgeschoss gibt es die Publikumsrenner, alles von Bestsellern bis hin zur Reiseliteratur, in der ersten Etage Bildbände und Wissenschaftsbücher, in der zweiten Jazz- und Klassik-CDs. Etwa 3000 Besucher kommen durchschnittlich pro Tag in das Geschäft. Einige steigen nur kurz auf den Balkon, um zu fotografieren. Andere bleiben minutenlang stehen, legen den Kopf in den Nacken und betrachten das Deckenfresko des Italieners Nazareno Orlandi mit den pazifistischen Motiven. Das ursprüngliche Theater für 500 Zuschauer hatte der Architekt Max Glücksmann 1919 gebaut. Zwar wurde 2000 der Umbau zum mehrgeschossigen Buchkaufhaus kritisiert, doch was soll man sagen: Dank der Investition hat das Grand Splendid bis heute überlebt, und das ist das Wichtigste.

Von der Buchhandlung aus ist es nicht weit zum **Patio del Liceo** (Avenida Santa Fe 2729). Das alte Stadthaus aus dem 18. Jahrhundert ist zu einer Oase für kleine Galerien und liebevoll in Handarbeit hergestellte Produkte geworden: Schmuck, Biokosmetik, Kleidung. Im Hinterhof gibt es auch eine Möglichkeit, argentinische Weine zu testen, aber das heben wir uns für später am Tag auf. Die Läden und Galerien bieten auch immer wieder Workshops an: Nähen, Buchbinden, analoge Fotografie. Das Gebäude war ab 1907 die erste Oberschule für

Frauen in Argentinien. Nun ist es ein optimaler Ort zum Stöbern – und auch, um den Puls der Stadt zu fühlen: Der Patio del Liceo ist ein Nährboden für neue Ideen und immer gut für interessante Gespräche.

Die Porteños, die Bewohner von Buenos Aires, streiten gerne darüber, wo es die leckersten Empanadas gibt, gefüllte Teigtaschen. Nur fünf Fußminuten vom Patio del Liceo entfernt ist mein Favorit zu finden: **La Cocina** (Avenida Pueyrredón 1508). Ein kleines, leicht in die Jahre gekommenes Lokal, in dem es *comida norteña* gibt, Empanadas und andere kleine Gerichte aus dem Norden Argentiniens. Unbedingt probieren: *empanada pikachu* (Käse und Zwiebeln, leicht pikant und süß-sauer). Mit vier Empanadas plus einem Getränk sollte der Magen gut, aber nicht zu gut gefüllt sein, um weiter die Stadt zu erkunden (ingesamt etwa 1300 Pesos).

PERÓNS PALAST, EVITAS GRAB

Von La Cocina aus geht es zu Fuß die Avenida Pueyrredón entlang, sechs leider viel befahrene Blocks bis zur Avenida Las Heras. Dort biegen wir dann links ab, bis zur **Nationalbibliothek** (Agüero 2502): ein brutalistischer Koloss, entworfen von Clorindo Testa, nach 20-jähriger Bauzeit 1992 eingeweiht. Eine Vorgabe war, möglichst viel Raum auf dem Grundstück unbebaut zu lassen, damit dem Viertel Grünfläche erhalten bleibt. Deshalb wurde der Lesesaal in den fünften Stock gelegt – von dort aus ist sogar der Río de la Plata, der Silberfluss, zu sehen. Einen Leseausweis bekommt man im Erdgeschoss leicht; fotografieren ist im gesamten Gebäude allerdings nur mit Sondergenehmigung erlaubt. Deshalb ersetzt der Besuch der Nationalbibliothek nicht den auf einer anderen Terrasse – aber dazu später! Auf dem Gebäude der heutigen Nationalbibliothek stand einst der Palast Unzúe, von

1945 bis 1955 Sommersitz des damaligen Präsidenten, General Juan Domingo Perón. Seine Frau Evita starb dort am 26. Juli 1952. Im Jahr 1956 ließ der Diktator Pedro Eugenio Aramburu den Palast abreißen. Vermutlich wollte er vermeiden, dass das Gelände nach dem Tod Evitas zur Pilgerstätte ihrer Anhänger werden könnte. Falls Sie schon in der Stimmung für einen Nachmittagsdrink sind: Das einstige Lesecafé auf dem Bibliotheksgelände heißt heute **Invernadero** und ist auf Gin-Mixgetränke spezialisiert (ca. 1000 Pesos).

Wenn Sie noch Energie haben, können Sie nun in **Recoleta** den historischen Friedhof besuchen, auf dem Evita Perón begraben ist, und dann die **Avenida Figueroa Alcorta** entlangspazieren in Richtung Rosengarten und Lagos de Palermo. Denn es tut gut, ein bisschen Grün zu sehen im Großstadtdschungel. Dazu kommt, dass es in Buenos Aires fast immer irgendwo blüht. Der französische Landschaftsarchitekt Charles Thays zeichnete zwischen 1891 und 1920 für die Parkanlagen der Stadt verantwortlich. Bis heute hat eine seiner Ideen überlebt: Er ließ gezielt Bäume anpflanzen, die zu unterschiedlichen Jahreszeiten die Stadt in Farben tauchen. Im Januar die fuchsiafarbenen Blüten des Palo Borracho. Im Februar die Jacaranda, allerdings nicht ganz so auffällig, weil ihre Blätter zum Teil die lilafarbenen Blüten überdecken. Nur der Winter von Juni bis August ist blütenfrei, dann fallen die Platanen ins Auge. Wenn der Lapacho rosa blüht, beginnt der Frühling. Ab Oktober leuchten die roten Blüten des Ceibo. Der letzte Baumzensus fand 2018 statt: In der Stadt gibt es 431 326 Bäume, alle sind fein säuberlich registriert.

Sollten Sie allerdings ein bisschen fußmüde sein, ist es nicht teuer, von der Nationalbibliothek ein Taxi zu nehmen bis zum **Palermo-Park** (ca. 700 Pesos). Dort gibt es einen – ebenfalls von Thays entworfenen – **Rosengarten,** und Sie können sich unter die Argentinier mischen, die um den See herumlaufen oder am Ufer Mate-Tee trinken. Einfach ein bisschen ausruhen oder auch an den **Arcos de Palermo** vorbeispazieren, wo heute in den alten Backsteinmauern unter den Zugschienen Restaurants und Cafés untergebracht sind. Abends kann man auf der Rückseite einiger der Bars auch tanzen (z. B. im Avant-Garden).

BLICK ÜBER DIE STADT

Um Buenos Aires von oben zu betrachten, nicht nur durch die trüben Scheiben der Nationalbibliothek, gibt es mehrere Optionen. Die Schönste ist für mich ein Sonnenuntergang auf der Terrasse des **Palacio Barolo** (Avenida de Mayo 1370, unbedingt online reservieren: www.palaciobarolotours.com.ar). Der Besuch kostet mit Getränk rund 3400 Pesos, am besten für 18 bis 20 Uhr einplanen. Der Blick vom Palacio Barolo auf die Plaza Congreso lohnt sich: Das Gebäude wurde 1923 erbaut und war damals mit 100 Metern das höchste der Stadt. Der Palast ist gespickt mit Anspielungen an Dantes »Göttliche Komödie«. Er ist in drei Abschnitte gegliedert: Hölle, Fegefeuer, Himmel. Der Blick von der Kuppel auf dem Dach ist spektakulär! Oben auf dem Palast thront auch noch ein Leuchtturm. Er zeigt in Richtung Montevideo, der Hauptstadt Uruguays. Dort steht das Zwillingsgebäude des Barolo, der Palacio Salvo, der ebenfalls von dem italienischen Architekten Mario Palanti entworfen wurde.

Von den Lagos de Palermo ist der Palast etwa eine Stunde Wegzeit entfernt. Aber in diesem Fall ist der Weg das Teilziel: Vom Taxi aus (ca. 1000 Pesos) können Sie mehr von der Stadt sehen. Allerdings am besten vor 17 Uhr. Danach sind die Straßen so verstopft, dass Sie kaum mehr rechtzeitig zum Ziel gelangen. Dann ist es besser, die U-Bahn-Linie D zu nehmen, um diese Uhrzeit auch recht voll, dafür schnell (Plaza Italia bis Callao und dann zu Fuß weiter).

Für den Abend ist nun noch immer genügend Budget vorhanden, um nicht knausern zu müssen. Vom Palacio Barolo aus können Sie die U-Bahn Linie A von Saenz Peña bis Loria nehmen, danach sind es noch 10 Fußminuten bis zu der alten **Bar Boliche de Roberto** (Bulnes 331). In dem Lokal aus dem Jahr 1893 scheint die Zeit stehengeblieben zu sein: Auf den alten Flaschen im Regal liegt ein bisschen Staub; hier wird Schach gespielt, Tango gesungen und natürlich Bier getrunken. Und was soll es anderes geben als Empanadas und Pizza?

Nach dem Feierabendbier im Boliche de Roberto sind wir bereits in **Almagro**, einem Viertel mit vielen Bars und auch Konzertsälen in Laufweite. Sehr wahrscheinlich gibt es ab 22 Uhr ein Konzert im **CAFF** (Club Atlético Fernández Fierro, Sánchez de Bustamante 772). Gehen Sie hin (Eintritt ca. 1000 Pesos), es ist eigentlich egal, was gerade auf dem Programm steht, Sie werden wohl kaum enttäuscht. Wenn im CAFF nichts stattfindet, ist **La Catedral** (Sarmiento 4006) in der Nähe: An den meisten Tagen gibt es hier ab 22 Uhr Tangounterricht im alternativen Ambiente, danach Milonga, sonntags auch Folklore. Aber man kann auch einfach auf einem der vielen Vintage-Sofas sitzen und Wein trinken.

Eine Liste und Karte der alten Cafés und Bars – Fluchtpunkte in einer hektischen Metropole gibt's hier: turismo.buenosaires. gob.ar/es/article/bares-notables.

KASSENBON
100 Pesos ≈ 0,45 €

Frühstück im Los Galgos	590 Pesos
Empanadas im La Cocina	1.300 Pesos
Cocktail	1.000 Pesos
Taxi und U-Bahn	1.800 Pesos
Sundowner im Palacio Barolo	3.400 Pesos
Getränke im El Boliche de Roberto	900 Pesos
Konzerteintritt und Getränke	2.300 Pesos
PESOS ≈ EURO	11.290 50,80

SURFER, STRASSENHÄNDLER UND SUNDOWNER – IM HERZ DER MULTI-KULTI-METROPOLE

Früh aufstehen lohnt sich in der südafrikanischen Hafenmetropole Durban. Es ist ein wunderbarer Anblick, wenn auf der Strandpromenade, der »Golden Mile«, die Sonne über dem Indischen Ozean aufgeht. In rot-oranges Licht getaucht, sitzen die ersten Surfer auf ihren Brettern und warten auf Wellen. Fischer werfen von der Pier ihre Angeln aus. Jogger traben unter den Palmen am Ufer entlang. Durbanites, wie sich die Einwohner Durbans selbst nennen, sind keine Morgenmuffel. Wer mag, kann unsere Tagestour also schon im Morgenrot beginnen.

Für alle anderen startet sie gegen 8 Uhr am **South Beach**, also im Süden der Promenade. Die Adresse, **17 Erskine Terrace,** kennt jeder Taxi- oder Uber-Fahrer. In einem verglasten Betonbau leihen wir uns bei Xpression ein Fahrrad für zwei Stunden. Je nach Geschmack ein bequemes Cruiser-Bike, ein Tandem oder ein Mountainbike. Das kostet 100 Rand pro Person (was 5,90 Euro entspricht) und ist die beste Art, die rund sechs Kilometer lange, nach ihren goldenen Sandstränden benannte **Golden Mile** zu erkunden. Die Morgenluft ist je nach Saison frisch, aber nur an wenigen Tagen im Jahr kalt. Ein leichter Pullover reicht im subtropischen Klima von Durban mit seinen etwa 300 Sonnentagen im Jahr vollkommen aus. Weil auch das Meer angenehm warm ist, bietet es sich an, Badesachen einzupacken. Für alle Fälle.

Mit Blick auf den Ozean geht es zunächst rechts entlang, vorbei an der **uShaka Marine World,** einem sehenswerten Aquarium in

Schiffswrack-Optik mit angeschlossenem Wasser- und Freizeitpark. *(Upgrade: Wer einen Tag länger bleibt oder einen der seltenen Regentage erwischt hat, dem sei das Aquarium ans Herz gelegt. Der Tagespass kostet 99 Rand, inklusive Wasserpark 157 Rand.)* Der Name ist eine Hommage an den Zulu-König Shaka, der zu Beginn des 19. Jahrhunderts herrschte, und das weit über die Grenzen der heutigen Provinz KwaZulu-Natal hinaus, in der Durban liegt. Heute hat die Stadt, die nach einem britischen Gouverneur aus der Kolonialzeit benannt wurde, fast vier Millionen Einwohner. Aus einem Naturhafen ist der wichtigste Frachthafen Südafrikas und einer der größten der südlichen Hemisphäre geworden. Am Südende der Strandpromenade laufen mit Containern beladene Schiffe fast im Minutentakt ein und aus. Vom Fahrradsattel aus ist das gut zu beobachten.

Nach einer kurzen Pause geht es weiter in die entgegengesetzte Richtung, gen Norden. Wir halten kurz bei den Strandkünstlern, die an teils lustigen, teils gesellschaftskritischen Sandskulpturen arbeiten, und zahlen für ein Foto ein kleines Trinkgeld. Dafür gibt es immer ein Budget. Nicht viel weiter warten Männer mit riesigem Kopfschmuck und Fellstulpen vor ihren farbenfrohen Rikschas auf Kunden. Im frühen 20. Jahrhundert waren sie ein unverzichtbares Fortbewegungsmittel in Durban, heute ziehen die *amahashi*, was auf isiZulu »Pferde« bedeutet, nur noch Touristen. Wir bleiben lieber auf dem Rad, statt einer kolonialen Nostalgie nachzuhängen.

Cafés, Marktstände und Palmen säumen die breite, gepflasterte Promenade. Wer mag, kann bis zum **Moses-Mabhida-Stadion** radeln, das für die Fußball-Weltmeisterschaft 2010 gebaut wurde. Ein Stahlbogen wölbt sich darüber, eine Zahnradbahn führt auf eine Aussichtsplattform mit schönem Blick über die Stadt. Und keine Sorge, wenn von der anderen Seite spitze Schreie ertönen: Das sind Besucher, die sich auf der Suche nach einem Adrenalinkick im »Big Swing« aus 100 Metern

Höhe an einer Art Bungee-Seil vom Dach Richtung Rasen stürzen, um dann wie ein Pendel darüber zu schwingen. Wem diese Aufregung zu groß oder das Stadion zu weit entfernt ist, der kann jederzeit anhalten oder umkehren. Es geht bei diesem Auftakt unserer Tagestour sowieso eher darum, ein Gefühl für die Atmosphäre der Stadt zu bekommen.

EIN ORT FÜR ALLE UND ALLES

Hotels und Apartmentblocks säumen die Straße, die **O. R. Tambo Parade,** die parallel zur gepflasterten Strandpromenade verläuft, aber bis auf einige Art-déco-Architekturschmuckstücke sind diese Hochhäuser mit ihren teils in die Jahre gekommenen Fassaden kaum einen näheren Blick wert. Durban ist keine im klassischen Sinn schöne Stadt, ihren Reiz und Charme verdankt sie der satten subtropischen Küstenlandschaft und vor allem ihrer multikulturellen Bevölkerung. Sie ist ein echter *melting pot,* ebenso geprägt von der Kultur der Zulu wie von den indischen Vertragsarbeitern, die von der britischen Kolonialverwaltung ab 1860 ins Land gebracht wurden.

Hier auf der Strandpromenade kommen alle zusammen: Frauen in knappen Bikinis, voll verschleierte Musliminnen und singende Hare-Krishna-Anhänger. Die Golden Mile ist nicht nur ein Ort, um seine Freizeit zu verbringen, sich zum Picknick zu treffen oder Sport zu treiben. Der Ozean ist auch eng mit religiösen Praktiken verbunden. Regelmäßig taufen Priester in langen weißen Gewändern neue Gemeindemitglieder im Meer, traditionelle Heiler der Zulu füllen Plastikkanister mit Salzwasser, das sie für ihre Behandlungen benötigen, Hindus lassen orangefarbene Blumen als Opfergaben auf den Wellen davongleiten.

Mit diesen vielfältigen Eindrücken vergehen die beiden Stunden auf dem Rad wie im Flug. Langsam knurrt der Magen. Da ist es praktisch, dass nur eine Etage unter dem Fahrradverleih das **Surf Riders Café** ein Frühstück anbietet, das genauso gut ist wie die Aussicht von der Terrasse. Zu den Spezialitäten gehören die deftigen Eggs Benedict mit Sauce hollandaise. Aber da wir noch viel vorhaben und nicht lange warten wollen, entscheiden wir uns für eine gesündere Variante: einen frischen Obstsalat und Kaffee für 85 Rand. Mit den einheimischen subtropischen Früchten ist das ein echter Genuss.

Mit Taxi oder Uber geht es gegen halb elf zur zweiten Station unserer Tour, die den historischen Kontext bildet. Die Fahrt zum **KwaMuhle Museum** (300 Bram Fischer Road) dauert nicht einmal zehn Minuten und kostet 35 Rand. Angesichts dieser kurzen Distanz bieten wir dem Fahrer an, uns heute alle Strecken zu fahren – wir rufen ihn an, wenn wir ihn brauchen, und dann ist er schnell zur Stelle. Er nimmt dankbar an. Der Eintritt in das Museum ist frei, und es hat außer Sonntag jeden Tag geöffnet. Es ist in einem historischen Gebäude aus den späten 1920er-Jahren untergebracht, das angesichts der umliegenden Hochhäuser der Innenstadt und der mehrspurigen Straße, an der es liegt, zwergenhaft wirkt. Seine Bedeutung war in den Jahrzehnten der Apartheid jedoch riesig: Hier war das Durbans Native Administration Department untergebracht, eine Behörde, die zentral für den institutionalisierten Rassismus des weißen Regimes und die Diskriminierung schwarzer Südafrikaner war.

> Vergessen Sie die Stadtmitte. Im subtropischen Durban trifft man sich am Strand, auf dem Markt oder zum Sundowner. Unsere Tagestour orientiert sich am Alltag der Einheimischen und führt jenseits klassischer Touristenattraktionen an Orte, die den Charme der multikulturellen Hafenstadt ausmachen.

Schautafeln, historische Fotos und persönliche Berichte erzählen von Vertreibung und Enteignung, von Protest und Widerstand, der Entstehung der Townships für nicht-weiße Bevölkerungsgruppen an den Stadträndern und den berüchtigten Passgesetzen. Der Bewegungsradius wurde streng kontrolliert und mit Polizeigewalt durchgesetzt. Schwarze Südafrikaner mussten sich in ihrer eigenen Heimat ausweisen, um Wohn- und Geschäftsviertel betreten zu dürfen, die die weiße Bevölkerungsminderheit für sich reklamiert hatte. Im schattigen Innenhof des Museums erinnern drei Betonskulpturen auf einer Bank an die langen Warteschlangen, an Menschen, die nicht nur stundenlang, sondern teils vergeblich für entsprechende Stempel anstanden.

IM GETÜMMEL DER MÄRKTE

Der Rundgang durch das kleine Museum dauert nicht länger als eine Stunde, spätestens gegen halb zwölf brechen wir wieder zu einer kurzen Fahrt mit einem Taxi oder Uber auf, für die wir wieder 35 Rand ausgeben. Für all jene, die zum ersten Mal in Durban oder überhaupt in einer afrikanischen Stadt unterwegs sind, kann schon der Blick aus dem Fenster eine Herausforderung für die Sinne sein. Denn im Zentrum herrscht immer Gedränge, auf den Bürgersteigen vor den Geschäften haben Straßenhändler ihre Stände aufgebaut, Minibustaxis parken teils in dritter Reihe, Fußgängerampeln werden weitgehend ignoriert. Es ist voll, laut, stellenweise auch ziemlich dreckig, und auch die Armut sticht hier stärker ins Auge als auf der Strandpromenade. So wie in ganz Südafrika ist die Kluft zwischen Arm und Reich auch in Durban unübersehbar.

Das bedeutet zwar, dass Besucher auf ihre Wertsachen achtgeben sollten, aber nicht, sich auf wohlhabendere Viertel wie Umhlanga im Norden der Stadt zu beschränken. Im Gegenteil: Wer das vermeintliche Chaos verstehen will, muss sich ins Getümmel stürzen. Und ge-

> **HIGHLIGHT**
> **MARKETS OF WARWICK**
> Neun verschiedene Märkte versammeln sich auf dem großen Gelände, und jeder ist auf seine Weise einzigartig.

nau das machen wir. Am Victoria Street Market haben wir uns mit einer Händlerin verabredet, die Besucher durch die **Markets of Warwick** führt. Es reicht, am Tag zuvor einen Termin über die Organisation Asiye eTafuleni zu vereinbaren (Telefon: 031-309 38 80; E-Mail: admin@aet.org.za), die sich für die Rechte dieser Händler einsetzt. Die Tour dauert etwa zwei Stunden, kostet 150 Rand und kann bis auf sonntags täglich gebucht werden. Sie führt durch ein Labyrinth von neun verschiedenen Märkten, durch Hallen, über Brücken, durch Unterführungen. Hier verdienen geschätzte 8000 Durbanites als Händler ihren Lebensunterhalt, Zehntausende Pendler kaufen hier ein, was sie für ihren Alltag oder besondere Anlässe brauchen: Lebensmittel und Kleidung, Mitgiftgeschenke und traditionelle Medizin. Entsprechend voll ist es.

Jeder Markt hat sein eigenes Sortiment: Der nach Räucherstäbchen duftende **Victoria Street Market,** der in der Geschichte der indischstämmigen Bevölkerung wurzelt, ist insbesondere für seine Gewürze und Currymischungen bekannt, deren Namen teils wie eine Verheißung, teils wie eine Drohung klingen: vom romantischen »Honeymoon BBQ« bis zur rachsüchtigen »Mother in Law's Revenge«. In Säcken und Schalen bieten die Händler ihre farbenfrohen Mischungen feil. Ähnlich attraktiv sind Obst und Gemüse im **Early Morning Market** auf der gegenüberliegenden Straßenseite angeordnet, etwa die zu kleinen Pyramiden aufgetürmten Mangos. Neben Käfigen mit Hühnern führt eine Treppe nach oben, danach pfeifen wir auf unseren Orientierungssinn und verlassen uns auf die ortskundige Führung. So können wir uns auf die vielen Eindrücke konzentrieren: die bunt gemusterten Kleider, die Schneider auf teils uralten Nähmaschinen direkt vor Ort anfertigen. Oder die fußballgroßen weißen und roten

Kugeln aus Lehm, der je nach Sorte als Gesichtsmaske, als Sonnenschutz oder für Rituale genutzt wird. Rosemary, die uns heute führt, erklärt die kulturellen Hintergründe, antwortet geduldig auf jede Frage und bringt uns auch mit den Händlerinnen ins Gespräch. Jede Tour ist anders, abhängig vom Interesse und Hintergrund der Gäste und ihres Guides.

Über die Musikbrücke, auf der es sogar noch Musikkassetten zu kaufen gibt, erreichen wir einen der berühmtesten Märkte von Warwick, den sogenannten **Muthi Market,** den Markt der traditionellen Heiler. Er ist sicherlich nicht jedermanns Geschmack, bietet aber einen einzigartigen Einblick in die Kultur und Glaubenswelt. Denn in dieser »Zulu-Freiluftapotheke« gibt es nicht nur Heilkräuter, sondern auch Mittel gegen spirituelle Leiden und für den Kontakt zu den Ahnen. Rechts und links stehen Säcke mit Baumrinden, Hufen und Wurzeln. Von den Dächern der kleinen Stände hängen getrocknete Seesterne und Schlangenhäute. Auf Holzregalen stehen recycelte Wodkaflaschen mit trüben Mixturen. Je nach Windrichtung riecht es verwest, blumig oder erdig. Die Händler hier sind Fremden gegenüber eher skeptisch, teilweise sind sie in Konsultationen mit Patienten vertieft. Man sollte unbedingt fragen, ob sie zustimmen, bevor man sie fotografiert!

Nach diesem eher intensiven Abstecher entspannen wir uns bei einer Partie Billard, zu der uns auf dem Rückweg überraschend ein paar Händler eingeladen haben. Über die Märkte verteilt haben sie zu ihrem Zeitvertreib ein paar Tische aufgebaut, immer bereit für eine Herausforderung. Auf Rosemarys Tipp hin finden wir ein paar Meter weiter auch das beste Bunny von Warwick – kein Häschen, sondern die kulinarische Spezialität von Durban: Bunny Chow ist ein indisches Curry, in ein ausgehöhltes Toastbrot gefüllt. Einfach, köstlich und mit 40 Rand auch günstig. Für ein Mittagessen als Alternative jenseits des Trubels und im Sitzen empfehle ich das **Gounden's,** wo es vielen Durbanites zufolge für nur 30 Rand mehr das beste Bunny der Stadt gibt. Das Essen ist dort auch wirklich die Hauptattraktion. Das Restaurant liegt nicht gerade pittoresk in der von Gewerbe geprägten Umbilo Road.

GROSSE UND KLEINE KUNST

Ein paar Straßen weiter, in der Nähe unseres nächsten Ziels im Viertel **Glenwood,** zeigt sich die Stadt schon wieder von ihrer schöneren Seite. Als wir für weitere 35 Rand mit Uber oder Taxi dorthin unterwegs sind, ist es bereits 3 Uhr nachmittags, von unserem Budget sind noch 360 Rand übrig. Auf die Fassade der KwaZulu Natal Society of the Arts, kurz **KZNSA Gallery,** ist ein *mural* gesprüht – diese riesigen Wandbilder oder Graffiti wechseln hin und wieder. Die Galerie mit Café hat bis auf Montag an allen Tagen geöffnet, der Eintritt ist frei. Im Schatten alter Bäume gönnen wir uns erst mal einen Cappuccino für 32 Rand, bevor wir uns die im Monatstakt wechselnde Ausstellung ansehen.

Meist sind es zeitgenössische Werke aus Durban, aber auch berühmte südafrikanische Künstler wie der Fotograf David Goldblatt haben hier schon ausgestellt. Es lohnt sich jedenfalls immer, zumindest einen Blick hineinzuwerfen und auch durch den angeschlossenen Shop zu bummeln. Hier gibt es Kunst- und Kreativhandwerk aus Durban: aus buntem Telefondraht geflochtene Schalen, wild gemusterte Taschen, Mode, Keramik, Kosmetik. Direkt vor der Eingangstür sitzen drei Männer, die kleine Tiere, Schlüsselanhänger und in der Weihnachtssaison auch Schmuck für den Tannenbaum aus Draht und Perlen anfertigen. Wer nach einem Mitbringsel oder Andenken sucht, wird spätestens hier fündig.

Wenn es keine Abendveranstaltung gibt, etwa eine Vernissage, ein Konzert oder eine Filmvorführung, dann schließt die Galerie bereits am späten Nachmittag.

Wir brechen zu einem frühen Sundowner auf, zahlen 40 Rand für ein Uber zu einer Bar über den Dächern der Stadt. **Views at Twenty5** (25 Silver Avenue) liegt im Viertel **Morningside**, das für sein Nachtleben und seine viktorianische Architektur bekannt ist. Zu diesen Schmuckstücken gehört das Gebäude der Bar nicht, aber zurückgelehnt auf den Sofas der Dachterrasse, mit einem Virgin Mojito für 55 Rand, können wir uns unter dem Himmel Durbans entspannen. Je nach Jahreszeit bleiben wir bis zum Sonnenuntergang.

Dann brechen wir mit einem Uber oder Taxi wieder zum Mindestpreis von 30 Rand zu einer der beliebtesten Ausgehmeilen auf, der **Florida Road**, zum Abendessen im **Dukkah Restaurant**. Das Menü ist von der Küche der afrikanischen Ostküste inspiriert, die Gäste sind so multikulturell wie die Stadt, das Ambiente ist elegant-cool. Wir entscheiden uns für Fisch, um den Tag so zu beenden, wie er begonnen hat, mit dem Geschmack des Ozeans. Der köstliche Polenta Crusted Hake, Seehecht mit Polentakruste, kostet 145 Rand. Dazu passt ein kühles Glas südafrikanischer Chardonnay für 49 Rand. Der Abend klingt bei südafrikanischen Lounge-Beats aus. Spät wird es nicht, denn: Früh aufstehen lohnt sich in Durban.

KASSENBON
100 Rand ≈ 5,90 €

Fahrradmiete	100 Rand
Frühstück im Surf Riders Café	85 Rand
Taxi/Uber	175 Rand
Führung Markets of Warwick	150 Rand
Mittagessen auf dem Markt	40 Rand
Cappuccino	32 Rand
Cocktail	55 Rand
Abendessen im Dukkah Restaurant	194 Rand
RAND ≈ EURO	831 49,00

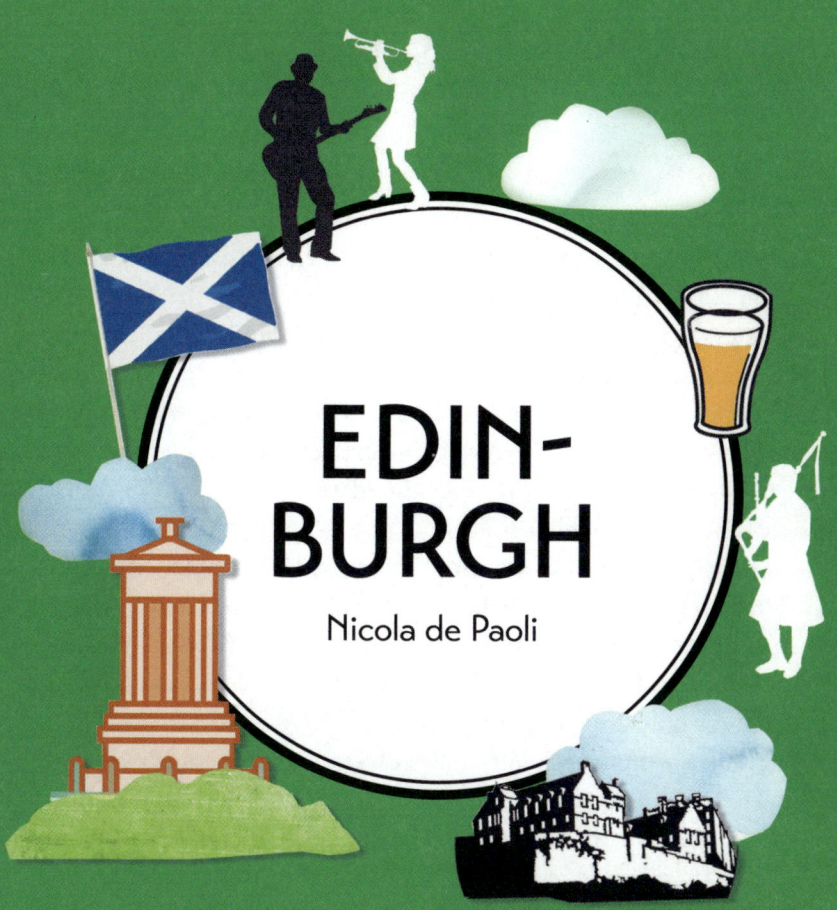

EDIN-BURGH

Nicola de Paoli

AUF DEN SPUREN DER SCHOTTISCHEN KÖNIGE

Feuerschlucker an jeder Straßenecke. Gaukler. Musik! Der Festivalsommer von Edinburgh ist legendär. Es gibt Lesungen, Theateraufführungen und klassische Konzerte – und vor allem viel Straßenkunst. Doch nicht nur in den Sommermonaten zeigt sich, dass die **Royal Mile**, der erste Abschnitt unserer heutigen Tour, die zentrale Anlaufstelle für Besucher in Edinburgh ist. Straßenhändler und Flaneure sorgen das ganze Jahr über für die besondere Atmosphäre, für die die schottische Hauptstadt bekannt ist.

In dem Trubel darf man sich durchaus zurückversetzt fühlen ins 15. Jahrhundert, in die Zeit der Renaissance. Schon damals gehörte es in Edinburgh zum guten Ton, Königinnen und Könige bei deren Besuch mit Straßenkunst bei Laune zu halten, und die Stadtältesten ließen es sich auch nicht nehmen, den damaligen Royals eine Sightseeingtour zusammenzustellen. Wer dieser Route durch die Altstadt folgt, erlebt die Stadt fast so wie einst Maria Stuart.

Die Royal Mile ist die Hauptstraße durch die Altstadt. Sie beginnt bei der Burg und endet nach zwei Kilometern am Holyrood House. In diesem Palast halten sich heutzutage die Royals auf, wenn sie in Edinburgh zu Besuch sind.

Festung, königliche Residenz und Schatzkammer: **Edinburgh Castle** ist die wohl bekannteste Sehenswürdigkeit in Schottland. Jedes Jahr sehen sich Hunderttausende Besucher die Kronjuwelen der schottischen Könige an und spazieren durch die Räume. Im Castle beginnt unsere Tour, auch wenn gleich das erste Ziel ein ordentliches Loch ins Budget reißt: Der Eintritt kostet 18 Pfund, was etwa 21 Euro entspricht (1 £ ≈ 1,19 €).

Die Kronjuwelen bestehen aus Krone, Zepter und Schwert und sind die ältesten auf den Britischen Inseln. Sie wurden in Schottland und Italien gefertigt und zum ersten Mal bei der Krönung von Maria Stuart im Jahr 1543 genutzt. Sehenswert ist auch die kleine Kapelle **St. Margaret's Chapel,** die sich auf dem Burggelände befindet, von Besuchern aber gern übersehen wird. Sie stammt aus dem frühen 12. Jahrhundert und ist das älteste noch existierende Gebäude in Edinburgh. Die Kapelle ist benannt nach der schottischen Königin Margaret, die ab dem Jahr 1070 mit einer Verwaltungs- und Kirchenreform den Grundstein dafür legte, dass Schottland sich zu einem modernen Staat entwickeln konnte.

Nach rund zwei Stunden Besichtigung tritt man auf den Vorplatz von Edinburgh Castle. Hier findet im Sommer das **Royal Military Tattoo** statt. Es versammelt die besten Militärkapellen der Welt und gleicht zeitweise eher einem bunten, fröhlichen Tanz als einer Militärparade. Etwas unscheinbar an einer Hauswand befindet sich eine **Gedenkplakette** für die Männer und Frauen, die als Hexen verurteilt und dann vom Burgfelsen in die Tiefe gestoßen wurden. Insgesamt fünf Hexenverfolgungen gab es zwischen 1590 und 1662 in Schottland. Überall im Land wurden vor allem Frauen beschuldigt, mit dem Teufel im Bund zu sein. Sie wurden

> Hier flanierte einst Maria Stuart: Schottlands Monarchen liebten die Royal Mile in der Altstadt von Edinburgh. Auf der mittelalterlichen Hauptstraße fanden spektakuläre Festumzüge statt. Noch heute kann man die Stadt fast so erleben wie einst der König oder die Königin.

angeklagt, oftmals gefoltert und schließlich ermordet. Mehr als 3800 Fälle von Hexenverfolgung in Schottland sind bislang dokumentiert.

BUNTES TREIBEN AUF DER ROYAL MILE

Von Edinburgh Castle geht es die Royal Mile bergab. Straßenhändler verkaufen Silberschmuck, der mit keltischen Mustern in Form von verschlungenen Knoten verziert ist. Besucher flanieren an den mittelalterlichen Fassaden entlang oder stöbern in den Andenkengeschäften. Dudelsackklänge sind zu hören. In den Sommermonaten Juli und August ist der **Festivalsommer** von Edinburgh das größte Kulturfestival der Welt, und beim Kleinkunst- und Straßenfest Fringe gibt es auch ohne großes Geld viel zu sehen: Aufstrebende Stars und junge Theatergruppen wollen auf sich aufmerksam machen und nutzen dazu die Gelegenheit, die sich ihnen auf der Royal Mile bietet.

Edinburgh wurde auf erloschenen Vulkanhügeln errichtet, die durch Brücken miteinander verbunden sind. Da die Brücken aber nicht jedes Gefälle und jeden Anstieg ausgleichen können, geht es mitunter ganz schön hinauf und hinab. Auffällig sind die vielstöckigen Wohnhäuser, die schon Theodor Fontane bemerkte, als er 1858 durch Schottland reiste. »Auf grauen Felsen steigen graue, acht Stock hohe Felsenhäuser in die Luft, fantastisch schnörkelt sich, einer silbergrauen Brautkrone nicht unähnlich, der Turm von St. Giles über die Häuser empor«, schrieb Fontane in seinem Reisetagebuch, das er im Jahr 1860 unter dem Titel »Jenseit des Tweed« veröffentlichte.

An einer Straßenecke befindet sich der **Pub Deacon Brodie**. Er ist benannt nach einem gewieften Verbrecher, der tagsüber als ehrbarer Schlossermeister sein Geld bei der vorwiegend wohlhabenden Kundschaft verdiente, um in der Nacht seine eigenen Schlösser zu knacken und seine Kunden auszurauben. Irgendwann trieb Deacon Brodie sein Spiel zu weit. Er landete vor dem Richter und wurde im Jahr 1788 hingerichtet. Der Schriftsteller Robert Louis Stevenson nutzte diese Geschichte als Vorlage für seine Novelle »Dr. Jekyll und Mr. Hyde«.

Die Fassade des Deacon Brody erinnert daran, dass Edinburgh den Titel einer UNESCO-Literaturstadt trägt. Robert Louis Stevenson und Arthur Conan Doyle (der Autor der Sherlock-Holmes-Romane) wurden in Edinburgh geboren. J. K. Rowling ersann in den Studentencafés der Stadt ihren Zauberlehrling Harry Potter. Edinburgh ist vermutlich auch die einzige Stadt der Welt, deren Bahnhof nach einem Roman benannt wurde: **Waverley Station** liegt nur wenige Gehminuten von der Royal Mile entfernt und erinnert an den gleichnamigen Roman des schottischen Schriftstellers Sir Walter Scott (1771–1832).

Über die **George IV Bridge** geht es nun in rund zehn Minuten weg von der Royal Mile und zum **National Museum of Scotland**. Der Eintritt ist, wie bei eigentlich allen staatlichen Museen in Schottland, kostenfrei, und es gibt keinen besseren Ort für Familien mit Kindern oder Besucher, die aus einem Regentag das Beste machen wollen. Im ersten Stock befindet sich ein Café, in dem man eine erste Rast machen kann. Die Scones kosten 3,50 Pfund, ein Latte Macchiato 3,05 Pfund.

Das National Museum ist eine wahre Fundgrube. Zu sehen sind Fossilienfunde von der Insel Skye, Silberketten vom Volksstamm der Pikten und – moderne Telefone. Es war nämlich der Schotte Alexander Graham Bell (1847–1922) aus Edinburgh, der das Telefon erfand. Das ausgestopfte Klonschaf Dolly, das 1996 für eine Wissenschaftssensation sorgte, ist ebenfalls Teil der Ausstellung. Man kann ohne Probleme einen ganzen Nachmittag in dem Museum verbringen, ohne sich zu langweilen. Aber für einen Überblick reichen zwei Stunden.

Wenn man den modernen Museumsteil verlässt, befindet sich auf der gegenüberliegenden Straßenseite eines der bekanntesten Fotomotive der Stadt: die **Bronzestatue von Bobby,** dem treuen Hund. Sie steht am Eingang des Friedhofs Greyfriars Kirkyard. Hier wurde Bobbys Herrchen beerdigt, doch der treue Hund wollte seinem Herrn selbst im Tod nicht von der Seite weichen. 14 Jahre lang wachte er an dem Grab, und als Bobby im Jahr 1872 starb, war er eine Berühmtheit geworden.

Greyfriars Kirkyard ist rund um die Uhr an sieben Tagen in der Woche geöffnet. Auf dem Friedhof tritt der Straßenlärm in den Hintergrund. Zu den bekannten Personen, die hier bestattet wurden, zählt James Hutton (1726–1797). Er gilt als Begründer der modernen Geologie. Hutton war beim Betrachten des Umlands von Edinburgh klar geworden, dass die Felsformationen und Gesteinsschichten über lange Zeit hinweg entstanden sein mussten. Bis zu diesem Zeitpunkt hatte die landläufige Meinung vorgeherrscht, die Erde sei, wie in der Bibel angegeben, von Gott an sieben Tagen erschaffen worden.

In unmittelbarer Nähe, in der **Chamber Street 1a,** befindet sich der Treffpunkt der lokalen Musikszene: In der **Jazz Bar** wird jeden Tag in der Woche für wenig Geld oder sogar kostenfrei gespielt. Der Club öffnet täglich um 19 Uhr, gelegentlich schon am Nachmittag, und gehört trotz seiner zentralen Lage zu den Geheimtipps von Edinburgh. Neben Jazz ist auch Blues, Soul oder Folk zu hören.

ZURÜCK ZUR ROYAL MILE

Die nächste Etappe führt uns zur **St.-Giles-Kathedrale** mit ihrem markanten Turm, der bereits Theodor Fontane aufgefallen war. Sie steht in der High Street, dem mittleren Teil der Royal Mile. In St. Giles finden regelmäßig Konzerte statt; viele davon sind kostenfrei.

Die Anfänge dieser Hauptkirche von Edinburgh gehen auf das 9. Jahrhundert zurück, als keltische Mönche an derselben Stelle eine erste Kirche bauten. Ein Seitenschiff ist Walter Chepman gewidmet, der im Jahr 1507 die erste Druckerpresse nach Edinburgh brachte.

Der berühmteste Pastor war der Reformator John Knox. Ähnlich wie auf dem gesamten europäischen Kontinent fand auch in Schottland im 16. Jahrhundert die Reformation immer mehr Anhänger. Die Schriften von Martin Luther wurden auch in Edinburgh gelesen. Doch anders als der englische König Heinrich VIII. hielten die schottischen Könige zunächst an ihrem katholischen Glauben fest. John Knox aber bekannte sich Mitte des 16. Jahrhunderts zum reformierten Glauben. Er musste zunächst fliehen, ging ins Schweizer Exil und wurde dort zum Weggefährten des Reformators Johannes Calvin. Es dauerte allerdings nicht lange, bis John Knox nach Edinburgh zurückkehrte. Kirchenschmuck, der an den Katholizismus erinnerte, wurde damals aus der Kirche entfernt. Von St. Giles aus ist das einstige Haus der Reformators zu sehen, das sich ebenfalls an der Royal Mile befindet.

Zum Gebäudekomplex gehört auch das **Scottish Storytelling Centre**. Das Literaturzentrum hat sich der Pflege des traditionellen schottischen Geschichtenerzählens und der gälischen Sprache verschrieben. Das Café ist ein echter Geheimtipp. Es befindet sich in einem modernen Bau und wird daher gerne übersehen. Hier ist die Zeit für einen weiteren Zwischenstopp und das Mittagessen gekommen. Auf der Speisekarte steht die schottische Nationalspeise *haggis* für 7,50 Pfund. *Haggis* besteht aus Schafsinnereien, Haferflocken und Gewürzen und wird typischerweise mit *neeps* und *tatties* gereicht. Das sind Kartoffel- und Steckrübenmus. Da *haggis* nicht jedermanns Sache ist, gibt es auch eine vegetarische Variante. Wasser wird, wie fast überall in Schottland, kostenlos zum Essen serviert, wenn man nach *tap water* fragt, also Wasser aus dem Hahn.

Nach dem Mittagessen sagen wir der Old Town von Edinburgh und der Royal Mile Lebewohl und machen uns in Richtung der sogenannten **New Town** auf. Der Name dieses Stadtteils ist etwas verwirrend. Die New Town ist nämlich gar nicht so neu, wie der Name vermuten lässt. Sie war vielmehr ein gewaltiges Städtebauprojekt um das Jahr 1820. Damals wollten die Bürger von Edinburgh den beengten Lebensumständen und den teilweise katastrophalen hygienischen Verhältnissen der mittelalterlichen Altstadt entkommen. Sie taten sich zusammen, um einen neuen Stadtteil zu bauen, der mit seinen breiten Straßen, Häuserfassaden im klassizistischen Stil und vielen Grünflächen ein Gegengewicht zur Altstadt bilden sollte.

Man läuft rund 40 Minuten von der Old Town in die New Town. Der Weg führt den Berg **The Mound** hinab und am Park **Princes Street Gardens** vorbei. Von dort hat man einen besonders schönen Blick zurück auf Edinburgh Castle. Im Frühjahr blühen die Kirschbäume, und die gepflegten Blumenbeete leuchten in allen Farben. Hier treffen sich Mütter mit kleinen Kindern und Studenten, die Mitarbeiter der umliegenden Büros und Geschäfte nutzen die Parkbänke für ihre Mittagspause. In der **Princes Street** selbst befinden sich die Filialen der großen Modeketten sowie Andenkenläden. Es ist eine breite Hauptverkehrsstraße, auf der sich die für Edinburgh typischen Doppeldeckerbusse entlangschieben.

DIE NEW TOWN

Von der Princes Street biegen wir in nördliche Richtung ab. Unsere erste Station in der New Town ist die **National Portrait Gallery** am östlichen Ende der Queen Street. Der Eintritt ist wieder einmal kostenfrei. Die Portrait Gallery ist den Menschen gewidmet, die Schottland prägten. Am Eingang befindet sich eine Marmorstatue des Nationaldichters Robert Burns. Alljährlich am 25. Januar wird weltweit die

HIGHLIGHT
NATIONAL PORTRAIT GALLERY
Ein oft unterschätztes Museum in Edinburgh, dabei sind schon Foyer und Treppenhaus sehr sehenswert.

sogenannte Burns Night gefeiert. Bei Haggis und reichlich Whisky werden dann Burns Gedichte rezitiert und Anekdoten aus dem Leben des Dichters erzählt. Zu den weltweit bekannten Burns-Klassikern gehört das Lied »Auld Lang Syne«, das vor allem zu Silvester gesungen wird. Im Obergeschoss zieren überlebensgroße Szenen aus der schottischen Geschichte die Wände. Dargestellt ist zum Beispiel die Schlacht von Bannockburn 1314. Damals kämpften die Schotten in den Highlands gegen die Engländer und brachten trotz Unterzahl den Sieg nach Hause. Darauf eine Tasse Tee im Café der Portrait Gallery (2,50 Pfund).

Nach rund einer Stunde stehen wir wieder draußen auf der verkehrsreichen Queen Street und machen uns auf zum Stadtteil Stockbridge. Der Weg führt bergab in die Dublin Street. In der Ferne ist das Blau der Förde **Firth of Forth** zu sehen. Auf der linken Seite von Abercromby Place liegt der **Queen Street Garden**, die grüne Lunge der New Town. Der große Gemeinschaftsgarten ist nicht für die Öffentlichkeit zugänglich, sondern nur für die *key holder*. Das sind die Bewohner der umliegenden Häuser, die einen Schlüssel für den Garten haben. In der **Heriot Row Nr. 17** befindet sich das Elternhaus des schottischen Schriftstellers Robert Louis Stevenson. Es ist allerdings in Privatbesitz und kein Museum.

STOCKBRIDGE UND DAS WATER OF LEITH

Über die Howe Street geht es nun Richtung des charmanten Stadtteils **Stockbridge**. Er hat ein fast dörfliches Flair und beweist einmal mehr, dass die Gastronomie der schottischen Hauptstadt nicht in der Hand großer Pub-Ketten ist. Edinburgh zeichnet sich durch seine kleinen, inhabergeführten Kneipen und Restaurants aus.

Auf dem Platz **Ecke Saunders/Kerr Street** findet am Sonntagmorgen ein Farmers Market statt. Dort werden Lebensmittel aus lokalem Anbau, selbst gemachte Pasta und spanische Paella verkauft. Der Platz markiert zugleich den Start für einen kleinen Abstecher, den wir uns an diesem Nachmittag leisten. Wir biegen nämlich links in die Saunders Street ein und folgen dem Lauf des Flüsschens **Water of Leith**. An seinem Ufer führt ein schöner Wanderweg zum Dorf **Dean Village**, dessen leuchtend gelbe Fassaden ein schönes Fotomotiv abgeben. Das Water of Leith ist ideal, wenn man die schottische Hauptstadt quasi durch die Hintertür kennenlernen will. Der Fluss verläuft durch zahlreiche Stadtteile, bis er sich im Hafen Leith in die Fördemündung ergießt. Sein Ufer wird von den Bewohnern von Edinburgh als Spazierweg, Picknickwiese und Hundeauslaufplatz genutzt.

In Stockbridge gibt es besonders viele sogenannte Charity-Shops, eine Art Flohmärkte in Ladenform. Geschirr, Vintage-Mode oder Secondhandbücher: In Stockbridge hat man gute Chancen, für wenige Pfund ein Souvenir zu finden.

Unser Abendessen nehmen wir bei einem typischen *chippie* ein, einem Fish & Chip-Shop. Im **Schnellimbiss Alba d'Oro** in der Henderson Row beispielsweise kostet das *fish supper* 10,90 Pfund.

Und schließlich lassen wir den Abend in der der **Jazz Bar in der Chamber Street** bei den Klängen einer Bluesgitarre ausklingen.

KASSENBON

1 £ ≈ 1,19 €

Eintritt Edinburgh Castle	18,00 £
Scones und Kaffee im Museumscafé	6,55 £
Haggis	7,50 £
Tee	2,50 £
Fish & Chips	10,90 £
PFUND	45,45
≈ EURO	54,10

EDINBURGH

FLORENZ

Christiane Büld Campetti

TOSKANISCHER ABSTECHER IN DIE MODERNE

Gott muss ein Florentiner gewesen sein«, staunte der Schriftsteller Anatole France, als er um 1900 auf dem Piazzale Michelangelo stand und auf Florenz hinunterschaute: ein rotes Dächermeer vor grüner Hügellandschaft, darüber, gleichsam schwebend, die mächtige Brunelleschi-Kuppel des Doms. Ich teile seine Begeisterung für die toskanische Kunststadt, für ihre Geschichte, die herrliche Lage. Zweifellos gehört es zu den Wundern der Menschheitsgeschichte, dass vor knapp 1000 Jahren eine kleine mittelitalienische Stadtrepublik mit ihren Innovationen das düstere Abendland zum Leuchten brachte.

Heute lebt Florenz davon nicht schlecht. Man kommt von überall her, um diese Vergangenheit zu suchen. Das ist wiederum nur möglich, weil 1865 beschlossen wurde, der überalterten Stadt endlich eine zeitgemäßere Struktur zu geben. Dieses wenig bekannte Kapitel der Florentiner Stadtgeschichte soll unser Thema sein.

Unser Spaziergang beginnt, mit einer nachfüllbaren Wasserflasche im Gepäck, an der Piazza Francesco Ferrucci am linken Arnoufer. Bei einem Frühstück *all'italiana* mit Cappuccino und

> Der Dom und seine mächtige Kuppel, die Uffizien mit Meisterwerken aus Mittelalter und Renaissance, die Kunsthandwerker, die der Stadt zu Ruhm und Reichtum verhalfen: Dafür kennt man Florenz. Aber erst eine umstrittene Stadtsanierung hat Florenz vor 150 Jahren das Gesicht gegeben, das wir heute kennen.

Brioche (2,50 €) in der Bar Rimani fasse ich kurz zusammen, warum man damals regelrecht gezwungen war, die Stadt zu sanieren.

BAUMEISTER DES NEUEN FLORENZ

Florenz war im Herbst 1864 zur Hauptstadt des Königreiches Italien gewählt worden. Nur gab es ein Problem: Im engen Stadtkern innerhalb eines intakten mittelalterlichen Mauerringes fehlte es an Wohnraum für die Staatsbeamten. Der Architekt und Stadtplaner Giuseppe Poggi erhielt den Auftrag, die Stadt den neuen Anforderungen anzupassen – und sie nebenbei besser vor neuen Arno-Hochwassern zu schützen. Poggi entschied sich für drastische Maßnahmen. Auf der rechten Arnoseite ließ er den 600 Jahre alten Mauerring abtragen, legte an seiner Stelle eine vierspurige Ringstraße an und entwarf außerhalb davon neue Quartiere. Für die linke Uferseite plante er eine Allee, die vom Fluss Arno den Hügel zur Basilika San Miniato al Monte hinauf- und auf der anderen Seite zum Stadttor Porta Romana hinabführte. Die Bauarbeiten waren nach fünf Jahren weitgehend abgeschlossen.

Die von Poggi entworfene Allee beginnt gleich neben unserer Bar. Breite Fußwege rechts und links machen den Spaziergang durch dieses Spiel aus Licht und Schatten, Schönheit und Poesie, sattem Grün und wunderschönen Villen zu einem halbstündigen Vergnügen. In Anbetracht dessen, was vor uns liegt, nehmen wir allerdings die Buslinie 13. Die Einzelfahrkarte (1,80 €) gibt es in der Bar.

Nach knapp zehn Minuten stehen wir vorne an der Brüstung des **Piazzale Michelangelo** und lassen die weltbekannte Silhouette aus Palazzo Vecchio, Taufkapelle, Glockenturm, Dom und Basilika Santa Croce auf uns wirken. Hier oben versteht man auch, was Giuseppe Poggi konkret veränderte. Am westlichen Rand des linken Arnoufers, dem Oltrarno, zieht sich weiterhin die mittelalterliche Stadtmauer den Hügel zur Belvedere-Festung hinauf. Vor der Sanierung reichte sie jedoch bis zum Fluss und setzte sich, rechts vom Stadtkern, auf der gegenüberliegenden Uferseite fort. Dort nimmt heute, beim alten Münzturm, die damals entstandene Ringstraße ihren Anfang. Die Mauer musste weichen, die alten Stadttore ließ Poggi unberührt. Nur legte er um sie herum großzügige Plätze mit herrschaftlichen Häusern an, ein Beispiel ist die **Piazza Cesare Beccaria** an der Porta Santa Croce. Für den heutigen **Piazzale Donatello** ließ der Architekt sich etwas Besonderes einfallen. Seit 1827 befand sich dort vor der Stadtmauer der Friedhof für Nichtkatholiken, der **Cimitero degli Inglesi**. Da Poggi die Gräber nicht umlegen wollte, führte er die Richtungsfahrbahnen links und rechts vorbei. Mit der ewigen Ruhe für die Toten war es danach vorbei. Dafür setzte der Schweizer Maler Arnold Böcklin ihnen mit seinem Gemälde »Die Toteninsel« ein Denkmal.

Zurück zum Piazzale Michelangelo, zweifelsohne Poggis Geniestreich. Direkt unterhalb verläuft eine von Mauern gestützte Serpentinenstraße samt Treppenaufgängen und Grünflächen. Mit dieser sogenannten *rampe* wurde der Aussichtsplatz von der Arnoseite her befestigt. Die bronzene Kopie des »David« in der Mitte ist ein Dankeschön des Königreichs Italien an die Gastgeberin Florenz.

Zu den Erneuerungen gehört auch die Treppe, die 200 Meter stadtauswärts zur **Basilika San Miniato al Monte** hinaufführt. Die 1018 auf dem Grab des frühchristlichen Märtyrers Minias errichtete romanische Kirche ist eine Ode an die Schönheit. Wir sollten sie unbedingt ansehen, ebenso wie den monumentalen Friedhof dahinter.

Anschließend nehmen wir am linken Rand des Piazzale den Treppenweg hinab in die Altstadt. Auf halber Höhe befindet sich rechts der Eingang zum kommunalen **Rosengarten**. Dieses botanische Juwel mit Blick auf die Stadt gehört zu den Begrünungsmaßnahmen für die

Stützrampe. Ich komme gerne gegen Abend her, wenn die späte Sonne die Stadt in gelbes Licht taucht.

Wir verlassen den Giardino delle Rose durch eine Tür am unteren Ende und wenden uns nach rechts. Nach wenigen Minuten sind wir an der **Piazza Giuseppe Poggi** am Arno. Vor der Sanierung reichten hier die mittelalterlichen Häuser und die Stadtmauer bis ans Wasser, zwängten dabei den Fluss allerdings in ein enges Korsett. Poggi ließ alles abreißen, verbreiterte das Flussbecken und legte, in gebührendem Abstand, die Ufertrasse **Lungarno Serristori** mit eleganten Palazzi an. Als Hochwasserschutz taugte das allerdings wenig – bei der verheerenden Flut 1966 stand erneut alles meterhoch unter Wasser.

SAN NICCOLÒ, DAS ALTE HANDWERKERVIERTEL

Parallel zum Lungarno Serristori verläuft die **Via di San Niccolò**. Sie bringt uns zurück ins mittelalterliche Florenz, wo in Ladenwerkstätten wie eh und je Bilderrahmen vergoldet, Büttenpapiere geschöpft oder Bio-Ledertaschen genäht werden. In Hausnummer 33 machen wir eine erste Kaffeepause, in der letzten *Casa del Popolo* in der Altstadt. Bis zur Jahrtausendwende gab es diese Freizeitlokale der kommunistischen Partei Italiens zuhauf. Hier wurden Vorträge gehalten und Parteifeste veranstaltet. Heute kommt man zum Zeitunglesen, zum Kartenspielen oder, wie wir, weil man im Gegensatz zu den Cafés im Zentrum den Espresso in Ruhe am Tisch trinken kann, ohne draufzuzahlen (1 Euro).

Die Straße endet an einer lang gezogenen Piazzetta mit hippen Weinbars, Cafés und Esslokalen für nächtliche Barhopper. Dort stehen wir erstmals vor einem gut erhaltenen Stadttor, der **Porta San Miniato,** und dem noch verbliebenen mittelalterlichen Mauerring. Von dort kehren wir über die Via dell'Olmo und die Via dei Renai zum Arno zurück, dorthin, wo sich während der Stadtsanierung die Anlegestelle der Lastenschiffer befand, die auf ihren flachen Kähnen den Flusssand und den Kies für die Bauarbeiten transportierten.

Die von Giuseppe Poggi ausgeführten Sanierungsarbeiten auf dieser Arnoseite fanden generell Anklang. Als eine nicht wieder gutzumachende Bausünde gilt, was auf der gegenüberliegenden Seite zwischen Fluss und Dom geschah, nachdem der König und sein Beamtentross längst in Richtung Rom verschwunden waren. Durch Spekulation gingen unersetzliche Zeugnisse der Florentiner Geschichte verloren. Darunter die steinernen Aufbauten des **Ponte alle Grazie**, auf dem wir den Arno überqueren. Dort hatten sich unter anderem im Mittelalter Nonnen einmauern lassen, um für das Wohl der Stadt zu beten. Im Gegenzug wurden sie von der Bevölkerung versorgt. Die Aufbauten wurden geopfert, als man dort 1870 Straßenbahnschienen verlegte.

ÜBER DEN FLUSS INS ZENTRUM

Wir setzen unseren Spaziergang durch das erneuerte Florenz am rechten Arnoufer fort. Um die latente Hochwassergefahr zu bannen, demolierte man auch hier die mittelalterliche Bausubstanz direkt am Wasser. Wie es vorher aussah, lässt sich in der überbauten **Via dei Girolami** erahnen, die vor dem **Ponte Vecchio** schräg ins Zentrum führt.

Auf der Höhe der weltberühmten Brücke mit ihren bunten Ladenlokalen biegen wir nach rechts in die **Via Por Santa Maria** ein. Auf der linken Straßenseite erstreckte sich früher der »Bauch« von Florenz, ein labyrinthisches Gewirr aus lichtlosen Gassen mit römischen Resten, mittelalterlichen Wohnhäusern und florierenden Ladenwerkstätten.

Bis 1800 befand sich hier auch das jüdische Ghetto. Nachdem es aufgelöst wurde, zogen die Bewohner weg, die Häuser verfielen oder wurden von der Florentiner Unterwelt okkupiert. Anfangs war man froh, dass die Verwaltung diesen Schandfleck in Domnähe entfernen ließ. Nur hätte man es dabei belassen, die Tempel, Turmhäuser, Kirchen und Synagogen hingegen restaurieren sollen, meinen viele Florentiner noch heute. Stattdessen wurde das Viertel straßenweise abgerissen. Seitdem prägen hier repräsentative Paläste im neoklassizistischen Stil das Stadtbild.

Glücklicherweise sind einige der ursprünglichen Gebäude erhalten geblieben, wie der **Palazzo di Parte Guelfa,** als Sitz der Guelfenpartei im 14. und 15. Jahrhundert das absolute Machtzentrum von Florenz. Wir erreichen ihn, wenn wir links in die Via delle Terme und nach 50 Metern rechts in den Chiasso San Biagio einbiegen. Ist die Tür zum ersten Stock geöffnet, sollten wir auf jeden Fall einen Blick in die frühmittelalterlichen Säle werfen.

Von dort sind wir sofort an der **Piazza Repubblica.** Bei Besuchern ist der zentrale Platz mit seinen prächtigen Palästen, schicken Cafés und Luxusgeschäften besonders beliebt. Die traditionsbewussten Florentiner nennen ihn hingegen Piazza Rottorio, Trümmerplatz. Sie nehmen es den Stadtvätern von einst nach wie vor übel, dass ihr geliebter Mercato Vecchio diesem pompösen Geviert weichen musste. Denn auf dem alten Lebensmittelmarkt spielte sich inmitten von schmalen, vielstöckigen Häusern seit jeher der Florentiner Alltag ab.

Aber natürlich wurde für den Mercato Vecchio Ersatz geschaffen. 500 Meter entfernt, in der Nachbarschaft der Basilika San Lorenzo, wurde der Mercato Centrale gebaut und 1874 eröffnet – damals die größte Eisenkonstruktion Europas.

Bevor wir uns diesen Tempel Florentiner Gaumenfreuden anschauen, machen wir einen Schlenker zum **Klostermuseum San Marco** am gleichnamigen Platz, da es um 14 Uhr schließt (8 Euro). Wir erreichen es in gut 10 Minuten über die Via Roma, vorbei am Domplatz mit seinem polychromen Marmorgebirge, zu dem wir später zurückkehren, und über die Via Camillo Cavour.

Denn selbstverständlich sollte in der Kunststadt Florenz mindestens ein Museum auf unserem Programm stehen. Ich habe mich aus mehreren Gründen für das Dominikanerkloster entschieden: Im 15. Jahrhundert dekorierte hier der Malermönch Fra Angelico die Innenräume mit seinen poetischen Bildern, wurden die Wissenschaften gefördert und die erste öffentliche Bibliothek Italiens gegründet. Vor allem aber werden im hinteren Teil antike Säulen, frühchristliche Versatzstücke und bemalte Mauerreste des untergegangenen Florenz gehütet. Sie lassen erahnen, was vor gut 150 Jahren im Dienste der Modernisierung verloren ging.

IM MERCATO CENTRALE

Danach ist endlich Zeit für den genießerischen Teil unseres Spaziergangs. Über die Via Cavour spazieren wir zurück bis zum Palazzo Medici Riccardi, wo wir rechts zur **Basilica di San Lorenzo** abbiegen, einem der wichtigsten Gotteshäuser von Florenz.

Wir lassen es trotzdem links liegen. Am Ende des Kirchenplatzes beginnt rechts die Via dell'Ariento, viel besucht wegen ihrer Verkaufsstände mit Lederwaren und Souvenirs. Auf halber Höhe erhebt sich rechts der **Mercato Centrale**. Im Erdgeschoss wird werktags bis 15 Uhr die gesamte Palette italienischer Lebensmittel und Delikatessen feilgeboten, während man im Obergeschoss bis in die Nacht Fast Food auf Florentiner Art zelebriert. Nachdem wir uns an dieser kulinarischen Augenweide sattgesehen haben, stellen wir uns unten im rechten Seitengang vor den Tresen **Da Nerbone**. Hier gibt es seit 1872 lokale Spezialitäten, mit denen man sich an die weißen Marmortische setzt.

Mir reicht in der Regel ein Nudelgericht oder der Gemüseeintopf Ribollita für 5 Euro. Der Hauptgang aus Fleisch und Gemüse kostet 3 Euro mehr. Zusammen mit Wasser, Brot und einem Glas Hauswein bleibt man in der Regel unter 15 Euro.

> **HIGHLIGHT**
> **SANTA MARIA DEL FIORE**
> Der Dom von Florenz prägt mit seiner majestätischen Kuppel das Stadtbild der Stadt am Arno.

Den Rest des Nachmittags lassen wir uns durch die Florentiner Innenstadt treiben, wo auf engstem Raum die wichtigsten Monumente aus Mittelalter und Renaissance stehen. Dann ist auch Zeit für das Florentiner Zentrum religiöser Macht an der **Piazza del Duomo**. Dort existierte bereits seit 1052 eine Taufkapelle mit einzigartigen Bronzetüren; 1296 begann man direkt davor mit dem Bau des **Doms Santa Maria del Fiore**. Baumeister war Arnolfo di Cambio, der mit seinen Entwürfen das Stadtbild prägte. Doch erst 150 Jahre später gelang Filippo Brunelleschi der krönende Abschluss: Mithilfe eines Hängegerüstes schloss er die riesige achteckige Deckenöffnung, indem er die riesige Kuppel in immer kleineren, immer stärker geneigten Ringen aufmauerte. Ab 1335 entstand unter Leitung von Giotto dann das Meisterwerk der florentinischen Gotik, der Glockenturm.

Die lokale Arena weltlicher Macht befindet sich nur 400 Meter entfernt in Richtung Arno. In den vergangenen 700 Jahren wechselte der **Palazzo Vecchio** aus wuchtigem Bossenwerk an der Piazza Signoria allerdings häufig die Belegschaft und somit den Namen. Ursprünglich der Palazzo dei Priori, wo sich die Vorsteher der wichtigsten Zünfte versammelten, wurde er zur Zeit der Stadtrepublik Florenz in Palazzo della Signoria umbenannt. Als Cosimo I. de' Medici 1540 einzog, wurde er zum Palazzo Ducale, zur Fürstenresidenz. 20 Jahre später verlegte der Stadtmonarch seinen Wohnsitz in den auf der anderen Arnoseite gelegenen Palazzo Pitti und nutzte den Palazzo Vecchio, den »alten Palast«, nur noch als Verwaltungssitz. In den sieben Jahren, in denen Florenz Hauptstadt Italiens war, tagte hier das italienische Parlament. Danach wurde er Sitz der Stadtverwaltung. Die oberen Stockwerke sind heute ein Museum. Das Kreuzgewölbe und den Innenhof des Erdgeschosses können wir uns gratis anschauen. Und wir füllen auch kostenlos unsere Wasserflaschen an der Nordwand des Palazzo.

Am Ende des **Borgo dei Greci,** der an der Rückseite des Palazzo Vecchio beginnt, entstand ab 1294 der Versammlungsort schlechthin fürs einfache Volk, die Franziskanerkirche **Santa Croce** samt Vorplatz. Am hinteren Ende holen wir uns im **Ristorante Finisterrae** einen letzten Espresso, dazu ein Miniküchlein (2,50 Euro), und setzen uns an einen Außentisch mit Blick auf den in Stein gehauenen Dante, der dort seit 1865 in der Attitüde eines Generals seinen Mantel rafft.

Für den Abend bleiben uns rund 20 Euro. Für eine Pizza plus Bier oder ein Glas Wein in der **Pizzeria Berberè** in der Via dei Benci 7, die von der Piazza zum Arno führt, reicht das allemal (ca. 16 €).

Mein Alternativvorschlag lautet *Apericena*. Zwischen 19 und 22 Uhr bieten Lokale in der ganzen Stadt ihre Getränke zu überhöhten Preisen an. Dafür kann man sich am Fingerfoodbuffet bedienen. Besonders reichhaltig ist es im **Kitsch 2** in der Via San Gallo 20 r (12 Euro), 5 Minuten vom Museum San Marco entfernt.

Den Abend beschließen wir *alla fiorentina*. Wir spazieren mit einem Speiseeis durch die Altstadt und lassen die Atmosphäre auf uns wirken. Oder wir stellen uns mit einem letzten Glas Bier oder Wein vor ein Lokal und tratschen bis spät in die Nacht.

KASSENBON

Frühstück all'italiana	2,50 €
Busfahrkarte	1,80 €
Espresso	1,00 €
Eintritt Museum	8,00 €
Mittagessen im Mercato Centrale	13,00 €
Kaffeepause	2,50 €
Abendessen	16,00 €
Bier oder Wein	5,00 €
EURO	**49,80**

ZWISCHEN SCHWÄNEN, MÖWEN UND FRIEDENSTAUBEN

Unser Tag in der *Capitale de la Paix*, der selbst ernannten (Welt-)Hauptstadt des Friedens, beginnt mitten auf dem See. Weil aber Genf eine der teuersten Städte der Welt ist, sind ein paar Hilfsmittel unentbehrlich: eine Wasserflasche und ein (Schweizer?) Taschenmesser; außerdem ein Handtuch und Badesachen. Alles parat? Dann kann's losgehen!

Die **Bains des Pâquis** sind ein Volksbad, das 1872 gebaut wurde. Der Steg führt vom Ufer des Pâquis-Viertels geradewegs auf den See hinaus, den die Genfer Lac Léman nennen. Wenn die Sonne scheint, müssen Sie am kleinen Wärterhäuschen Eintritt zahlen. Die zwei Franken erlauben es Ihnen, über die lange Pier bis zum Strand zu laufen, dort zu schwimmen, den Kletterfelsen zu erobern oder sich vom Sprungturm in den See zu stürzen. Vielleicht noch wichtiger: Sie können sich in die schönste und zugleich günstigste *Buvette* der Stadt setzen und frühstücken. Ein Milchkaffee, der in der Schweiz *Renversé* heißt, dazu zwei *Tartines*, mit Marmelade bestrichene Baguettehälften: Das macht ordentlich satt und schlägt hier nur mit 6,50 Franken zu Buche (etwa gleich viel in Euro). Den Blick auf die prächtigen Villen am Ufer, den glitzernden See und die stolzen Schwäne gibt's umsonst dazu. Genießen Sie, aber genießen Sie nicht zu lange: Um kurz vor 9 Uhr (im Winter erst um 10) müssen Sie beim Leuchtturm an der Spitze der Pier stehen.

Wenn Sie können, hangeln Sie sich am Rand des grün-weiß gestrichenen Turms entlang (es gibt Handgriffe) bis auf die kleine Plattform an der Spitze, die Ihnen einen echten Titanic-Moment garantiert. (»I'm the king of the world ...«, Sie erinnern sich?) Von dort schauen Sie nach rechts und sehen – nichts. Bis die volle Stunde schlägt und auf einmal ein Wasserstrahl 140 Meter hoch in den Himmel drängt. 500 Liter Seewasser schießt die Fontäne des **Jet d'eau** pro Sekunde in die Luft, mit einem Tempo von 200 Kilometern pro Stunde. Kein Wunder, dass der Jet d'eau Genfs Wahrzeichen ist – eine steile Karriere für ein ehemaliges Überdruckventil, mit dessen Hilfe die Stadtwerke den Juwelieren in der Oberstadt fließend Wasser garantieren wollten. Selfie machen nicht vergessen!

DAS INTERNATIONALE GENF

Jetzt geht es zurück an Land, und direkt hinter dem Kassenhäuschen wartet ein gusseiserner Löwe darauf, Ihnen Wasser spenden zu dürfen. Flasche auf, Wasser rein, kostet nix. Solche Wasserspender oder Brunnen gibt es überall in Genf, und fast alle versorgen Sie mit Trinkwasser. Die wenigen, bei denen es anders ist, sind gekennzeichnet.

Nur ein paar Schritte entfernt steht im Hafen der unscheinbare Container von **Genève Roule**, Genf rollt. Hier leihen wir uns jetzt ein Fahrrad. 20 Franken Kaution bekommen Sie bei Rückgabe des Fahrrads wieder, das Ausleihen kostet nichts.

Ein breiter Radweg zieht sich am Seeufer entlang nach Norden. Rechts schimmert der See, links erhebt sich schon bald die prächtige

> Genf hat viele Gesichter: Diese Tour führt nach einem Abstecher zu den Bains des Pâquis zunächst durchs internationale Genf mit seinen mehr als 200 Organisationen. Nach einer Bootsfahrt geht es in die historische Altstadt und von dort wieder ans Seeufer und an den Strand.

Fassade des **Palais Wilson,** zu erkennen an der hellblauen UNO-Fahne auf dem Dach. 1873 als Hôtel National mit 225 Zimmern erbaut, beherbergte es ab 1920 den Völkerbund. Benannt ist das Gebäude nach Woodrow Wilson, dem US-Präsidenten, der die Gründung des UNO-Vorgängers vorantrieb. Heute residiert hier die UN-Hochkommissarin für Menschenrechte. Und damit haben wir das internationale Genf erreicht: Weil es in der Stadt mehr als 200 internationale Organisationen gibt, ist eine Reise durch Genf immer auch eine kleine Weltreise.

Und die führt jetzt vom See weg durch den **Parc Mon Repos,** einen Park, den der Chemiker Philippe Plantamour (welch ein passender Name!) 1898 der Genfer Bevölkerung stiftete. Achten Sie auf die Markierungen am Boden, denn nur auf einem einzigen Weg ist das Durchqueren des Parks auf zwei Rädern erlaubt. Vorbei geht's an einem kleinen Naturschutzzentrum mit Biogarten, ein paar Wasserbecken sowie Villen, die der Kanton für gemeinnützige Zwecke vermietet. Am Ende des schattigen Wegs landen Sie vor dem Hauptquartier der Welthandelsorganisation WTO. Das **Centre William Rappard** lässt sich wie das Palais Wilson nur von außen bestaunen. Doch schon die Fassade des 1926 fertiggestellten Gebäudes ist mehr als einen Blick wert. Es war das erste, das für eine internationale Organisation in Genf (damals die Internationale Arbeitsorganisation ILO) gebaut wurde.

Anschließend überqueren Sie die Straße und fahren am Botanischen Garten entlang bergauf. Nachdem Sie schon zwei architektonische Urgesteine des internationalen Genf gesehen haben, wird es jetzt modern: Gleich links steht der gläserne **Wolkenkratzer der Weltwetterorganisation WMO,** es folgen die ebenfalls gläsernen Türme der **Maison de la Paix,** in denen unter anderem das Genfer Graduate Institute seinen Platz gefunden hat.

Es geht weiter aufwärts, aber das Strampeln lohnt sich. Hinter den Schienen beginnt das Gelände, auf dem die UNO einen ihrer welt-

> **HIGHLIGHT**
> **BROKEN CHAIR**
> Das Denkmal auf der Place des Nations erinnert an die Opfer von Antipersonenminen: Der Stuhl steht auf nur drei Beinen, das vierte ist abgerissen.

weit vier Hauptsitze unterhält (die anderen sind in New York, Wien und Nairobi). Und wenn Sie die Place des Nations erreicht haben, dann sehen Sie rechts bereits Touristinnen und Touristen in Selfieposition. Zwei Motive sind besonders beliebt: Das Selbstporträt vor dem metallenen UNO-Logo und das Foto vor den Flaggen aller 193 Mitgliedsstaaten, die (hinter einem Zaun) in Reih und Glied zum Portal des Völkerbundpalastes führen. Der namensgebende Völkerbund zog 1936 ein, nach seiner Auflösung folgte zehn Jahre später die UNO.

AN DER PLACE DES NATIONS

Direkt gegenüber, auf der Place des Nations, finden fast täglich Demos statt, im Sommer begrenzt durch Wasserspiele, in denen Kinder (und verschwitzte Fahrradfahrer) herumspringen und jauchzen. Viel Spaß! Und während Sie trocknen, vergessen Sie nicht, den zwölf Meter hohen »Zerbrochenen Stuhl« anzuschauen, das größte Denkmal auf dem Platz. Der Bildhauer Daniel Berset hat es im Auftrag von Handicap International entworfen.

Weiter geht's die **Avenue de la Paix** hinauf. Unser nächster Stopp ist ein Denkmal für den Freiheitskämpfer Mahatma Gandhi, das der indische Staat gestiftet hat und das bis heute regelmäßig mit Blumen geschmückt wird. Seine Büste steht bereits im **Ariana-Park**, den Sie jetzt – das Fahrrad schiebend – betreten können. Mitten drin: noch ein prächtiges Gebäude. Und diesmal dürfen Sie eintreten. Der Eintritt in die permanente Sammlung des **Musée Ariana** ist (wie in allen städtischen Museen) frei, und wenn Sie sich für Keramik und Glas interessicren, ist die Sammlung unbedingt einen Rundgang wert. Auf jeden Fall sollten Sie sich das Schloss mit seiner lichtdurchfluteten Grand Hall von innen ansehen. So also haben die Mäzene einst gelebt – und tun es, zumindest in Genf, teils bis heute noch. Auch ein Gang durch den Museumsgarten mit seinen modernen Skulpturen lohnt sich.

Wenn Sie sich sattgesehen haben, geht's noch einmal rauf aufs Rad und bergauf. Rechts kommen Sie am großen Portal der UNO vorbei (im Hintergrund der Völkerbundpalast, links thront das **Hauptquartier des Internationalen Komitees vom Roten Kreuz,** dessen Gründung der Genfer Kaufmann Henri Dunant 1863 anregte). Besichtigen können Sie das Gebäude leider nicht. Stattdessen lockt das hochmoderne Museum gleich unter der Zentrale – den Streifzug durch das »humanitäre Abenteuer«, inklusive Liverollenspiel und virtuellen Gesprächen mit Akteurinnen und Akteuren, gibt's aber nur als Upgrade für 15 Franken extra. Oder Sie kommen am ersten Samstag im Monat, dann ist der Eintritt frei.

Halten Sie sich beim Roten Kreuz nun in Richtung Besucherparkplatz, dann kommen Sie auf einen wunderschönen Waldweg. An seinem Ende stoßen Sie auf einen riesigen Klotz aus den 1970er-Jahren, der heute die ILO beherbergt, die Internationale Arbeitsorganisation. Das ist der dritte Baustil, den Sie im internationalen Genf zu Gesicht bekommen. Ab hier geht's bergab: Bis zur Place des Nations können Sie das Rad einfach rollen lassen.

Den Platz überqueren Sie und halten einmal kurz auf der dem Völkerbundpalast gegenüberliegenden Seite an. Im Schatten der Bäume stehen **zwei Gedenksteine, die an die Opfer zweier Völkermorde erinnern:** dem von Srebrenica am 11. Juli 1995 und dem in Ruanda 1994. Den zweiten Stein enthüllten Überlebende 2019 mit dem Wunsch, ähnliche Völkermorde in aller Welt zu verhindern. Um die Menschen, die vor Krieg und Krisen fliehen, kümmert sich das UN-Flüchtlingshilfswerk UNHCR. Seine moderne Zentrale, längst zu klein, steht nur ein paar hundert Meter entfernt. Auf dem Weg zurück zum See und zur Fahrradverleihstation am Pâquis (es geht stets bergab) lassen wir das Gebäude rechts liegen.

AUF DER MÖWE IN DIE ALTSTADT

Nachdem wir das Fahrrad zurückgegeben haben, steigen wir um aufs Schiff – nicht auf eines der teuren Kreuzfahrtschiffe, sondern auf eine rot-gelbe *Mouette,* die in Genf zum öffentlichen Nahverkehr gehört. Entsprechend kostet die kurze Fahrt gerade mal 2 Franken. Dafür steuert uns die »Möwe« der Linie M1 unter der mit Flaggen geschmückten **Pont du Mont-Blanc** hindurch zum Halt Molard. Von hier sind es nur noch ein paar Schritte bis zum Mittagessen auf der **Stadtinsel Bel-Air**. Generell gilt in Genf: Wer sparen will, geht mittags ins Restaurant, wenn es Drei-Gänge-Menüs zum Festpreis gibt. Die *Carafe d'eau* gibt's gratis dazu. Wir entscheiden uns an diesem Mittag jedoch für einen der täglich wechselnden Foodtrucks, die über der Rhône parken. Heute ist es einer mit karibischen Spezialitäten, und die Arepa genannte Teigtasche mit schwarzen Bohnen und Rindfleisch plus frittierten Bananen als Beilage kostet 20 Franken.

Satt machen wir uns auf den Weg in die Genfer Altstadt. Die **Grand Rue** macht ihrem Namen alle Ehre: historische Fassaden überall, darin niedliche Lädchen. Ein alteingesessenes Hutgeschäft, ein Antiquariat voller historischer Manuskripte, eine Uhrmacherwerkstatt mit gläserner Fassade. Schaufensterbummel par excellence. Natürlich müssen die Bewohner auch Alltägliches einkaufen gehen, und Sie auch: Im Coop-Supermarkt stellen Sie sich nach gusto ein Picknick zusammen. Landjäger oder ein großes Stück Gruyère, ein Baguette, zwei Bio-

Tomaten und eine Tafel Schokolade sind zusammen für weniger als 10 Franken zu haben. Das Abendessen ist gesichert!

Am Ende der Grand Rue befindet sich das älteste Wohnhaus der Stadt: das **Maison Tavel**, nach einem Brand 1334 wieder aufgebaut, ist außerdem Genfs Stadtmuseum (Eintritt frei). Besonders sehenswert: das Modell des mittelalterlichen Genf, welches das ganze obere Stockwerk einnimmt. Das dicht beflaggte Gebäude auf der anderen Straßenseite ist das **Genfer Rathaus**, Sitz der Kantonsregierung. Auf der Rampe ritten die Ratsherren früher standesgemäß zu Pferde bis zum Sitzungssaal! Eine Plakette am Seitenflügel erinnert an das Urteil des Schiedsgerichts von Alabama, das hier im Jahr 1872 den letzten Konflikt zwischen den USA und Großbritannien beilegte. Ein Grundstein für das internationale Genf.

CALVINISTEN UND LUTHERANER

Nur ein paar Schritte sind es zur **Kathedrale St. Peter**, wo der Reformator Johannes Calvin ab 1536 wirkte. Da war die Kirche schon fast 400 Jahre alt. Das Schiff mit seinen großen Bögen ist weitgehend schmucklos, aber schauen Sie sich das alte Gestühl genau an: Dort verborgen schnitzten die Schreiner von einst einige skurrile Tiere ins Holz, die bis heute erhalten sind. Der Aufstieg auf die Turmspitze kostet 7 Franken, doch der 360-Grad-Panoramablick über die historische Altstadt bis zum See und den Gipfeln von Jura und Alpen ist es allemal wert.

Die Verlängerung der Grand Rue führt über die Place du Bourg-de-Four mit ihren Straßencafés zur **Lutherischen Kirche**. Calvin und seine Erben ließen die Lutheraner nur unter der Bedingung nach Genf, dass sie in einem unauffälligen Wohnhaus Quartier nahmen. Dort ist die deutsche Gemeinde bis heute beheimatet.

Wir halten uns links und gehen bergab bis zum See und zur **Blumenuhr**, einem weiteren Wahrzeichen Genfs. 1955 wurde sie aus 12 000 verschiedenen Blumen gepflanzt, und die Uhrzeit ist – dank Funkübertragung – bis heute auf die Sekunde genau!

Der Fußweg durch den **Jardin anglais** führt uns zum Seeufer, an dem wir jetzt im Licht der Nachmittagssonne entlangspazieren. Erster Zwischenstopp: die Pier, die quer gegenüber der Bains des Pâquis aufs Wasser und zum **Jet d'eau** führt. Beim Näherkommen lässt es sich auch bei leichtem Wind (bei starkem wird die Fontäne abgestellt) nicht vermeiden, den einen oder anderen Tropfen *eau* abzubekommen. Aber das gehört dazu. Etwas weiter stoßen wir auf die neu angelegte **Plage des Eaux-Vives** – Genfs Stadtstrand, der außer Sand- und Kiesufer auch Liegewiesen, Umkleidekabinen und moderne sanitäre Anlagen zu bieten hat. Rein in die Badesachen und ab in den See – das Wasser ist herrlich erfrischend, der Rasen perfekt fürs abendliche Picknick.

Wenn's zu kalt zum Baden ist, kann man stattdessen den nahen **Parc La Grange** erkunden. In der gleichnamigen Villa trafen sich US-Präsident Biden und Russlands Machthaber Putin im Juni 2021.

Von hier oder vom Seeufer lässt sich herrlich der Sonnenuntergang hinter dem Jura betrachten. Und huch, klimpern da nicht noch drei Franken in der Hosentasche? Das ist das Fahrgeld, das uns vom nahen Haltepunkt Genève-Plage auf einer regelrechten Mondscheincruise gemächlich zurück ins Pâquis bringt. Das letzte Boot der Linie M3 legt um 20.45 Uhr ab.

KASSENBON
1 Franken ≈ 1,02 €

Eintritt Bains des Pâquis	2,00 CHF
Frühstück	6,50 CHF
Bootsfahrten	5,00 CHF
Mittagessen am Food-Truck	20,00 CHF
Einkauf Picknick	10,00 CHF
Turmbesteigung St. Peter	7,00 CHF

FRANKEN	50,50
EURO	51,50

LOGENPLATZ AUF DEM BOSPORUS

Immer bergab geht es von der Hagia Sophia hinunter zum Goldenen Horn, das ist zu Fuß in 20 Minuten zu schaffen. Im **Fährhafen Eminönü** tutet das Schiffshorn seine Warnung. Wohl dem, der rechtzeitig an Bord ist, um sich einen guten Platz zu sichern: auf dem Unterdeck im hinteren Teil des Schiffs, wo eine weißgestrichene Bank an der Außenwand entlangläuft. Nur einen Meter über den Wellen sitzt man hier, den Rücken an die Wand gelehnt, die Füße auf die Reling gestützt, das Gesicht in Sonne und Wind. Für die Überfahrt nach Asien wählt der Kenner seinen Platz an Steuerbord, auf dem Rückweg nach Europa sitzt man lieber Backbord – der Aussicht wegen. Das Schiffshorn heult dreimal auf, ein Hafenarbeiter macht die Leinen los, und die städtische Fähre legt ab zur Überfahrt über den Bosporus – dem besten Sommervergnügen in Istanbul.

7,67 Lira, umgerechnet gut 40 Cent, kostet die Überfahrt mit der städtischen Fähre (100 Lira ≈ 5,44 €), weitere 9,50 Lira ein Tee und Käsetoast als Bordfrühstück; dazu gibt es eine halbe Stunde lang Kultur, Geschichte und Natur von Weltklasse. Aus dem Maschinenraum dröhnen die Motoren, die Schiffsschraube pflügt türkisgrünen Schaum ins blaue Wasser, die Fähre erzittert und gleitet hinaus ins **Goldene Horn**. Möwen begleiten das Schiff auf seinem Weg aus dem Fährhafen von Eminönü und schnappen im Flug die Krümel auf, die Passagiere ihnen zuwerfen. Manchmal tauchen auch Delfine hier auf und schwimmen bis an die Galata-Brücke heran; dann halten Angler, Fischverkäufer und Passanten inne und sehen ihrem Spiel zu.

Nach Kadıköy am asiatischen Ufer geht diese Fahrt – die schönste von vielen schönen Strecken der städtischen Fährbetriebe, die jährlich über 50 Millionen Passagiere zwischen ihren 50 Anlegestellen hin- und herschaukeln. Auf dieser Strecke fährt das Schiff zunächst durch das Goldene Horn – einen lang gezogenen Zustrom zweier Flüsse, der den europäischen Teil der Stadt in zwei Teile teil –, überquert dann den Bosporus, eine der beiden Meerengen zwischen Mittelmeer und Schwarzem Meer, und touchiert schließlich noch das Marmarameer, bevor es am asiatischen Ufer anlegt.

ISTANBULS PRACHTSEITE

Im Goldenen Horn gleitet die Fähre an der Altstadtsilhouette von Istanbul entlang, die Moscheen, Monumente und Paläste aufgereiht wie auf einem Kaminsims. Vom Logenplatz auf der Schiffsbank sind die großen Sultansmoscheen der Altstadt zu besichtigen – auf der Anhöhe die **Süleymaniye-Moschee** des osmanischen Promi-Architekten Sinan, unten am Wasser die jahrhundertealte **Neue Moschee** und links oben die **Blaue Moschee** mit ihren sechs Minaretten – die einzige Moschee von Istanbul mit so vielen Türmen, bis Staatspräsident Recep Tayyip Erdoğan sich kürzlich mit einem Prachtbau auf der asiatischen Seite ein Denkmal setzte und es ebenfalls mit sechs Minaretten bestückte.

Die Passagiere auf der linken Seite des Schiffs bekommen jetzt immerhin den Hügel von Pera mit dem **Galata-Turm** zu sehen. Auf der rechten Seite gleiten die Kuppeln zweier Kirchen vorbei, in denen das Christentum geprägt wurde: die monumentale **Hagia Sophia** mit ihrem blassroten Anstrich und den später angefügten Minaretten

> Vom Bosporus aus ist die Schönheit von Istanbul nicht nur besser zu sehen als von jedem anderen Punkt, sondern mit einem Sitzplatz an der frischen Luft auch besser zu genießen als im Gedränge und Verkehr an Land. Und wo sonst kann man für den Preis einer Busfahrt eine Interkontinentalreise machen?

und daneben die **Hagia Eirene**, die Kaiser Konstantin im 4. Jahrhundert errichten ließ, als er das Christentum von einer obskuren Sekte zur Staatsreligion erhob. In der Hagia Eirene verabschiedete ein Ökumenisches Konzil im Jahr 381 das christliche Glaubensbekenntnis, das bis heute alle Kirchen der Welt eint. In der Hagia Sophia vollzog sich im Jahr 1054 der kirchliche Bruch zwischen dem griechischen Osten und dem lateinischen Westen, der die Christenheit bis heute trennt.

Die Altstadthalbinsel endet in einer grünen Wolke von Bäumen am **Gülhane-Park**, aus dem die Türmchen des **Topkapı-Palastes** aufragen. Das Schiff fährt jetzt aus dem Goldenen Horn hinaus ins offene Gewässer. Für den Kapitän oben auf der Brücke ist Konzentration angesagt, denn auf dem Bosporus wimmelt es nur so vor Verkehr. Quer zu unserer Fahrtrichtung kreuzen Frachter und Tanker aus aller Welt auf ihrem Weg durch die Meerengen. Sie werden oft von Schleppern begleitet und haben auf der internationalen Wasserstraße unbedingte Vorfahrt, ebenso wie die Kriegsschiffe und gelegentlichen U-Boote. Zwischen den Kontinenten fahren quer dazu die Fähren hin und her, außer den städtischen Passagierfähren auch Autofähren und private Linien mit städtischer Lizenz. Dazwischen schippern Fischerboote, Ausflugsschiffe, private Jachten, Müllräumschiffe und gelegentliche Segler herum – ständig sind mehr als 50 Wassergefährte zu sehen, mit denen es nicht zusammenzustoßen gilt.

Seit Jahrtausenden setzen Menschen hier über den Bosporus, spätestens seit die Stadt Byzanz vor zweieinhalb Jahrtausenden auf dem europäischen Ufer gegründet wurde; der asiatische Stadtteil Kadıköy, vormals Chalkedon, ist noch älter. Bis vor knapp 50 Jahren gab es keinen anderen Weg über die Meerenge – bis 1973 die erste Brücke über den Bosporus eröffnet wurde. Ältere Istanbuler erinnern sich noch an die Dringlichkeit, mit der abends die letzte Fähre erreicht werden musste. War sie schon abgefahren, musste man über Nacht bleiben. Inzwischen gibt es drei Brücken über und zwei Tunnels unter dem Bosporus, doch die städtischen Fähren sind immer noch gut ausgelastet. Denn Hunderttausende Pendler zwischen den Kontinenten sitzen zur Stoßzeit lieber auf der Fähre als im Stau auf der Brücke oder in einem Tunnel unter dem Meer.

Im Bosporus dreht die Fähre nun leicht nach rechts und umrundet die Altstadthalbinsel auf der anderen Seite, die dem Goldenen Horn abgewandt ist. Dem Betrachter auf seiner Schiffsbank bietet sich hier ein einzigartiges Panorama von Istanbul – eine spektakuläre Aussicht auf die Altstadt, wie sie die teuersten Hotels der Stadt nicht bieten können, weil sie nur vom Meer aus zu sehen ist. Die Blaue Moschee, die Hagia Sophia und der Topkapı-Palast stehen aus dieser Perspektive am Ufer nebeneinander, als wollten sie sich zusammen ins Foto drängen. Minutenlang halten sie diese Pose. Dann wendet die Fähre nach Osten ab und nimmt Kurs über das Meer nach Kadıköy; die Altstadt verschwindet allmählich in der Ferne.

KADIKÖY — IN-VIERTEL AUF DER ASIATISCHEN SEITE

Nach einer halben Stunde legt die Fähre im Hafen von Kadıköy am asiatischen Ufer an. Manche Passagiere bleiben sitzen, denn das Schiff fährt weiter auf die Prinzeninseln – knapp eineinhalb Stunden dauert die Überfahrt in das Naherholungsgebiet von Istanbul. Die übrigen strömen von Bord, um sich in Kadıköy zu verlieren. Viele Studierende,

Künstler, Intellektuelle sind darunter, denn Kadıköy ist das angesagteste Viertel von Istanbul, seit das traditionelle Zentrum von Kultur und Unterhaltung in Beyoğlu auf der europäischen Seite abdanken musste. Dort sitzt die konservative Regierungspartei im Rathaus und geizt mit Schanklizenzen, das staatliche Kulturzentrum am Taksim macht konservatives Programm, und der Massentourismus hat das Viertel verkommen lassen.

Kadıköy dagegen wird von der säkularen Opposition regiert und hat die Istanbuler Szene über den Bosporus nach Asien gelockt. Mehr als 80 Theater gibt es in diesem Stadtteil auf eine halbe Million Bewohner, das sind zehn Prozent aller Theater in der Türkei; auch die meisten Livemusik-Kneipen von Istanbul sind inzwischen hier angesiedelt. Mit umgerechnet 48,90 Euro in der Tasche lässt sich in Kadıköy noch einiges erleben, bis sich ab Mitternacht die Tanzflächen in der Kadife-Gasse füllen, die von Kneipen gesäumt ist und im Volksmund deshalb »Gasse der Bars« genannt wird.

Von der Anlegestelle strömen die Menschenmengen aus den Schiffen über die Straße in die **Fußgängerzone von Kadıköy** hinein. Zwischen Geschäften, Gemüseständen, Fischlokalen und Marktständen mit gefälschten Markenklamotten ducken sich hier alteingesessene griechische und armenische Kirchen. Landeinwärts weicht das Gedränge den ruhigeren Straßen von **Moda** mit zahllosen Cafés und Teegärten; ein Cafe Latte kostet hier zwischen 9,50 Lira im **Coffee Manifesto** und 16 Lira im **En Moda**.

Wer früh genug aufgestanden ist, schafft noch die Matinee-Vorstellung in der **Süreyya-Oper**, die um 11 Uhr beginnt. Das zierliche Konzerthaus wurde 1927 von einem armenischen Architekten errichtet, aber erst 2007 in Betrieb genommen. Das Kulturdezernat von Kadıköy subventioniert die Karten: 25 Lira kostet das morgendliche Konzert eines Streichquartetts im eleganten Saal. Alternativ wäre

> **HIGHLIGHT**
> **SÜREYYA-OPER**
> In dem Konzerthaus auf dem asiatischen Ufer kann man schon morgens ein klassisches Konzert genießen – fast kostenlos.

eine Wallfahrtsstätte der türkischen Popkultur zu besichtigen: Das **Wohnhaus von Baris Manco,** des einflussreichsten Rockmusikers der Türkei, wurde nach seinem Tod 1999 in ein Museum umgewandelt. Höhepunkte für seine Anhänger dürften sein Steinway-Flügel und eine lebensgroße Statue des Künstlers selbst sein, doch das um 1900 errichtete Haus ist auch für Nicht-Fans sehenswert, zumal die Einrichtung so gar nicht zum Image des langhaarigen Rockstars passt. Der Eintritt kostet 10 Lira.

ANTIKE FUNDE UNTER DEM ALTEN BAHNHOF

Ob Klassik oder Rock: So langsam ist es Zeit zum Mittagessen. Keine 500 Meter vom Opernhaus entfernt ist das Lokal **Ciya Sofrasi,** weithin gerühmt für seine Rezepte und Zutaten aus ganz Anatolien. Sehr praktisch für Besucher ohne Türkischkenntnisse: Die Töpfe mit den Gerichten sind im Lokal hinter einer Scheibe ausgestellt und können per Fingerzeig ausgesucht werden; ein weiß gekleideter Kellner bringt sie dann auf silbernen Tellern angerichtet an den Tisch. Suppe, Gemüsegericht, Reis und Salat kommen zusammen mit einem frischen Joghurtgetränk auf 90 Lira pro Person, den Tee zum Abschluss gibt es gratis. Noch günstiger und ähnlich praktisch geht es zwei Ecken weiter im **Say Cheese** zu: In adrett gefalteten Papptellern gibt es hier frische Fettucine mit Sauce nach Wahl für 40 Lira pro Person einschließlich Wasser; auf einen Tisch muss man allerdings meistens warten.

Zum nachmittäglichen Kulturprogramm geht es raus aus der Fußgängerzone und am Hafenbecken entlang auf die Türmchen des Märchenschlosses zu, das am nördlichen Hafenrand unübersehbar ist: Der alte **Bahnhof Haydarpaşa** wurde im Osmanischen Reich von deutschen Architekten als Kopfbahnhof für die Bagdad-Bahn errichtet und erst vor einigen Jahren zwecks Renovierung stillgelegt. Von innen zu besichtigen ist das imposante Gebäude seither nicht mehr, dafür haben die Renovierungsarbeiten andere Schätze freigelegt: Als 2018 die alten Schienen hinter dem Bahnhof weggerissen wurden, tauchte darunter das antike Chalkedon auf. Seither graben Archäologen hier mit einem Team von 300 Arbeitern, um die hellenistische Stadt ans Tageslicht zu holen. In ein paar Jahren soll daraus ein Archäopark entstehen, in dem Besucher die Ausgrabungen von Chalkedon besichtigen können.

Bis es so weit ist, bleibt die Arbeit der Archäologen für die Öffentlichkeit unzugänglich, doch daran führt ein Weg vorbei: Von einer Brücke über das Gelände aus sind die Arbeiten zu überblicken und die Grundrisse der freigelegten Kirchen, Häuser und Gräber gut zu sehen. Ein Freiluftmuseum sozusagen, und Eintritt kostet es auch nicht. Die Straße heißt **Tıbbiye Caddesi** und hat – in Istanbul nicht immer selbstverständlich – abgetrennte Fußwege auf beiden Seiten; zu Fuß sind es vom Fähranleger keine zehn Minuten bis zur Brücke.

VIER GÄNGE MIT RAKI, VIEL EIS UND WASSER

Nicht viel weiter ist es dann zurück in die Fußgängerzone zum Abendessen – zusammen mit Tausenden Istanbulern, die aus der ganzen Stadt kommen, um in Kadıköy zu feiern und zu zechen. An warmen Abenden sind die Gassen gesäumt mit voll besetzten Tischen, dazwischen wuseln Kellner, Stehgeiger, Blumenverkäufer und die Ausrufer der Lokale, die Gäste von der Straße an einen ihrer weiß gedeckten Tische komplimentieren wollen. Die *meyhane* genannten Lokale an der Fressmeile bieten das klassische Repertoire türkischer Geselligkeit: kalte Vorspeisen, warmer Zwischengang, zum Hauptgang gegrillten Fisch und schließlich einen Obstteller; dazu den Nationalschnaps Raki mit viel Eis und Wasser oder ein Glas Weißwein. Einige Lokale wie etwa das **Agapia** bieten feste Menüs an – mit zwei Getränken und Trinkgeld kommt das Vergnügen dort auf etwa 325 Lira pro Person.

Das Budget reicht also noch locker für die Rückfahrt nach Europa, zur Abwechslung diesmal auf der Fähre nach Karaköy statt nach Eminönü – zum gleichen Preis von 7,67 Lira. Rechts grüßt bei der Ausfahrt noch einmal Haydarpaşa, dann gleiten die schummrig beleuchteten Schiffsriesen im Frachthafen von Kadıköy vorbei. In der Dunkelheit, die sich über Istanbul gelegt hat, taucht der **Leanderturm** aus dem schwarzen Bosporus auf – das Türmchen auf einer winzigen Insel weist Seefahrern seit fast zweieinhalbtausend Jahren den Weg. Dann dreht die Fähre nach links, und rechter Hand erstrahlt, mit Lichterketten geschmückt, die Brücke über den Bosporus – die »erste Brücke«, wie sie in Istanbul genannt wird, weil es noch zwei weitere gibt.

Das Schiff legt in Karaköy an, keine 500 Meter entfernt von Eminönü – doch dazwischen liegt die Galatabrücke über das Goldene Horn, die sich für einen Abendspaziergang mit Aussicht auf die leuchtende Altstadt anbietet. Mit der Straßenbahn (7,67 Lira) geht es von Eminönü zurück zum Hotelviertel hinter der Hagia Sophia, denn in dieser Richtung führt der Weg steil bergauf. Ungefähr 23 Euro sind noch übrig, aber morgen ist auch noch ein Tag.

KASSENBON
100 Lira ≈ 5,44 €

Fähre und Straßenbahn (mehrfach)	23 Lira
Frühstück auf dem Schiff	9,5 Lira
Kaffee in Moda	16 Lira
Konzertmatinee	25 Lira
Mittagessen im Ciya Sofrasi	90 Lira
Abendessen im Agapia	325 Lira
....	....
LIRA	488,50
≈ EURO	26,60 €

ISTANBUL

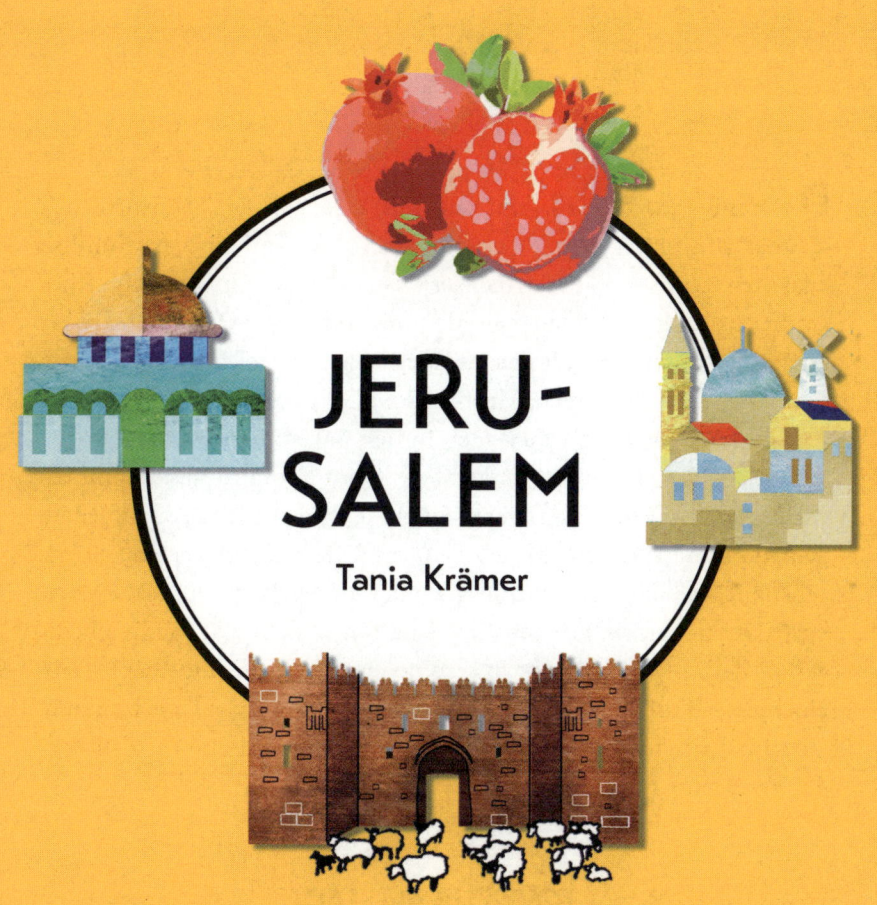

DEM HIMMEL GANZ NAH

Die Heilige Stadt Jerusalem: seit Jahrtausenden ein Sehnsuchtsort, Heimat von drei großen Weltreligionen und geprägt vom Konflikt zwischen Israelis und Palästinensern. Die Altstadt, umgeben von einer eindrucksvollen Stadtmauer aus dem 16. Jahrhundert (Teile sind sogar noch älter), kann man als das Herz Jerusalems bezeichnen, in der sich die Heiligtümer für Juden, Muslime und Christen befinden.

Besonders in Israel, aber auch in den palästinensischen Gebieten sind die Lebenshaltungskosten hoch – mit 50 Euro auszukommen wird sportlich. Dafür kann man aber in Jerusalems Altstadt auf jedem Schritt und Tritt Geschichte erleben – und die kostet (meistens) nichts.

Die Klagemauer gleich unterhalb des Tempelbergs gilt als der heiligste Ort für Juden. Für Muslime sind nur Mekka und Medina heiliger als der al-Haram al-Sharif – so nennen sie den Tempelberg –, ein Hochplateau mit der Al-Aksa-Moschee und dem goldenen Felsendom. Und für Christen aus aller Welt steht die Grabeskirche im Zentrum der Verehrung.

TORE ZUR ALTSTADT

In die Altstadt gelangt man über sieben Tore. Die haben je nach hebräischer, arabischer oder englischer Sprache oft unterschiedliche Namen, aber Einheimische helfen meist weiter, wenn es kompliziert wird. Daneben gibt es noch das oft als »Goldenes Tor« bezeichnete verschlossene Tor auf der östlichen Seite der Altstadtmauer.

Unsere Tour beginnt am sogenannten **Damaskustor**, dem eindrucksvollsten Tor, das von Ostjerusalem aus in die Altstadt führt. Vorbei geht es an palästinensischen Bauersfrauen aus der Umgebung, die ihre Saisonernte anbieten, und vielen Geschäften in den sogenannten Souk. Unser erster Stopp: ein Bäckereistand linker Hand mit frischem Brot auf der Auslage. Hier fragen wir nach einem *Mana'eesh* – ein warmes Fladenbrot mit Za'atar (eine Gewürzmischung aus Thymian, Salz, Sumach und Sesam) und Olivenöl. Das kleine Frühstück ist für 8 Schekel zu haben, das entspricht etwa 2,30 Euro (1 Schekel ≈ 0,29 €).

Unterteilt wird die Altstadt in ein muslimisches, christliches, jüdisches und ein armenisches Viertel – die Übergänge sind fließend. Längst ist die Stadt über die alten Stadtmauern hinausgewachsen. Im Westen leben mehrheitlich jüdische Israelis; im arabischen Ostteil sind mehrheitlich palästinensische Jerusalemer zuhause.

Israel hatte den Ostteil der Stadt im Sechstagekrieg 1967 von Jordanien erobert, später annektiert und das gesamte Jerusalem zu seiner Hauptstadt erklärt – ein Schritt, den die meisten Länder nicht anerkannt haben. Der völkerrechtliche Status ist bis heute umstritten und soll durch Friedensverhandlungen geklärt werden. Palästinenser möchten Ostjerusalem als Hauptstadt ihres künftigen souveränen Staates sehen. Politische Spannungen sind Teil des Alltags in der Stadt, Touristen sollten deshalb auch

> Ein Tag in Jerusalems Altstadt: Geschichte begegnet uns hier überall. Auch der Konflikt zwischen Israelis und Palästinensern ist gegenwärtig. Wir besuchen die Heiligtümer der drei großen Weltreligionen und erleben den Alltag in einer Stadt, die seit Jahrhunderten Menschen aus aller Welt anzieht.

Reisewarnungen beachten, die die Außenministerien Deutschlands, Österreichs oder der Schweiz herausgeben.

Für den Tag in der Altstadt empfiehlt sich bequemes und rutschfestes Schuhwerk. Die Altstadtgassen sind uneben gepflastert und abgenutzt und nicht nur im nassen Zustand rutschig. Bei der Kleiderwahl sollte man konservativ denken: Für heilige Stätten empfiehlt es sich, auf allzu Kurzes wie Shorts (das gilt für Männer und Frauen!) zu verzichten und eventuell etwas Langärmeliges mitzunehmen. Ansonsten sind die Einheimischen einiges gewohnt und kümmern sich nicht groß um die vielen Besucher.

VON DER KLAGEMAUER ZUM TEMPELBERG

Nach der kleinen Stärkung geht es an der Gabelung nach dem Damaskustor nach links in die **El-Wad-Straße**, eine der »Hauptstraßen« im Souk. Linker Hand könnte man kurz in das Café des **Österreichischen Hospiz** für einen starken »kleinen Braunen« einkehren.

Die El-Wad-Straße endet an einem der Eingänge zur jüdischen **Klagemauer**, im Hebräischen heißt sie schlicht HaKotel und auf Englisch Western Wall. Nach einer Sicherheitskontrolle kommt man auf den weitläufigen Platz im jüdischen Viertel.

Die Klagemauer ist die wichtigste religiöse Stätte für Juden. Den Tempelberg – dort stand einst der jüdische Tempel – dürfen Juden zwar besuchen, aber sie dürfen dort nicht beten. So wurde es nach dem Sechstagekrieg 1967 im sogenannten Status quo zwischen Jordanien und Israel festgelegt, der den gegenseitigen Respekt der Religionsgemeinschaften vorsieht.

Die Gebetsbereiche an der Klagemauer sind nach Geschlechtern getrennt – links beten die Männer, rechts die Frauen. Männer, die in den Gebetsbereich gehen möchten, sollten eine Kopfbedeckung tragen. Am Eingang gibt es kostenlos eine Kippa, die man sich auf den Kopf setzen kann. Wer nahe an die Mauer geht, sieht viele kleine Zettel in den Ritzen und Spalten stecken. Auf ihnen stehen Gebete, Wünsche und Danksagungen. Zweimal im Jahr, zu den hohen jüdischen Feiertagen, werden die Zettel entfernt.

> **HIGHLIGHT**
> **TEMPELBERG**
> Orte der Anbetung: Al-Aksa-Moschee und Felsendom stehen auf dem Plateau, die Klagemauer ist ein Teil der alten Westmauer des Zweiten Tempels.

Von hier aus geht es weiter über die hölzerne Mughrabi-Brücke auf den **Tempelberg**, auch **Haram al Sharif** (»das Edle Heiligtum«) genannt. Dies ist der Zugang für Nichtmuslime; die Öffnungszeiten können variieren. Unter der Woche – die hier von Sonntag bis Donnerstag geht – ist der Zugang meist vormittags für Nichtmuslime geöffnet.

Auf dem weitläufigen Hochplateau stehen der ikonische **Felsendom** mit seiner goldenen Kuppel und die **Al-Aksa-Moschee**. Der muslimischen Überlieferung nach soll der Prophet Mohammed auf seiner nächtlichen Reise von Mekka hierhergekommen sein. Freitags zieht es oft Tausende palästinensische Gläubige zum Mittagsgebet hierher – der Ort gilt als eine der wichtigsten islamischen Pilgerstätten.

IN DEN GASSEN DER ALTSTADT

Von dem Hochplateau geht es zurück über den Ausgang zur El-Wad-Straße. Unser nächstes Ziel ist die Grabeskirche, das Heiligtum der Christen. Wer etwas abenteuerlustig ist, kann versuchen, sich mit dem Handy zur Grabeskirche zu manövrieren. In der Altstadt ist der Empfang allerdings nicht immer gut. Wirklich verlaufen kann man sich nur schwer, die Orientierung verlieren dagegen schon, wenn man fernab der Geschäftsstraßen in den kleinen Gassen der Wohnviertel unterwegs ist. Aber keine Panik, einheimische Bewohner helfen meist gerne, den rechten Weg wiederzufinden.

Das Schöne an der Altstadt: Sie ist mehrheitlich autofrei. Nur vom Jaffator und dem Löwentor aus dürfen sich Autos in einem kleinen Radius bewegen. Sonst sieht man hier nur die schmalen Kleinlaster der Müllabfuhr oder kleine Lieferautos.

Vielerorts wird frisches Brot noch auf langen Steigen auf dem Kopf getragen oder auf kleinen Handkarren in schnellem Tempo durch die Gassen geschoben. Auf im Weg stehende Touristen wird dabei selten Rücksicht genommen.

ALLTAGSLEBEN

Auch wenn man als Besucher manchmal von der Historie überwältigt ist – man sollte nicht vergessen, dass Jerusalem eine lebendige Stadt ist, in der viele Menschen ganz normal ihrem Alltag nachgehen. Hinter oft unscheinbaren Türen und Toren sind die Wohnbereiche meist rund um einen Hof angelegt. Wer in der Altstadt wohnt, ist stolz darauf, aber man muss Nähe und den Mangel an Privatsphäre aushalten können. Es herrscht akute Wohnungsnot, da sich die Altstadt hier nicht weiter ausbreiten kann. So mancher palästinensische Bewohner ist deshalb in ein Viertel außerhalb der Mauern gezogen. Aber im Herzen bleiben sie immer Altstadtbewohner.

Die meisten palästinensischen Einwohner haben eine sogenannte »Jerusalemer ID«, die ihnen das Aufenthaltsrecht in Jerusalem sichert. Sie sind aber keine Staatsbürger Israels und können den Aufenthaltstitel auch verlieren. Palästinenser aus dem Westjordanland oder dem Gazastreifen benötigen eine israelische Erlaubnis, um die Stadt besuchen zu dürfen.

VIA DOLOROSA – DER LEIDENSWEG JESU

Von der El-Wad-Straße in Richtung Damaskustor geht es dann nach einer Weile nach links in die **Via Dolorosa**, die von hier aus leicht bergauf führt. Der sogenannte Kreuzweg zeichnet den Leidensweg Jesu über mehrere gekennzeichnete Stationen nach: von seiner Verurteilung am Amtssitz des römischen Statthalters Pontius Pilatus bis zur Hinrichtungsstätte Golgatha, die in der Grabeskirche liegt. Der Weg ist eher ein spiritueller Prozessionsweg als eine eindeutig belegbare historische Route. Christliche Pilgergruppen laufen gern singend und betend die Stationen ab, einige tragen dafür ein Holzkreuz durch die Gassen. Das wiederum kann man in unterschiedlichen Größen und Gewichten bei einem muslimischen Kreuzverleiher nahe der ersten Station ausleihen.

Wer nicht – mit oder ohne Holzkreuz – durch die Via Dolorosa zieht, hat jetzt auf dem Weg zur Grabeskirche Zeit für eine kurze Pause. Und was wäre ein Jerusalembesuch ohne Hummus? Altstadtbewohner holen sich gern die tägliche Portion von ihrem bevorzugten Restaurant nach Hause. Wer den besten Hummus in der Altstadt macht, dazu hat jeder eine andere Meinung.

HUMMUS-MITTAGSPAUSE

Mein Tipp ist das **Hummus-Restaurant Lina**. Es liegt gleich neben der achten Station des Kreuzwegs. Hier gibt es das Kichererbsenmus täglich frisch zubereitet, zum Beispiel mit Pinienkernen, dazu Pita-Brot, frisches Gemüse und scharfe Paste für rund 25 Schekel. Wer ein paar Bällchen Falafel dazu mag, zahlt noch mal rund 10 Schekel. Ein kleiner Gurken-Tomaten-Salat kostet rund 12 Schekel. Getränke wie Wasser oder Limonade holt man sich aus dem Kühlschrank, das macht nochmal jeweils 8 bis 10 Schekel.

Zu erwähnen wären auch **Abu Shukri** gleich neben Lina – ein kleines Restaurant mit zwei Tischen, oder **Hummus Arafat** mitten im Souk. Der Vorteil von Hummus: Es ist gesund, schont den Geldbeutel und macht pappsatt für ein paar Stunden.

Für diejenigen, die danach einen Espresso, Kaffee oder Tee benötigen, liegt nur wenige Schritte die Straße hinauf **Jack's Patisserie**. Das kleine Café ist eigentlich nur ein Stand mit einer italienischen Kaffeemaschine und einer Kuchenauslage, die den Blick in die Backstube freigibt. Hinter dem Tresen steht Jack Amer, seit 20 Jahren Bäcker und Patissier. Ein Espresso kostet hier 7 Schekel. Das teuerste Stück Torte liegt bei rund 18 Schekel – es gibt aber auch leckeren Karottenkuchen für rund 10 Schekel. »Man muss mit vollem Herzen dabei sein«, sagt Amer über seinen Beruf. Denn einfach ist es nicht, in der Altstadt ein Geschäft zu betreiben – besonders wenn in Zeiten von Anschlägen oder politischen Spannungen Besucher wegbleiben. »In Zeiten wie jetzt haben Touristen Angst, in die Altstadt zu kommen. Die zwei Jahre Pandemie waren auch schwierig«, sagt Amer. Bekannt ist der palästinensische Christ für seinen Stollen, den er zur Weihnachtszeit backt.

Den Kaffee kann man auf kleinen Hockern auf der Gasse genießen und dabei den Passanten und dem Alltag zuschauen. Wer sich beim Kaffeetrinken beobachtet fühlt, sollte nach Katzenaugen Ausschau halten. An den vielen Streunern, die einem recht harten Leben auf der Straße ausgesetzt sind, scheiden sich die Geister – auch in Jerusalem. Für viele Bewohner gehören sie fest zum Stadtbild dazu, und nicht wenige kümmern sich auch um sie. Für andere sind sie eine Plage. Jedenfalls sieht man sie plötzlich überall, wenn man genauer hinschaut.

Nach der kurzen Kaffeepause geht es weiter in die überdachte **Christian Quarter Road** und von da aus zur Grabeskirche.

GRABESKIRCHE

Christen verehren in der Grabeskirche den Ort der Kreuzigung, des Grabes und der Auferstehung Jesu. Die Kirche selbst ist nicht unbedingt ein Ort der Stille und mit vielen Ritualen belegt. Mehrere christliche Konfessionen verwalten den Komplex mit unterschiedlichen Rechten, was manchmal zu Konflikten führt. Um keine der Konfessionen zu bevorzugen, verwahren seit Jahrhunderten zwei alteingessene muslimische Jerusalemer Familien den Schlüssel zum Eingangstor. Auch das morgendliche Auf- und das abendliche Zuschließen folgt einem strengen Ritual.

Von der Kirche geht es über den rechten Ausgang zum **Muristan**. Dort steht die **protestantische Erlöserkirche**. Für 15 Schekel kann man unter der Woche zwischen 10 und 16 Uhr (im Sommer bis 17 Uhr) den Kirchturm erklimmen. Darin enthalten ist außerdem der Eintritt für eine archäologische Ausstellung unterhalb der Kirche. Steigen Sie hinauf, es lohnt sich: Vom Kirchturm aus hat man einen faszinierenden Blick bis weit über die Stadtgrenzen hinaus.

Wer weniger Lust auf die 177 Stufen hat, kann einen anderen Aussichtspunkt anpeilen – etwas weniger hoch, dafür kostenlos. Dafür biegt man vom Muristan nach rechts, läuft vorbei an den Souvenirgeschäften nach oben und biegt dann nach rechts in die etwas unscheinbare **Saint Mark's Road**. Die läuft man bis zum Ende, bis man eine kleine Eisentreppe sieht – von dort geht es gewissermaßen über die Dächer der Altstadt mit einem schönen Blick auf den Felsendom. Der Platz ist ein beliebter Treffpunkt auch für junge Einheimische. Manchmal wird hier Parkour geübt, und man kann den fliegenden Akrobaten zuschauen.

Zurück geht es Richtung **Jaffator**, die Hauptstraße aufwärts. Vor dem Tor biegen wir rechts ab in die **Greek-Orthodox-Patriarcha-**

te-Gasse. Hier könnte man einen Stopp einlegen, um sich wirklich etwas fürs Leben mitzunehmen: ein Tattoo. Und nicht nur irgendeines, sondern ein kleines Jerusalem-Kreuz, handtätowiert von Wassim Razzouk, der den sympathischen Laden **Razzouk Tattoo** führt.

Seit Jahrhunderten lassen sich christliche Pilger dieses Kreuz auf das Handgelenk tätowieren. Wassim Razzouk führt diese koptische Tradition fort – in der 28. Generation, wie er sagt. Seine Familie stammt ursprünglich aus Ägypten. Bei Razzouk Tattoo kann man auch alte hölzerne Schablonen-Vorlagen der verschiedenen Kreuz-Motive anschauen. Allerdings würde ein Tattoo mit rund 250 Schekel zu Buche schlagen – das wäre ein Upgrade auf unserer Tour.

KULINARISCHER ABSCHLUSS

Von dort – oder daran vorbei – geht es in Richtung Casa-Nova-Gasse die Treppen hinauf, in die Les-Frères-Straße und dann nach rechts Richtung **Neues Tor**, um den Tag bei Kaffee und Kuchen oder einem Aperitif ausklingen zu lassen.

Die kleine **Pâtisserie Abu Seir** lädt auf einen Stopp ein; auch dort kann man draußen in der Gasse sitzen, gleich neben einer Schule. Mariam Abu Seir, 20 Jahre jung, hat gerade ihr Diplom als Pâtissière gemacht und steht oft hinter der Theke oder in der Backstube. Ihr Vater Ibrahim hat die kleine Pâtisserie mitten in der Corona-Pandemie eröffnet – und sich mittlerweile mit den kleinen Torten und Küchlein in die Herzen der Besucher und Einheimischen gebacken.

Wer Lust auf ein Gläschen hat, kehrt etwas weiter in der **Café-Bar Gateway** ein – nur wenige Schritte vom Neuen Tor entfernt. Hier gibt es Wein, Arak und kleine Snacks, etwa eine Käse-Oliven-Platte. Wer noch mal etwas nachlesen will, kann hier auch gleich Bücher über

Jerusalem kaufen. Kostenpunkt für ein Glas Wein: 20 Schekel, ein Glas lokal hergestellter Arak kostet 15 Schekel. Mit Blick auf die Stadtmauer kann man so den Tag entspannt Revue passieren lassen.

Wer etwas mehr Hunger hat, sollte sich vom Neuen Tor in Richtung **Jaffa-Straße** in den Westen Jerusalems bewegen. Rund 10 Minuten zu Fuß entfernt liegt das **Restaurant HaMarakia** – hebräisch für Suppenküche. In dem sympathischen Restaurant mit kleinem Garten gibt es jeden Tag frische Suppen und Salate. Eine Blumenkohl-Curry-Suppe oder eine Linsensuppe mit Brot kosten zwischen 35 und 40 Schekel – damit gehört das HaMarakia zu den erschwinglichsten, aber auch leckersten Restaurants der Stadt. Eine Karaffe Leitungswasser gibt es in israelischen Restaurants immer kostenlos dazu, aber natürlich sind auch hier Wein und Bier im Angebot. An manchen Abenden finden dazu kleine Konzerte statt. Nur freitags bleibt man lieber gleich in einem der Lokale am New Gate, dann nämlich hat das HaMarakia geschlossen.

KASSENBON
1 Schekel ≈ 0,29 €

Tram zur Altstadt	6 Schekel
Fladenbrot	8 Schekel
Hummus mit Getränk	55 Schekel
Kaffee bei Jack's Patisserie	7 Schekel
Turm der Erlöserkirche	15 Schekel
Espresso/Tee bei Abu Seir	7 Schekel
Wein im Gateway	20 Schekel
Suppe im HaMarakia	35 Schekel
SCHEKEL	**153**
≈ EURO	**44,40**

KOPEN-HAGEN

Julia Wäschenbach

AUF ZWEI RÄDERN
AM WASSER UNTERWEGS

Eine gute Freundin, die mich schon häufiger in Kopenhagen besucht hat, staunt jedes Mal vor allem über eins: Selbst wenn es in Strömen regnet, sind die Spielplätze, Parks und Fahrradwege voller Menschen. Wenn es eine Nation gibt, auf die der etwas ausgelatschte Spruch »Es gibt kein schlechtes Wetter, nur unpassende Kleidung« zutrifft, dann ist es Dänemark. Von ein paar grauen Wolken lassen sich die Däninnen und Dänen jedenfalls noch lange nicht die Laune verderben. Damit Ihnen das genauso gelingt, gehört in Ihre Tasche für einen Tag in Kopenhagen wind- und wetterfeste Kleidung. Eingepackt? Dann können wir ja gut gelaunt wie die Einheimischen in den Tag starten.

Auch wenn uns der Wind am Øresund oft kalt um die Ohren pfeift: Gerade die Lage am Wasser macht Kopenhagen so charmant – von der modernen Architektur am Hafen, wo die Hauptstädter im Sommer sonnenbaden, bis zu den romantischen Kanälen mit ihren Hausbooten, an deren Ufer sich farbenfrohe Häuser vor dem Kopfsteinpflaster aneinanderschmiegen. Wer aber nur am Wasser bleibt, verpasst eine Menge. Deshalb starten wir unsere Tour im Westen der Stadt und bewegen uns von da aus immer näher auf die Küste im Osten zu.

Wie die Einheimischen erkunden wir Kopenhagen – natürlich – auf dem Rad. Die breiten Radwege und die vielen neuen und eleganten Brücken über das Wasser machen das Radfahren zum Vergnügen. Kein Wunder, dass fast jeder zweite Hauptstädter täglich das

> Kopenhagen lässt sich am besten auf dem Rad und vom Wasser aus entdecken. Wir mischen uns unter die Einheimischen und erleben die Stadt mit ihren schönen Kanälen, hippen Bäckereien und sozialen Experimenten. Am Ende fühlen Sie sich vielleicht fast selbst wie eine Kopenhagenerin oder ein Kopenhagener.

cykel zur Arbeit oder Ausbildung nimmt. Aber Achtung: Im morgendlichen Berufsverkehr kann es deshalb zum Fahrradstau an der Ampel kommen! Wenn sie es eilig haben, verwandeln sich die Kopenhagener auf den Radwegen bisweilen in rücksichtslose Rowdys. Wir machen uns nach neun Uhr auf den Weg und umgehen damit die Rushhour.

Die Räder haben wir da schon beim Fahrradverleih **Baisikeli** an der Dybbølsbro im Viertel **Vesterbro** abgeholt. 80 Kronen (gut 10 Euro; 1 Krone ≈ 0,13 €) kostet ein Budget Bike, das aber seinem Namen zum Trotz gut in Schuss ist und uns sicher durch die Stadt bringt.

Wir starten auf dem **Enghave Plads**, einem belebten Platz im Herzen von Vesterbro. In der winzigen lokalen **Bäckerei Brød**, in der uns beim Betreten der Duft von frischem Backwerk entgegenströmt, decken wir uns mit einem saftigen Kardamom-Knoten für 25 Kronen ein. Die Dänen lieben dieses Gewürz – zu Recht!

Von da aus geht es über den vielbefahrenen Enghavevej in Richtung **Frederiksberg**, einer knapp neun Quadratkilometer großen, wohlhabenden Kommune, die von der dänischen Hauptstadt komplett umschlossen wird. Das Rathaus von Frederiksberg im Blick, radeln wir die Straße **Gammel Kongevej** entlang und bestellen am To-Go-Fenster des **Cafés Ipsen & Co.** einen Cappuccino mit Double Shot für 38 Kronen. In dem winzigen, gemütlichen Café kann man auch herrlich zwischen Kopenhagenern frühstücken. Für 95 Kronen bekommt man das *morgenbræt* mit weich gekochtem Bio-Ei, Croissant, Brötchen, Butter, Vesterhavs-Käse (Nordseekäse), selbst gekochter Marmelade und Joghurt mit Müsli und Rhabarberkompott.

Wir nehmen aber nur unseren Cappuccino in Empfang und müssen das Rad jetzt schieben, überqueren die Allegade und halten uns danach links, wo sich uns kurz hinter dem Rathaus – wir sind vom Café etwa eine Viertelstunde gelaufen – eine winzige grüne Oase im lauten Stadttreiben eröffnet. Ein großer Teich ist Kulisse für das **Møstings Hus**. In dem neoklassizistischen Bau, einst Sommerresidenz des dänischen Adeligen Johan Sigismund von Møsting (1759–1843), sind heute wechselnde Ausstellungen zu besichtigen. Weil es erst um 11 Uhr öffnet, setzen wir uns auf eine Bank am Teichufer und genießen zunächst das mitgebrachte Frühstück.

Eine elegante Treppe führt uns anschließend in den ersten Stock des Møstings Hus, wo unter Kronleuchtern und stuckverzierten Decken Gegenwartskunst zu bestaunen ist. Nach der Stippvisite geht der Weg am Haus vorbei in den meiner Meinung nach schönsten Park der Stadt: **Frederiksberg Have**. Hier schieben wir die Räder und begegnen Joggern, Vätern mit Kinderwagen und Freunden beim Geburtstagspicknick, erkennbar an den vielen dänischen Fähnchen.

EIN BLICK AUF DIE ELEFANTEN

Direkt an den Park grenzt der Zoo, der an einem anderen Tag als Upgrade definitiv auch einen Besuch wert ist. Wenn Sie sich den saftigen Eintrittspreis von 209 Kronen sparen und trotzdem einen Blick hinein erhaschen wollen, biegen Sie mit mir zusammen einfach direkt nach dem Eingang beim Møstings Hus rechts ab und folgen immer dem äußeren Pfad. Wenn Ihnen irgendwann ein strenger Stallgeruch in die Nase steigt, wissen Sie, dass Sie richtig sind. Mit etwas Glück trotten die asiatischen Elefanten des Zoos in ihrem Außengehege herum, und wir können sie von draußen dabei beobachten.

Jetzt folgen wir kurz dem Pfad, der unten am **Schloss Frederiksberg** entlangführt, um das hübsche Gebäude aus der Froschperspektive begutachten zu können. Bevor wir den Park verlassen, können wir durch den Zaun des Zoos rechts vom Schloss noch einen Blick auf die rosaroten Flamingos und die Äffchen werfen, die im Kletterbaum am Eingang herumturnen.

Bald stehen wir in etwa dort, wo der Märchenerzähler Hans Christian Andersen 1819 als Teenager mit der Postkutsche zum ersten Mal in Kopenhagen ankam: auf dem **Valby Bakke**, der einzigen Erhöhung weit und breit. Wir sausen den Hügel herunter. Unten angekommen, biegen wir rechts in die Pile Allé und links in den **Ny Carlsberg Vej** ab, wo uns noch einmal Elefanten begegnen – aber diesmal aus Granit. Der Sohn des Gründers der Carlsberg-Brauerei, Carl Jacobsen, hat ein Tor aus vier der steinernen Tiere bauen lassen, das früher den Eingang zum Brauereigelände bildete. Wir radeln hindurch und über mehrere Kreuzungen immer geradeaus, bis wir auf eine breite Allee stoßen: den **Sønder Boulevard**.

Wem jetzt der Magen knurrt – immerhin sind wir schon etwa fünf Kilometer spaziert und geradelt, und es ist kurz nach Mittag –, der sollte unbedingt im **Café Dyrehaven** einkehren. Das Smørrebrød ist nicht nur unter Touristen, sondern auch unter Einheimischen ein beliebtes Mittagessen, das viele Däninnen und Dänen selbst im Büro kunstvoll anrichten. Und im Dyrehaven gibt es das beste *kartoffelmad* der Stadt, ein üppig belegtes Vollkornbrot mit Kartoffeln, Kräutermayo und Röstzwiebeln für 85 Kronen. Am besten schmeckt es draußen auf den Bierbänken in der Sonne. Aber auch drinnen ist das Café urgemütlich, mit dunklem Mobiliar im Stil der alten Kopenhagener Wirtshäuser, tief hängenden Leuchten und Geweihen an den Wänden.

Wir bestellen an der Bar, wie es in vielen Cafés üblich ist, und füllen uns etwas Leitungswasser aus dem Wasserspender ab, der hinter dem Eingang am Fenster steht. Dann setzen wir uns auf eine Bank und beobachten das Treiben auf dem Sønder Boulevard.

Gut gestärkt schieben wir dann die Fahrräder auf die gegenüberliegende Straßenseite und stehen vor der doppeltürmigen, 2014 stillgelegten Absalon-Kirche, die heute als **Volkshaus Absalon** eine Art Wohnzimmer des Viertels Vesterbro ist. Wer noch Energie für die nächste Etappe braucht, bekommt hier einen Filterkaffee für sagenhafte 10 Kronen. Ansonsten fahren wir aber erstmal vorbei, denn wir kehren später hierher zurück.

ÜBER SCHLOSS CHRISTIANSBORG ZUM NYHAVN

Jetzt geht es am Ausgehviertel **Kødbyen** vorbei Richtung Innenstadt. Wir biegen am Kreisverkehr rechts und dann links ab. Eine Brücke führt über die Schienen, die vom Hauptbahnhof wegführen, und vor uns sehen wir auf der linken Seite die Spitzen der Karussells im Vergnügungspark **Tivoli,** welche die Besucher in der Luft herumwirbeln. Als wir uns nähern, hören wir ihr Kreischen und Lachen.

Sind wir an einem Dienstag unterwegs, dann statten wir der **Glyptotek** gegenüber des Tivoli einen Besuch ab. Das imposante Gebäude beherbergt die Kunstsammlung von Carl Jacobsen, und dienstags kann man die Kunstwerke, antiken Skulpturen und archäologischen Funde gratis bestaunen. An anderen Tagen radeln wir weiter auf **Schloss Christiansborg** zu, in dem das dänische Parlament beheimatet ist – Fernsehzuschauer kennen es aus der Serie »Borgen« – und das auf der winzigen Insel Slotsholmen liegt. Wir sind am Wasser!

Hinter dem Nationalmuseum biegen wir rechts ab und nähern uns dem Schloss über die **Marmorbrücke** von der Rückseite. An den königlichen Reitställen vorbei steuern wir auf den **Schlossturm** zu. Die

Aufzugfahrt zur Spitze ist kostenlos, die Aussicht von oben über die Innenstadt herrlich. Nur montags ist der 106 Meter hohe Turm geschlossen.

> **HIGHLIGHT**
> **TURM VON SCHLOSS CHRISTIANSBORG**
> Seit 2014 ist der Turm frei zugänglich, bei Andrang kann es aber Warteschlangen geben.

Wieder unten angekommen, steigen wir vor dem Schloss auf die Räder. Gegenüber dem alten Börsengebäude liegt am Kanalufer die **Kayak Bar,** eine feine Strandbar im Sommer. Wer die Kanäle auf eigene Faust erkunden will, kann sich hier für zwei Stunden gratis ein Kajak leihen. Die Bedingung: Man muss auf der Tour Müll einsammeln, davon Fotos schießen und in den sozialen Medien posten. Weil die Green-Kayak-Initiative beliebt ist, lohnt es sich, vorher online zu buchen.

Wir haben heute aber schon einige Kilometer in den Beinen (etwa 8,5 bis jetzt), und es gibt auch andere Wege, Kopenhagen vom Wasser aus zu bestaunen! Wir radeln kurz an der Hafenpromenade entlang zum **Nyhavn,** dem Postkartenmotiv mit seinen bunten Häuserfassaden und dem touristischen Treiben. Vor dem Schauspielhaus warten wir auf den **Havnebus** – den Hafenbus, der kein Bus ist, sondern eine Mini-Fähre und uns für 24 Kronen über das Wasser bringt. Das Ticket dafür lösen wir online, am einfachsten mit der App der lokalen Verkehrsbetriebe DOT, die sich auf Englisch bedienen lässt. Wir brauchen ein Ticket für zwei Zonen, das Fahrrad darf kostenlos mit.

AUFS WASSER

Nachdem sich die Elektrofähre brummend in Bewegung gesetzt hat, geht es im Zickzackkurs durch den Hafen. Erstes Ziel ist die **Oper** mit ihrem ausladenden Dach, die von dem Architekten Henning Larsen entworfen und 2005 eröffnet wurde. Wer sich die Zeit nehmen und aussteigen will, kann im Foyer die funkelnden Lichtskulpturen des dänisch-isländischen Künstlers Olafur Eliasson bewundern. Auf der anderen Uferseite erblicken wir die prunkvolle Marmorkuppel der **Frederiks Kirke** und **Schloss Amalienborg**, die aus vier separaten Palais bestehende Residenz von Königin Margrethe II. Wenn die Monarchin anwesend ist, weht auf dem **Christian IX. Palais,** in dem sie wohnt, die dänische Flagge.

Nach etwa 20 Minuten Fahrt gehen wir auf der Insel **Refshaleøen** an Land. Auf dem Gelände war früher eine der größten Schiffswerften der Welt zu Hause. Den rauen Charme hat sich die Insel bewahrt, aber heute ist sie Anlaufpunkt für Kreative und Foodies. Hier liegen Spitzenrestaurants wie das Alchemist, die Kunsthalle Copenhagen Contemporary, Kletterwände und Hafenkneipen neben Wohncontainern für Studenten. Im Sommer wird hier bei Festivals getanzt und im Winter nach dem Baden im eiskalten Wasser sauniert. Unser Ziel ist der **Streetfood-Markt Reffen** mit selbst gebauten Buden und bunten Lichterketten, auf dem uns schon von Weitem exotische Gerüche entgegenschlagen und entspannte Beats in den Ohren wummern.

Es fällt schwer, sich zwischen den Spezialitäten aus aller Welt zu entscheiden, die hier von April bis September feilgeboten werden. Wir teilen uns, wenig ausgefallen, eine kleine Portion Pommes mit Parmesan und Bärlauch für 40 Kronen (5,38 Euro), die aber wirklich gut schmeckt. Auch ein klassischer dänischer Hotdog wäre in unserem Budget drin gewesen. Am Nordic-Hotdog-Stand kostet die Wurst unter der Woche von mittags bis 15 Uhr nur 40 Kronen. Als Vegetarierin kann ich da zwar nicht mitreden, aber laut meinem Bruder gehört ein Hotdog zum Kopenhagen-Urlaub unbedingt dazu. Vielleicht ist Ihnen in der Stadt vorhin schon ein *pølsevogn* (Würstchen-Wagen) aufgefallen. Diese mobilen Hotdog-Stände ziehen Würstchenverkäufer in Kopenhagen schon seit hundert Jahren hinter sich her.

In den Wintermonaten ist eine schöne Alternative für die Fahrt nach Refshaleøen übrigens eine Hafenrundfahrt, die vom Nyhavn aus startet und auch die hyggeligen Kanäle passiert. Fahren Sie mit einem der *Netto-Bådene* (seitlich am Nyhavn gelegen), kostet die einstündige Tour nur 50 Kronen pro Person.

Aber jetzt im Frühling ist es hier auf Refshaleøen am schönsten. Wir schnappen uns ein paar Liegestühle, setzen uns an die Uferkante und schauen raus aufs Meer. Wenn wir uns am späten Nachmittag sattgeguckt haben, schwingen wir uns wieder auf den Sattel und radeln, das Wasser immer rechts von uns, die etwa sieben Kilometer zurück nach Vesterbro. Dafür folgen wir erst dem Refshalevej, lassen das **Restaurant Noma** links liegen, fahren nach der kleinen Brücke links und von da aus immer geradeaus, vorbei an der Hippie-Kommune **Christiania** und der **Erlöserkirche** mit dem spiralförmigen Treppenaufstieg und der vergoldeten Kugel an der Spitze.

WIEDER IN VESTERBRO

Auf dem Weg durch die Viertel Christianshavn und Islands Brygge stoppen wir an zwei der neuen Fahrradbrücken, die architektonische Perlen sind: **Cirkelbroen** von Olafur Eliasson – fünf kreisrunde Plattformen, von denen aus Masten in die Höhe ragen – und die **Lille Langebro** von Wilkinson Eyre. Die lange Uferpromenade in **Islands Brygge**, die wir anschließend passieren, vibriert im Sommer vor Leben. Die Wiesen sind voller Hauptstädter, die grillen, Beachvolleyball spielen und Musik hören. Wem jetzt noch nach einer Abkühlung ist: nur zu! Das Wasser im Hafen ist so sauber, dass man überall baden kann.

Nach etwa fünf Minuten Fahrt durch Islands Brygge düsen wir über die ikonische Fahrradbrücke **Cykelslangen** (Fahrradschlange) nach Vesterbro und stoßen bald wieder auf den Sønder Boulevard. Vor dem **Absalon** hat sich inzwischen eine Schlange gebildet. Denn um 18 Uhr ist hier *fællesspisning*. Das gemeinschaftliche Abendessen für 50 Kronen ist beliebt, deshalb lohnt es sich, online zu reservieren!

So unscheinbar sie von außen ist, so einladend bunt ist die frühere Kirche von innen. Tagsüber spielen hier Senioren Tischtennis, trinken Bauarbeiter den ersten Kaffee des Tages, arbeiten Freelancer an ihren Notebooks und machen Eltern mit ihren Babys Yoga. Wir fühlen uns sofort wohl. Zum *fællesspisning* sitzen alle an langen Holztischen zusammen. Das Essen – heute gibt es Seelachs in Safransoße (Gemüse für die Vegetarier), dazu Fenchelsalat mit Orangendressing – wird auf großen Platten serviert. Wasser gibt es umsonst dazu. Geteilt wird mit allen, die am Tisch sitzen. Freitags und Samstags gibt es auch Nachtisch, da kostet es aber 100 Kronen. Bei chilliger Musik und nettem Small Talk mit den Tischnachbarn lassen wir den Abend ausklingen.

Wer noch weiterziehen will, findet in Vesterbro unzählige Kneipen, Clubs und Bars. Für 30 Kronen ist in der Bar **Fermentoren** am Halmtorvet ein kleines Craft-Bier drin. Noch günstiger ist es in den Bodegas – dänischen Kneipen wie **McKluud** auf der Istedgade. Oder Sie kaufen sich ein Bier im **Kihoskh** und setzen sich damit im Sommer auf den Grünstreifen auf dem Sønder Boulevard. Und im Abendlicht über die Ausgehmeilen zu flanieren und die Stimmung auf sich wirken zu lassen – das kostet keinen Cent.

KASSENBON
1 Krone ≈ 0,13 €

Fahrradmiete	80 Kronen
Gebäck	28 Kronen
Cappuccino	38 Kronen
Mittagessen im Café Dyrehaven	85 Kronen
Hafenfähre	24 Kronen
Snack auf dem Streetfood-Markt	40 Kronen
Abendessen im Absalon	50 Kronen
Bier	30 Kronen
....	....
KRONEN	375
≈ EURO	48,75

LONDON

Peter Stäuber

QUER DURCH DEN »MELTING POT«

Ein bisschen Klischee muss sein: Wir beginnen den Tag mit einem englischen Frühstück, bestehend aus *egg, bacon, beans and toast*. Das **Cafe Maya** (114 Farringdon Road) liegt im Stadtteil **Clerkenwell**, an einer geschäftigen Kreuzung südöstlich vom Bahnhof King's Cross. Es ist ein typisches *caff*: Die Kost ist einfach und günstig, die Kundschaft angenehm gemischt – Bauarbeiter in gelben Warnwesten, Familien mit Kleinkindern, trendige Jungs aus der Medienbranche. Das klassische englische Breakfast kostet 5,95 Pfund (gut 7 Euro; 1 £ ≈ 1,19 €), aber es gibt auch vegetarische Optionen und leckere türkische Gerichte.

Die deftige Kost verdaut sich am besten spazierenderweise, wir machen uns also auf den Weg. Unsere heutige Stadttour ist eine Art Querschnitt durch London: Wir durchschreiten einen Teil des historischen Zentrums, sehen uralte Wahrzeichen sowie Monumente der modernen Londoner Architektur, gehen dann nach Osten, wo wir an einer Stätte des antifaschistischen Widerstands vorbeikommen, um dann über die Docklands nach Süden zu fahren und dort, abseits der Touristenmassen, den Tag in einem Pub zu beenden.

Die vielbefahrene Farringdon Road ist nicht besonders schmuck, angenehmer ist ein kurzer Umweg, der über die kleinen Stadtparks **Spa Fields** und **St James's Church Garden** nach Süden führt. Wir passieren danach den **Clerkenwell Green**, eine offene Fläche, die noch immer den Charakter eines alten Dorfplatzes hat. Wie viele andere

Londoner Quartiere war Clerkenwell früher eine kleine Ortschaft, die irgendwann der wachsenden Metropole einverleibt wurde. An dieser Stelle eine Pub-Empfehlung, obwohl es für Bier noch zu früh ist: Das **Three Kings** (7 Clerkenwell Close) mit seiner eigensinnigen Innenausstattung, einschließlich einem Nashorn, das aus der Wand guckt.

Wir überqueren die Clerkenwell Road und nähern uns über die Britton Street dem **Smithfield Market**, wo seit Jahrhunderten Schweineköpfe und Rindersteaks verkauft werden. Smithfield ist der größte Fleischgroßhandel auf der Insel. Der Markt ist nur in der Nacht in Betrieb, wir gehen also weiter, entlang der viktorianischen Markthalle nach links, zum **Barbican Estate**.

Die Wohnsiedlung hat mittlerweile Kultstatus – zu Recht. Es ist ein architektonisches Meisterwerk aus den frühen 1970er-Jahren und ein herausragendes Beispiel für den brutalistischen Baustil. Das Quartier ist über mehrere Levels gebaut, es verbindet die einzelnen Wohnblöcke durch erhöhte Fußgängerwege, in der Mitte liegen Gärten, Springbrunnen und ein künstlicher Teich. Im angeschlossenen **Barbican-Kulturzentrum** gibt es eine Fülle von Musik, Theater, Tanz und Kunst zu sehen, zudem lohnt sich an regnerischen Tagen ein Besuch im Wintergarten im dritten Stock – kostenlos, aber Sie müssen sich unbedingt vorher über die Website (www.barbican.org.uk) ein Ticket besorgen.

Wir setzen uns auf die Terrasse des Cafés mit einem Flat White – ähnlich wie ein Cappuccino, nur etwas stärker im Geschmack (3 Pfund) – und verweilen ein bisschen inmitten von Beton, Schilf und Enten.

> London ist eine vielseitige, kontrastreiche Metropole. Noch dazu eine, der ein klarer Stadtkern fehlt. Entsprechend schwierig ist es, an einem Tag alle Seiten der Stadt zu erkunden. Die vorgeschlagene Route bietet ein bisschen von allem – in geografischer, kultureller und kulinarischer Hinsicht.

Dann verlassen wir das Barbican am südlichen Ende, überqueren London Wall – wo früher die Stadtmauer verlief – und gehen die Wood Street entlang. Wir befinden uns nun im Zentrum der **City of London**, abgekürzt einfach City. Es ist ein geografisch klar definiertes Gebiet, das früher die Grenzen der Stadt markierte. Dass dies Londons ältester Stadtteil ist, sieht man heute nur noch an den Straßennamen: Ironmonger Lane, Milk Street, Poultry – die Londonerinnen und Londoner des Mittelalters wussten genau, in welcher Gasse man Eisenwaren, Milch und Geflügel kaufen musste. Heute ist das Gewerbe hingegen ein ganz anderes: Banken, Versicherungen, Wirtschaftsprüfer, Anwälte haben hier ihre Büros – die City ist das Herzstück des britischen Finanzsystems. Protzige Hochhäuser dominieren das Quartier mittlerweile, aber die Stadtplaner haben eine klare Ansage gemacht: Die mächtige **St Paul's Cathedral**, deren weiße Kuppel seit dem späten 17. Jahrhundert ein fester Bestandteil der Londoner Skyline ist, muss von weit her sichtbar bleiben. Zum Beispiel darf der Blick vom Parliament Hill oder vom Greenwich Park zu St Paul's nicht durch irgendwelche Neubauten verdeckt werden.

EIN BLICK AUF ST PAUL'S UND DIE TATE MODERN

Wir wollen uns die Kuppel aus nächster Nähe anschauen, was uns zwingt, zunächst das seelenlose Shoppingcenter **One New Change** zu durchqueren, gleich östlich von St Paul's. Wir ignorieren die Kosmetik- und Parfumläden und gehen schnurstracks zum Lift, hinauf in den sechsten Stock. Die Terrasse gibt einen Blick frei auf die Kathedrale und Teile des südlichen Stadtzentrums. Am Ufer der Themse ist das ehemalige Kraftwerk Bankside zu sehen, das Ende der 1990er-Jahre zur **Tate Modern** umgebaut wurde. Für einen Besuch in diesem Eldorado der modernen Kunst sollte man einen ganzen Tag einplanen, deshalb begnügen wir uns heute mit diesem Fernblick. Was zudem ins Auge sticht: Hochhäuser mit markanter oder – je nach Geschmack – alberner Architektur, die unter ihren treffenden Spitznamen bekannt sind: Die »Blumenvase«, auch »Boomerang« genannt, der »Rasierapparat« und die »Scherbe« – sie dürften leicht zu identifizieren sein.

Zurück auf der Straße, gehen wir die **Cheapside** entlang nach Osten. Ein letzter Exkurs ins Mittelalter: Hier war früher ein Straßenmarkt, das altenglische Wort *ceapan* bedeutet »kaufen«.

Wir betreten die U-Bahnstation Bank und kaufen uns ein Ticket, sofern wir noch keins haben. Die aufladbare Oyster Card ist einfach handzuhaben und wird allen London-Besuchern empfohlen; wir laden 9 Pfund darauf, damit können wir in den Zonen Eins bis Drei bis in die frühen Morgenstunden herumfahren, und zwar mit allen Verkehrsmitteln. Dann folgen wir den Schildern mit der Aufschrift »Docklands Light Railway« (DLR) durch das unterirdische Labyrinth. Hier ist die End- beziehungsweise Anfangsstation der DLR-Bahn, wir können also nur in den richtigen Zug steigen. Langsam macht sich die Bahn auf in Richtung Osten, wir verlassen jetzt das Zentrum und tauchen ein ins East End von London.

IM EAST END

Die neuere Geschichte Londons ist immer auch eine Geschichte der Migration – und im East End, unweit des früheren Hafens, setzten die meisten Einwanderer erstmals ihren Fuß auf englischen Boden. Hugenotten im 17. Jahrhundert, Juden aus dem Russischen Reich gegen Ende des 19. Jahrhunderts, später dann Bengalen, Vietnamesen und Menschen von den Karibischen Inseln.

Wir steigen an der ersten Station aus, **Shadwell**, und gehen die Watney Street hinunter zur **Cable Street,** die in der Lokalhistorie eine wichtige Rolle spielt. Mitte der 1930er-Jahre geriet das multikulturelle East End ins Visier der British Union of Fascists (BUF) unter der Führung von Oswald Mosley. Faschisten warfen die Fenster jüdischer Geschäfte ein, sie provozierten mit rassistischen Schmierereien, immer wieder schlugen sie Juden zusammen. Im Oktober 1936 kündigte die BUF einen Marsch durchs East End an. 2000 bis 3000 Faschisten marschierten los – aber etwa 100 000 Anwohner stellten sich ihnen entgegen. Jüdische und irische Migranten, Eisenbahn- und Dockarbeiter, kommunistische Verbände – gemeinsam bot man den Faschisten die Stirn. Es folgte eine Straßenschlacht, bekannt als Battle of Cable Street, die damit endete, dass die Faschisten in die Flucht geschlagen wurden.

Wenn wir von Shadwell einige Schritte zurück in Richtung Innenstadt gehen und in den kleinen Park **St George's Gardens** einbiegen, erblicken wir an der Seitenmauer des alten Rathauses ein Wandgemälde, das an dieses Ereignis erinnert. Arbeiter mit Schiebermützen und harten Fäusten, knüppelnde Polizisten, ein Hitler-Doppelgänger in Unterhosen, der ganz unglücklich aussieht: Das Cable Street Mural (fertiggestellt 1983) ist ein aufrüttelndes, leicht schwindelerregendes Werk, das inspiriert wurde von der Malerei des mexikanischen Künstlers Diego Riviera.

BENGALISCHE GENÜSSE

Langsam wird es Zeit für einen Happen. Wir folgen der Cable Street weiter nach Westen, biegen dann rechts in die **Cannon Street Road** ein und nähern uns dem Zentrum des bengalischen East End.

> **HIGHLIGHT**
> **MUSEUM OF LONDON DOCKLANDS**
> Das ausgezeichnete Museum beleuchtet die Londoner Stadtgeschichte aus der Perspektive des Hafens.

Die Auswahl an südasiatischen Takeaways und Imbissbuden ist breit, wir entscheiden uns für die **Bäckerei Savera** (155 Cannon Street Road) und kaufen uns eine bengalische Spezialität namens Katlama – ein flaches Brot, das mit gewürztem Hackfleisch gefüllt ist. Gleich noch ein Dessert dazu: Die Pistazien-Burfis sind köstlich, wir kaufen uns zwei. Das ganze Mittagessen kostet rund 4 Pfund.

Dann sind es nur noch ein paar Schritte weiter zur Commercial Road. Wir nehmen den Bus Nummer 135, der uns entlang der alten Verbindungsstraße zwischen Stadtzentrum und Hafen nach **Westferry** bringt. Schon von Weitem sehen wir die Hochhäuser von Canary Wharf, dem Zentrum der Isle of Dogs, wie diese Halbinsel in der Themseschleife heißt. Deren Geschichte erkunden wir im Museum.

Fünf Minuten Fußmarsch von der Station Westferry liegt das **Museum of London Docklands** (einfach den Schildern folgen). Untergebracht in einem alten Lagerhaus, erzählt es die Stadtgeschichte aus einem weniger bekannten, aber umso wichtigeren Blickwinkel. Es ist die Geschichte des riesigen Hafengeländes, über Jahrhunderte ein Knotenpunkt des britischen Weltreichs. Bis ins frühe 20. Jahrhundert wurden über die Docks Unmengen an Zucker, Tee, Gewürzen und anderen Gütern ins Land geschafft – dieser Handel war es, der London zu seinem Reichtum verholfen hat. Das Museum blendet auch die Tatsache nicht aus, dass dieser Reichtum zum Großteil auf kolonialer Ausbeutung und Sklaverei beruhte – in dieser Hinsicht hat die britische Vergangenheitsbewältigung in jüngerer Zeit Fortschritte gemacht. Das multimediale Museum ist gratis und toll gemacht, inklusive dem begehbaren Modell einer schmuddelig-düsteren »Matrosenstadt« des 19. Jahrhunderts – so authentisch, dass selbst der Uringeruch nicht fehlt.

Da sind die heutigen **Docklands** ganz anders. Dieser gläserne Tempel der Hochfinanz ist nach der City das zweite Geschäftszentrum Londons, errichtet in den 1980er-Jahren auf den Trümmern der Hafenanlagen. Hier ist es eher unterkühlt und leblos, eine Art Klein-Manhattan, in dem man die Leute vergessen hat. Aber eine kurze Fahrt durch den Häuserwald ist ganz unterhaltsam. Wir gehen die paar hundert Meter zur Station Canary Wharf, steigen erneut in die DLR ein und machen uns auf in Richtung Lewisham – alle Züge in südlicher Richtung enden dort, erneut können wir nichts falsch machen.

JENSEITS ALLER TOURISTENZIELE

Die Bahn schlängelt sich zwischen den Hochhäusern durch, danach geht es hinunter in den Tunnel unter der Themse, und auf der anderen Seite kommen wir in **Greenwich** empor – aufgepasst, der Stadtteil wird »Grenitsch« ausgesprochen. Auch hier würde sich ein längerer Aufenthalt lohnen, es gäbe den Nullmeridian zu besichtigen, zudem einen hübschen Park und ein Schifffahrtsmuseum. Aber weil es langsam spät wird und wir Durst haben, bleiben wir in der Bahn sitzen, fahren über das frühere Industriequartier Deptford nach **Lewisham**, der Endstation. Jetzt nur nicht den Kopf hängen lassen: Das Zentrum von Lewisham ist hässlich, aber das wird gleich besser. Wir steigen an der linken Straßenseite in einen Bus in Richtung Catford (also nach Süden) – Nummern 47, 136, 185 oder 208 – und setzen uns wenn möglich an einen Fensterplatz im oberen Deck, von wo wir dem Treiben auf der Straße zusehen können.

Die Fußgängerzone mit ihrem geschäftigen Markt gibt einen kurzen Einblick in den Londoner Alltag, wie man ihn in vielen Stadtteilen jenseits des Zentrums erlebt: lebhaft, etwas unordentlich und überaus multikulturell. Der Bus fährt weiter die Lewisham High Street hinab, unter der Bahnbrücke hindurch, dann steigen wir an der Haltestelle **Lewisham Fire Station** aus. Auf der anderen Straßenseite sehen wir es: ein Pub mit dem Namen **Fox and Firkin** (»Fuchs und Fässchen«). Wir besorgen uns ein Pint Peckam Sessions IPA, gebraut in der lokalen Brick Brewery (6 Pfund), und treten hinaus in den Garten, wo schon einige Lokalanwohner ihre Biere schlürfen. Das unprätentiöse Pub, das eher den Vibe eines Kulturzentrums hat, ist eins der besten Livemusiklokale in Südlondon. Bevor drinnen auf der Bühne das Programm beginnt, bestellen wir am Essensstand im Garten eine Pizza mit Schinken (12 Pfund; unter der Woche ist der Stand ab 18 Uhr offen, am Wochenende ab Mittag). Dann geht's schon bald los. Funk, Jazz, Reggae oder Folk – hier wird alles gespielt, am besten schaut man sich vorher das Programm an (www.foxfirkin.com).

Und irgendwann sind wir müde. Wir fahren zurück ins Zentrum, ganz einfach mit der Bahn von der Station Ladywell, die nur fünf Minuten entfernt ist. Die Züge gehen direkt nach London Bridge.

KASSENBON
1 £ ≈ 1,19 €

English Breakfast	5,95 £
Oyster Card	9,00 £
Kaffee im Barbican Centre	3,00 £
Mittagessen im East End	4,00 £
Bier und Pizza im Fox and Firkin	18,00 £
PFUND	39,95
≈ EURO	47,50

SURFERINNEN, SIEDLER, STRASSENBAHNEN

Gehen wir davon aus, dass Sie in Santa Monica eine Unterkunft nicht weit entfernt vom Pazifik gefunden haben – nah genug, um nachts das Wellenrauschen zu hören. Gehen wir außerdem davon aus, dass Sie leider, wo immer Sie übernachten, kein Frühstück bekommen. Ich empfehle deshalb, zum Sonnenaufgang aufzustehen, eine Thermosflasche mit kaltem Wasser zu füllen und in Richtung **Santa Monica Pier** zu gehen. Wichtig ist, dass Sie bequeme Schuhe tragen, Ihr Gesicht mit Sonnenschutz eincremen und Kleidung nach dem Zwiebelsystem auswählen, sodass Sie sich sowohl in der morgendlichen Meeresbrise und in von Klimaanlagen eisgekühlten Räumen als auch in der schattenlosen Hitze von Downtown Los Angeles wohlfühlen. Denn das alles werden Sie erleben, wenn Sie meinen Vorschlägen folgen.

Das Riesenrad und die Achterbahn auf dem Pier öffnen erst in ein paar Stunden. Nur Angler stehen schon an der Reling zwischen Straßenhändlerinnen, Fahrgeschäftsbetreibern und Losverkäuferinnen, die ihre Buden für Touristen fertig machen.

Wir halten uns links und nehmen die Holztreppe runter in den Sand. Ich empfehle für das authentisch kalifornische Gefühl, dort die Schuhe auszuziehen und barfuß zum Pazifik zu gehen. Die Sonne geht zwar hinter uns auf, aber ihr Licht spiegelt sich wunderbar im Wasser, wo die ersten Surferinnen und Surfer schon hinaus aufs Meer paddeln, um dort auf die perfekte Welle zu warten. Dies ist ein Moment zum

Innehalten, um mit der salzigen Luft den Blick vom westlichen Ende des Kontinents zum Horizont zu inhalieren. Wenn wir davon genug haben, gehen wir zum originalen **Muscle-Beach-Park** direkt neben dem Pier, nicht zu verwechseln mit dem inzwischen berühmteren Freiluft-Fitnessstudio etwas weiter südlich in Venice Beach, wo unter anderen Arnold Schwarzenegger seinen Körper stählte. Hier haben in den 1930er-Jahren Akrobaten, Ringkämpfer, Stuntfrauen und -männer ihre Künste demonstriert. Wer möchte, kann noch immer an Seilen, Barren und Ringen ein morgendliches Fitnesstraining einlegen. Ich schlage vor, stattdessen direkt dahinter im Starbucks für 3,50 Dollar (etwa 3,40 Euro; 1 $ ≈ 0,98 €) einen Americano zu holen, also einen mit heißem Wasser verlängerten Espresso, sich auf eine der Schaukeln für Erwachsene zu setzen und langsam schwingend den Kaffee und die Sonnenaufgangsstimmung zu genießen.

DIE STRASSENBAHN HEISST HIER METRO

Spätestens um neun geht es weiter zum ersten echten Abenteuer: der Metro. So heißt in Los Angeles das System des öffentlichen Nahverkehrs. Ja, so etwas gibt es im Freeway-Dschungel von Los Angeles, und obwohl sich in der Metropole nach wie vor die meisten Menschen mit Autos fortbewegen, ist das Straßenbahn- und U-Bahnnetz geradezu perfekt für meinen Tagesplan.

Auf dem Weg von den Schaukeln zur Haltestelle der Expo-Line in Santa Monica, immer geradeaus auf der **Colorado Avenue,** kaufen wir am Imbissstand auf Rädern eine Schüssel frisches Obst für 5 Dollar. Das ist nicht gerade billig, aber gesund, und wir können zuschauen, wie Mangos, Orangen, Kiwis, Ananas und Gurken für uns in mundgerechte Happen geschnitten werden. Fragt die Straßenhändlerin »Tajin?«, unbe-

> Unterwegs mit der Straßenbahn erlebt man Geschichte und Gegenwart von Los Angeles mit allen Sinnen und hautnah – Meeresbrise und heißes Pflaster, scharfe Taquitos und eisgekühltes Obst, früh aufstehende Surferinnen, erfolgreiche Afroamerikaner und die ersten Siedler von L.A.

dingt »Yes« oder besser noch »Sí« sagen – eine Prise der Gewürzmischung aus Chili, getrockneter Limette und Salz gibt dem Ganzen erst den richtigen Pep.

Für unsere Metro-Fahrt ziehen wir am Haltestellenautomaten zuerst eine sogenannte Tap-Card für 2 Dollar. Auf diese Karte laden wir dann 3,50 Dollar, genug für zwei Fahrten, und entwerten sie für den Trip zu unserem ersten Ziel: Endstation **7th Street/Metro Center**. Die Bahn fährt um diese Zeit alle zehn Minuten, und die Fahrt dauert etwa 45 Minuten. Mit dem Auto bräuchten wir im morgendlichen Pendlerverkehr vermutlich länger. Wir sparen uns nicht nur den nervenaufreibenden Stau, sondern auch Parkgebühren von mindestens 10 Dollar pro Stunde und das Risiko eines Strafzettels zwischen 65 und 150 Dollar fürs Falschparken.

Die vorwiegend überirdische Fahrt führt uns unter anderem an den Sony-Filmstudios in Culver City, den Rosengärten des Naturkundemuseums und dem Campus der University of Southern California vorbei. Wir könnten sogar zwischendurch aussteigen und uns umschauen, denn unser Ticket gilt für zwei Stunden, solange wir nicht die Richtung wechseln. Zwischenbilanz fürs Portemonnaie: 14 Dollar ausgegeben. Noch 41 Dollar sind übrig.

Aus dem U-Bahnschacht an der Ecke 7th Street und South Hope Street tauchen wir zwischen den glänzenden Wolkenkratzern von Downtown Los Angeles mitten im Gewusel der engen Bürgersteige auf und laufen die Hill Street entlang in Richtung **Grand Central Market**. Während dieser 20 Minuten sehen wir alles, was Gentrifizierung in Los Angeles bedeutet: improvisierte Imbissläden mit Spezialitäten aus El Salvador, Armenien und Mexiko neben luxusrenovierten Artdéco-Hochhäusern, Coffee-Shops mit fünf Sorten Milch für Grande Cappuccinos im Pappbecher, vor denen Obdachlose in zerrissenen Klamotten und abgenutzten Schuhen um Kleingeld bitten.

Grand Central Market mit seinen Cafés, Restaurants und Marktständen ist für uns ein klein wenig wie Folter, weil wir nur Aromen und Eindrücke aufnehmen, aber nichts kaufen werden. Kein frittiertes Huhn, keinen veganen Burger, kein Sushi, kein Eis, ja nicht einmal eine Berliner Currywurst, die es hier im Brötchen mit Spiegelei und Senf gibt. Wir nehmen den Anblick und die Gerüche nur als Appetitanreger, denn uns wird schon bald für das halbe Geld beim Essen einer für Los Angeles typischen Spezialität das Wasser im Mund zusammenlaufen.

DER ÄLTESTE TEIL VON L.A.

Jetzt füllen wir aber erstmal am Trinkbrunnen neben den Toiletten unsere Wasserflasche auf und gehen gegenüber vom Markt ins **Bradbury Building** auf dem Broadway. Das fünfstöckige Gebäude aus Ziegeln, Sandstein und Terrakotta wurde 1893 im Auftrag von Lewis L. Bradbury gebaut, der Millionen mit Goldminen und Immobilienhandel gemacht hatte. Es ist eines der ältesten Gebäude der Stadt. Tageslicht fällt durchs Glasdach auf ein Atrium, polierte und reich verzierte Holztreppen, schmiedeeiserne Geländer und Fahrstühle. Weltweit berühmt wurde es als Filmkulisse unter anderem für »Blade Runner« und »Chinatown«. Besucherinnen und Besucher dürfen nur die Treppen bis zum ersten Stock nehmen. Fahrstühle und höhere Etagen bleiben den Mietern vorbehalten, unter anderen sind das die Polizei, eine Sightseeing-Gesellschaft und Bürogemeinschaften.

Aus der kühlen Luft gehen wir zurück auf den inzwischen vermutlich heißen Bürgersteig. Keine Angst – bis zum Stopp für eine Mittagspause ist es nicht mehr weit. In knapp 25 Minuten sind wir in der **Olvera Street**. Wo heute eine Fußgängerzone mit mexikanischen Restaurants und Souvenirbuden voller Día-de-los-Muertos-Kunst und -Kitsch Touristen anlockt, gründeten 1781 Siedlerinnen und Siedler mit Wurzeln in indigener, afrikanischer und europäischer Kultur »El Pueblo de Nuestra Señora la Reina de los Ángeles de Porciúncula«. Zweimal wurden ihre Häuser bei Überschwemmungen vom nahen Fluss weggespült.

> **HIGHLIGHT**
> **OLVERA STREET**
> Der älteste Teil von Los Angeles ist stark mexikanisch geprägt und erinnert daran, dass Kalifornien bis 1846 zu Mexiko gehörte.

Avila Adobe, das älteste noch erhaltene Lehmziegelgebäude, ist aus dem Jahr 1818. Es wurde im Stil eines einfachen Wohnhauses aus den 1840er-Jahren restauriert und kann täglich von 9 bis 16 Uhr besichtigt werden – kostenlos. Eine Tour durch die drei Zimmer dauert nicht länger als 20 Minuten. Der schattige, grüne Innenhof lädt danach zum Ausruhen ein. Wir gehen aber erst mal weiter zum versprochenen Spot fürs Mittagessen, denn inzwischen dürfte unser Magen knurren. Am Ende der Olvera Street liegt **Cielito Lindo,** ein mit bunten Schildern, Plastikgirlanden und Wandmalerei geschmücktes kleines Restaurant. Der Familienbetrieb serviert seit 1934 Taquitos – mit scharf gewürztem Rindfleisch gefüllte, eng gerollte und knusprig frittierte dünne Tortillas. Bestellt wird an der Theke. Warten in einer langen Schlange von Stammgästen gehört dabei zum Erlebnis. Mittags mischen sich hier Büroangestellte, Parkwächter, Richterinnen und Reinigungskräfte aus den Hochhäusern mit Obdachlosen, die ihre Cents für eine Mahlzeit zusammengekratzt haben.

Ein Taquito mit Avocadosauce gibt es bei Cielito Lindo für 2 Dollar. Drei Taquitos mit Bohnen und Reis kosten 9 Dollar. Für dasselbe

Geld können wir auch einen mit Fleisch, Bohnen und Reis prall gefüllten Burrito bekommen oder eine mit Fleisch gefüllte Paprika mit einer großzügigen Beilage von Bohnen und Reis. Ich empfehle die Taquito-Platte und dazu das morgens frisch zubereitete Cielito Lindo Aqua Fresca – ein mit Wasser verlängerter Saft aus Mandelmilch, Nelken und Tamarindenfrucht. Das kostet wie alle anderen Getränke 3 Dollar. Mit unserer leckeren Mahlzeit für rund 15 Dollar (12 Dollar plus Steuern plus Trinkgeld) setzen wir uns entweder in die kleine Sitzecke mit gekachelten Bänken, Holzstühlen und polierten runden Tischen oder auf eine Bank unter Bäumen in der Fußgängerzone. Ich ziehe Letzteres vor, weil man dort am besten das bunte Treiben beobachten, den vielen Sprachen der Touristen zuhören und die Aromen der Restaurants riechen kann.

ESPRESSO IM HAUPTBAHNHOF

Nach dieser ausgiebigen Pause gehen wir in knapp fünf Minuten den sanften Hügel hinunter zu einem Kultgebäude von Los Angeles: **Union Station**. Der Hauptbahnhof mit seiner architektonischen Mischung aus spanischem Kolonialstil und Art déco ist auch eine begehrte Filmkulisse, zum Beispiel für den Batman-Film »The Dark Knight Rises« und »Catch Me If You Can« mit Leonardo DiCaprio. 2021 wurden hier die Oscars verliehen. Der Wartesaal gleicht eher der Lobby eines Luxushotels als einer Bahnhofshalle.

Wir gönnen uns im **Traxx-Restaurant** einen Espresso für 3 Dollar inklusive Trinkgeld. Der hilft uns erstens beim Verdauen der Taquitos und erlaubt uns zweitens, ganz stilvoll am Tisch mit weißer Tischdecke zwischen riesigen Bogenfenstern, Kassettendecke und poliertem Marmorfußboden die Szene vor uns aufzunehmen: Pendler und Reisende, die in der Bahnhofshalle vorbeieilen oder sich beim Zwischenstopp in einem der riesigen Ledersessel ausruhen.

ZURÜCK NACH SANTA MONICA

Von hier aus gehen wir zu den Metrogleisen im hinteren Teil des Bahnhofs, entwerten unsere Tab-Karte und fahren zurück zum Pier von Santa Monica. Die Fahrt dauert mit einmal Umsteigen eine gute Stunde, und wir planen sie so, dass wir gegen 17 Uhr an der Endhaltestelle vier Blocks entfernt vom Pazifik ankommen. Von dort steuern wir nicht direkt zum Meer, sondern machen noch einen kleinen Abstecher nach links über die Autobahnbrücke vorbei am **Parkhaus** zu einem Sportplatz, an dessen Peripherie 2021 eine Gedenkstätte eröffnet wurde: **Historic Belmar Park**. Schilder erinnern seither daran, dass an dieser Stelle eine Gemeinschaft afroamerikanischer Familien florierte, bis das Viertel in den 1950er-Jahren dem Freeway zur Küste weichen musste. Gutachter schätzten den Wert der Grundstücke niedriger ein als die im Nachbarviertel und empfahlen deshalb, die Straße dort zu bauen. Die schwarzen Bewohner wurden enteignet und bekamen nur einen Bruchteil des Marktwertes ihrer Immobilien. Rassismus hatte seine Auswüchse auch in anderen Städten entlang der kalifornischen Küste, doch erst seit Kurzem bekommt dieser unrühmliche Teil der Geschichte des Golden State mehr Aufmerksamkeit.

Wir tauchen auf dem Weg zurück zum Pier noch weiter ein in die Vergangenheit – in die Zeit vor der Ankunft der spanischen Siedler und Missionare Mitte des 16. Jahrhunderts. Der 2013 eröffnete **Tongva Park** hat seinen Namen vom Stamm des indigenen Volkes, das Tausende Jahre auf dem Gebiet des heutigen Los Angeles lebte: die Gebrielino Tongva. Sie wurden von den Siedlern zur Arbeit beim Aufbau der Missionen gezwungen. Tausende starben dabei unter anderem an Krankheiten, die die Neuankömmlinge auf den Kontinent brachten.

Der Park ist noch immer ein Geheimtipp für Besucherinnen und Besucher, und so ist es leicht, zwischen seinen verschlungenen Wegen, Skulpturen, Spielplätzen, Brunnen, dürreresistenten Bäumen und Pflanzen eine Bank zu finden. Von hier sind es etwa 15 Minuten durch die Fußgängerzone auf der 3rd Street vorbei an Geschäften, Restaurants und Straßenmusikern zu dem Restaurant, in dem wir unser Abendessen holen: **Lemonade auf der Arizona Avenue.** Ich empfehle eine Poke Bowl für knapp 13 Dollar – eine Spezialität aus Hawaii, mit rohem Thunfisch, Ingwer und reichlich rohem Gemüse. Man kann sich aus dem großen Angebot an der Theke aber ohne Weiteres auch sein eigenes Sandwich oder einen Salat zusammenstellen. Mit einem Becher hausgemachter Limonade und Trinkgeld kostet das 19 Dollar.

Mit noch 4 Dollar in der Tasche und unserem Abendessen in einem Pappkarton gehen wir zum Strand, wo wir den Sonnenuntergang über dem Pazifik in seiner ganzen Pracht bestaunen können. Das Riesenrad am Pier ist inzwischen hell erleuchtet. *(Upgrade: Für elf Dollar kann man dem Tag mit einer Fahrt hoch über den Lichtern der Stadt einen krönenden Abschluss geben.)* Wir unternehmen einen ausgedehnten Bummel in der Menge, setzen uns auf eine Bank mit Blick aufs Meer und lassen die Abenteuer unseres Tages in Los Angeles mit einer Mini-Kugel Erdbeereis aus der Funnel Cake Factory ausklingen.

KASSENBON
1 $ ≈ 0,98 €

Kaffee bei Starbucks	3,50 $
Obst am Imbissstand Metro	5,00 $
Mittagessen im Cielito Lindo	5,50 $
Espresso im Traxx-Restaurant	15,00 $
Abendessen im Lemonade	3,00 $
Eis am Strand	19,00 $
	4,00 $
DOLLAR	55,00
≈ EURO	53,90 €

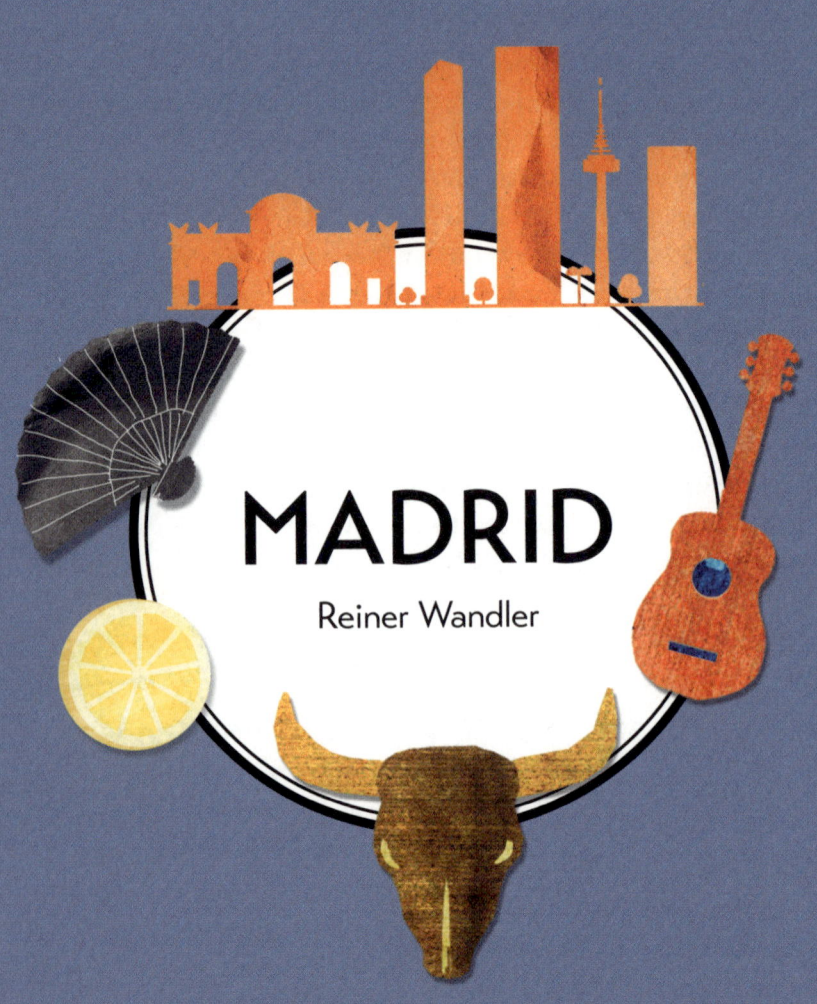

MADRID

Reiner Wandler

AUF DER SUCHE
NACH STADT UND MEER

Dort, wo sich die Wege kreuzen und wo das Meer nicht wahrnehmbar ist«, liegt Madrid, singt der Liedermacher Joaquín Sabina. Machen wir uns auf! Entdecken wir diese Stadt – vielleicht finden wir ja sogar das Meer. Und wo könnte ein solcher Tag gegen 9 Uhr besser beginnen als an der **Puerta del Sol** – dort, wo vor dem Gebäude, das heute die Regionalregierung beherbergt und das bis 1975 Folterkeller der Franco-Diktatur war, der Kilometer-Null-Punkt des sternförmigen spanischen Fernstraßennetzes ins Pflaster eingelassen ist?

Erst einmal wird gefrühstückt, und zwar die besten Napolitanas weit und breit. Dieses einheimische Schokocroissant – das es auch mit Pudding gefüllt gibt – wird in der **Cafeteria und Konditorei La Mallorquina** an der westlichen Stirnseite des Platzes angeboten. Wir steigen über eine Treppe hinter der Theke hinauf in den Saal, von dessen Fensterplätzen aus wir das rege Treiben auf dem Platz beobachten. Eine Napolitana und ein guter Milchkaffee kosten 3,50 Euro. Und wer »das Haus aus dem Fenster werfen« will, wie die Madrilenen angesichts übermäßiger Ausgaben zu sagen pflegen, der ergänzt das Ganze mit frisch gepresstem Orangensaft für dann insgesamt 6,50 Euro.

Wenn wir noch keine Tageskarte für Bus und U-Bahn haben, steigen wir erst einmal hinab in den **Bahnhof Sol** und ziehen uns eine Karte (8,40 Euro). Auch wenn es zu Fuß losgeht, werden wir sie später noch brauchen.

KURZER AUSFLUG IN DIE GESCHICHTE

Was ist Madrid? Eine der wohl treffendsten Antworten auf diese Frage stammt von Luis Martín-Santos, einem Schriftsteller aus den Jahrzehnten nach dem Spanischen Bürgerkrieg. Wenn er von Städten schreibt, »die so albern sind, denen es an historischer Substanz fehlt, die von willkürlichen Herrschern gebracht wurden und verwaltet werden, so kapriziös in die Wüsten gebaut, (…) so pompös in der Verteilung ihrer knausrigen Armut, so begünstigt durch einen herrlichen Himmel, der fast alle Fehler vergessen lässt …«, dann spricht er von Madrid, einer kleinen »Villa«, die am 13. Februar 1561 von Felipe II. zur Hauptstadt ernannt wurde – einzig und allein, weil er sein Reich vom exakten Mittelpunkt aus regieren wollte. Lange Jahre, so geht die Kunde, hofften die Bediensteten am Hof, dass dies nur eine vorübergehende Spinnerei des Monarchen sei und es bald zurück ins geschichtsträchtige Toledo ginge. Sie wurden enttäuscht.

Es ist nur noch wenig zu sehen von dem Madrid aus der Zeit, bevor der Hof hierher kam. Mayrit hieß der von den Mauren im 9. Jahrhundert gegründete Ort. Es war vor allem eine Festung, um Toledo gegen die christlichen Herrscher im Norden zu sichern. So mancher hier in der Altstadt unweit von Sol und Plaza Mayor hat Reste aus jenen Tagen im Keller. Es sind meist Stücke der einstigen Stadtmauer. Sie ist auch auf der Südseite der **Kathedrale La Almudena** im **Emir-Mohamed-Park** zu sehen. Dorthin gelangen wir über die Calle Mayor, die direkt an unserer Cafeteria beginnt.

> Madrid liegt auf 667 Meter Höhe, so hoch wie keine andere der großen Hauptstädte Europas. Bei Sonnenauf- und -untergang ist der Himmel weit und farbenprächtig. Ein Spaziergang, der auch aus den engen, geschichtsträchtigen Gassen der Altstadt hinausführt, bietet sich an, sodass der Blick schweifen kann.

Anschließend geht es einige hundert Meter zurück, bis wir rechter Hand den alten Rathausplatz, **Plaza de la Villa,** sehen. Hier befindet sich in der Nummer 3, der Real Academia de las Ciencias Morales, eines der am besten erhaltenen architektonischen Zeugnisse der Mauren, ein typisch arabischer Torbogen.

MAUREN UND HABSBURGER

Nun beginnt unser Morgenspaziergang durch das, was einst das maurische Madrid war und dann dem Madrid der Habsburger weichen musste. **Madrid de los Austrias** heißt dieser wohl schönste Teil der Altstadt, der dazu einlädt, sich in seinen Gässchen und Plätzen zu verlieren. Deshalb soll die hier beschriebene Route nur als Orientierung gelten – wer abschweifen will, wird dies sicher nicht bereuen.

Wir verlassen die Plaza de la Villa, wenige Meter vom Torbogen entfernt, durch eine Seitengasse mit dem Namen **Calle del Codo.** Auf dem Straßenschild ist ein Ellbogen in Ritterrüstung zu sehen. Überall hier in der Altstadt werden die Straßennamen bildlich dargestellt. Ein Brauch aus jenen Zeiten, als Lesen und Schreiben nur von wenigen beherrscht wurde. Die Calle del Codo geht in die Calle Puñonrostro über. Wir gelangen auf die Calle Cordón. Ein paar Meter nach rechts und dann links über Treppen hinunter bis auf eine der historischen Hauptstraßen Madrids, die **Calle Segovia.** Schräg gegenüber geht es die Costanilla de San Pedro hinauf. An der ersten Ecke finden wir die Kirche **San Pedro el Viejo** und damit ein zweites architektonisches Überbleibsel aus der arabischen Zeit Madrids, ein Fensterbogen im Kirchturm.

Wir biegen rechts ab in die Calle del Príncipe de Anglona und erreichen die Plaza de la Paja und rechts den unscheinbaren Eingang zu einem schönen Stadtgarten, dem **Jardín del Príncipe del Anglona.** Er gibt einen Eindruck davon, wie der Adel hier einst arabisches Erbe in die christliche Zeit hinübernahm. Über die Plaza de la Paja geht es hinauf bis zur Kirche San Andrés, der Plaza de los Carros und der anschließenden Plaza de San Andrés.

> **HIGHLIGHT**
> **MUSEO DE LA CALCOGRAFÍA**
> Im Museum befinden sich nicht nur Drucke von Goyas Kupferstichen zum Stierkampf, sondern auch die Druckplatten selbst.

Hier finden wir in der Nummer 2 das **Haus von San Isidro,** dem Stadtpatron Madrids. Ein Landarbeiter aus dem 12. Jahrhundert, als Madrid noch die kleine muslimische Siedlung mit Festung war. Das Haus beherbergt ein Museum über genau jene Zeit. Der Eintritt ist frei. Die Wunder, die San Isidro zum Heiligen werden ließen? Er fand mit seinem Stock Wasser.

Anschließend gehen wir schräg gegenüber auf die Cava Baja und überqueren nach einigen hundert Metern erneut die Calle Segovia. Dann geht es weiter geradeaus, bis zu einem riesigen Torbogen, dem Arco de Cuchilleros. Wir steigen die Treppen hinauf und erreichen die **Plaza Mayor.** Jetzt haben wir zwei Möglichkeiten: Entweder wir essen eine Kleinigkeit und gehen dann in eines der unbekannten und dennoch interessantesten Museen über den Maler Francisco Goya oder umgekehrt. Das hängt nicht zuletzt von der Uhrzeit ab. Denn das Museo de la Calcografía hat ab 14 Uhr Mittagspause. Um dorthin zu gelangen, geht es diagonal über die Plaza Mayor und dann ein paar Minuten weiter bis zur Puerta del Sol. Am nordöstlichen Ende verlässt die Calle Alcalá den Platz. Keine hundert Meter weiter ist rechts die **Real Academia de Bellas Artes de San Fernando,** in der sich auch das Kupferstichmuseum – **Museo de la Calcografía** – befindet. Der Eintritt ist frei, der zur Ausstellung in der Real Academia de Bellas Artes nicht. Deshalb geben wir am Eingang an, wohin es gehen soll.

Ach, jetzt hätten wir fast das Essen vergessen: Dort, wo wir über die Treppen auf die Plaza Mayor traten, gehen wir bis zur nächsten

Ecke weiter. Links verlässt die **Calle Ciudad Rodrigo** den Platz. In der Nummer 3 befindet sich die **Bar Casa Rua.** Ein echter Klassiker: Hier gibt die für Madrid so typischen Bocadillos de Calamares – Brot mit frittierten Calamari-Ringen. Eins kostet 3,40 Euro. Zusammen mit einem Getränk werden wir 6 Euro unseres Tagesbudgets los. Wer zuerst im Museum war, läuft die fünf Minuten zur Plaza Mayor zurück.

So gestärkt, bleibt gegen 14.30 Uhr die Frage nach dem Meer, das hier im unwirtlichen Zentrum der Iberischen Halbinsel so viele vermissen. Die Winter sind kalt, die Sommer sind viel zu heiß, und weit und breit gibt es kein nennenswertes Gewässer. Was also tun im brütend heißen Sommer? Ganz einfach: einen Ort suchen, an dem es hin und wieder etwas windet und von dem aus zumindest ein Horizont auszumachen ist. Der **Parque del Oeste,** der Westpark, ist dieser Ort.

Viele haben hier das Meer gesucht und manche auch gefunden. »Ich lebte in einem Stadtteil von Madrid mit Glocken, mit Uhren, mit Bäumen. Von dort aus sah man das trockene Antlitz Kastiliens, wie ein Ozean aus Leder«, schrieb der chilenische Dichter Pablo Neruda, der ab 1935 als Diplomat in Madrid lebte und unweit des Parks mit seinem Fernblick wohnte, der heute leider weitgehend von Vororten bestimmt wird. Um dorthin zu gelangen, nehmen wir in Sol die gelbe U-Bahnlinie 3 bis **Argüelles.** Zu Fuß geht es dann über die Calle Marqués de Urguijo zum **Paseo del Pintor Rosales,** der den Parque del Oeste gegen die Innenstadt abgrenzt.

Doch bevor wir uns im Schatten der Bäume entspannen, gönnen wir uns einen Blick auf die Stadt von außerhalb. Wir steigen in die Seilbahn zum einstigen königlichen Jagdrevier, der **Casa del Campo** (Hin- und Rückfahrt 6 Euro). Es geht über den Fluss Manzanares und dann über Wiesen und mediterrane Nadelwälder auf eine kleine Anhöhe. Die Stadt rückt immer weiter weg. Bis sie hinter uns auf der Terrasse liegt, die einst nach der Eiszeit der Fluss ins Hochland gegraben hat. Auf der anderen Seite angekommen, erreichen wir nach wenigen Metern den **Mirador** – einen Aussichtspunkt. Hier genießen wir das Panorama der vor uns liegenden Hauptstadt, bevor wir wieder zurückschweben in den Parque del Oeste.

PARQUE DEL OESTE – KRIEGE, ÄGYPTER, WIND

Der Literaturnobelpreisträger Neruda durfte den Blick hinaus aus der Stadt damals nur kurz genießen. 1936 brach der Spanische Bürgerkrieg aus. Neruda verließ das Land ein Jahr später, und die erst 30 Jahre zuvor von dem berühmten Architekten Cecilio Rodríguez auf einer Bauschutthalde gestalteten Grünflächen wurden völlig zerstört. Der Park wurde zur Front. Die republikanischen Kräfte verteidigten die verfassungsmäßige Ordnung und die Hauptstadt zwischen Bäumen, Quellen und künstlichen Bächen gegen die heranrückenden aufständischen Truppen unter der Führung des späteren Diktators Francisco Franco.

Längst ist der Parque del Oeste wieder eine Oase inmitten der Großstadt, eine Art Spiegelbild der grünen Täler der Sierra de Guadarrama, die mit ihren über 2400 Metern Höhe am Horizont zu sehen ist. Ein Bächlein plätschert, Quellen sprudeln, Bäume rauschen, und die Wege winden sich die Hügel hinauf und hinunter. Nur einige Bunker erinnern noch an den blutigen Bruderkonflikt, der einst Land und Park heimsuchte. Heute sind sie ein Biotop für alle möglichen Vögel. In einem kleinen Observatorium lernen die Großstadtkinder, was sie sonst nur aus dem Fernsehen und den Schulbüchern kennen.

Der Park ist voller Geschichte. In seinem unteren Teil liegt ein kleiner Friedhof, in dem die Opfer eines anderen Konflikts beerdigt sind: die Aufständischen, die sich am 2. Mai 1808 den Truppen Napoleons entgegenstellten und dafür – wie von Francisco de Goya verewigt – füsiliert wurden. Eben jener Goya, dem wir heute schon einmal begegnet sind, malte auch die Fresken in der kleinen Kirche **Ermita San Antonio de Florida**, die ganz am unteren Rand des Parks liegt (Eintritt frei).

Selbst die Ägypter sind hier vertreten. Nach dem Besuch in der Ermita laufen wir durch den **Rosengarten** hinauf zum **Tempel von Debod**, wo sich neben Touristen auch gerne Hochzeitspaare ablichten lassen. Das Gebäude aus gelbem Stein stammt aus dem 4. Jahrhundert vor Christus und wurde den Spaniern 1968 von der ägyptischen Regierung für die Hilfe beim Bau des Assuan-Staudamms geschenkt. Der Tempel wäre sonst in den Fluten versunken. Er wurde abgebaut und nach Madrid transportiert, wo er in neuer, alter Pracht entstand.

Der Sonnenuntergang wird hier mit Blick auf die Sierra zum Genuss, die Temperaturen sinken, der Wind frischt auf. Das Licht der tief stehenden Sonne, die Wolken ... das Meer der Madrilenen.

EINE AUSSERGEWÖHNLICHE MARKTHALLE

Doch nun ist es Zeit, ans Abendessen zu denken, das die Madrilenen üblicherweise ab 21 Uhr einnehmen. Wir schlendern hinüber zur **Plaza de España** und nehmen an deren südöstlicher Seite die Buslinie 148 nach **Callao,** nicht ohne zuvor den wohl bekanntesten Spaniern, Don Quijote und seinem treuen Gefährten Sancho Panza, sowie deren Schöpfer Miguel de Cervantes an der Säule mitten auf dem Platz einen Besuch abgestattet zu haben. Ein Fensterplatz im Bus lohnt sich, um die amerikanischste aller europäischen Straßen, die **Gran Vía**, zu genießen. Vor mehr als 100 Jahren wurde die Schneise mitten durch die Altstadt geschlagen. Die prunkvollsten Gebäude Madrids stehen hier. Darunter das der Telefongesellschaft Telefónica, bei der Fertigstellung 1929 mit seinen 89 Metern bis 1940 das höchste Gebäude Europas.

Wenige Meter von der Bushaltestelle entfernt geht es hinab in die U-Bahn und mit der gelben Linie 3 bis zur Haltestelle **Embajadores**. Wir gehen die Calle Embajadores hinauf. Nach zwei Blocks erreichen wir auf der rechten Seite die **Markthalle San Fernando**. Als Anfang der 2010er-Jahre in den Märkten Madrids immer mehr Stände leer standen, änderte die konservative Stadtverwaltung die Normen für Markthallen. Künftig durften nicht nur Lebensmittelhändler aufgenommen werden. Die Stadtverwaltung wollte damit erreichen, dass die Marktvereine große Supermarktketten zur Miete nahmen. Doch die Vollversammlung der Händler von San Fernando weigerte sich und suchte stattdessen nach Alternativlösungen. Junge Freiberufler mit Ideen wurden aufgenommen. Es war der Beginn einer der buntesten Markthallen in Madrid – ein Nebeneinander von Traditionellem und Neuem. Vom Obst- und Gemüsestand über Schneider und Buchladen bis zum Co-Working-Space und Kneipen gibt es hier alles.

Wo immer wir uns hinsetzen oder hinstellen, können wir Getränke bei einem Stand kaufen und das Essen bei einem anderen. Für Bier sei die zentral gelegene **Buena Pinta** mit ihrem reichhaltigen Angebot an Craft-Bieren aus spanischer Produktion empfohlen, dazu mexikanische, japanische, italienische, griechische Gerichte oder einfach spanische Raciones ... hier gibt es für jeden Geschmack etwas. Wenn ich richtig mitgerechnet habe, bleiben uns noch circa 23 Euro. Dann mal Prost und einen guten Appetit. Wir haben es uns verdient.

KASSENBON

Frühstück im La Mallorquina	6,50 €
Tagesticket U-Bahn und Bus	8,40 €
Bocadillo zum Mittagessen	6,00 €
Seilbahn zur Casa del Campo	6,00 €
Abendessen im Mercado San Fernando	23,00 €
EURO	**49,90**

MADRID

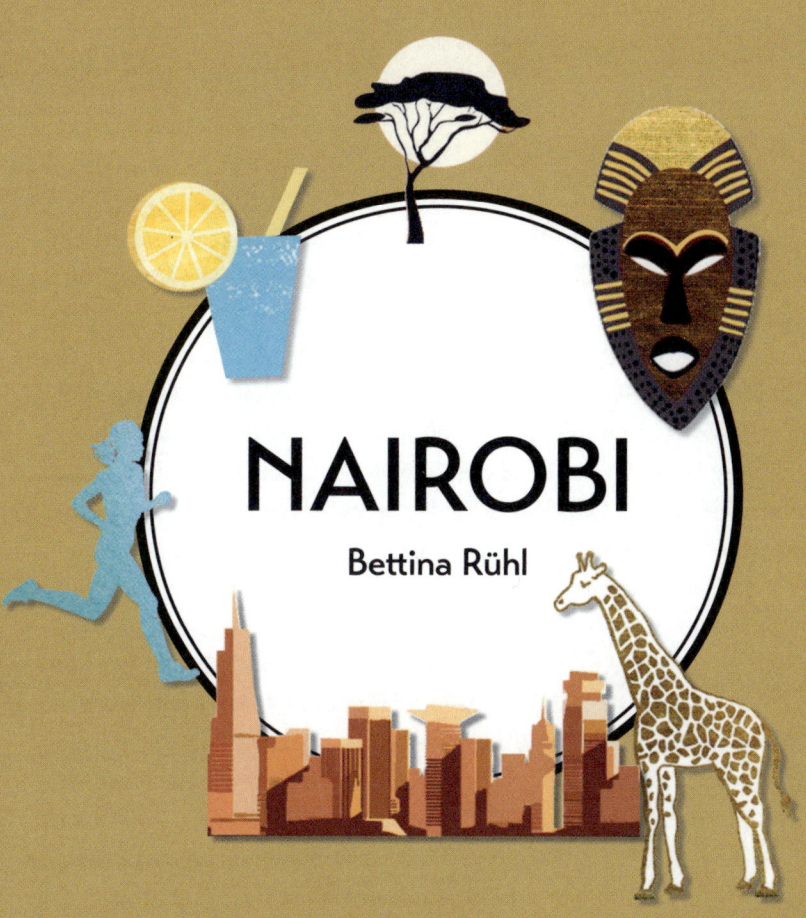

NAIROBI

Bettina Rühl

VIELE WELTEN IN EINER

Vielleicht werden Sie in **Westlands** wach, einem Viertel der kenianischen Mittelschicht. Morgens und abends sind Joggerinnen und Spaziergänger mit ihren Hunden unterwegs. Ein für afrikanische Städte eher ungewohntes Bild: Wer anderswo zu Fuß geht, kann sich in der Regel kein Transportmittel leisten, wer Geld hat, ist mit einem möglichst großen Auto unterwegs. In Westlands geht die Mittelschicht aus reiner Freude an der Bewegung auf die Straße, auch das muss man sich leisten können. Die Umgebung lädt zum Spazieren ein, Häuser aus der britischen Kolonialzeit säumen die Straßen.

In den vergangenen Jahren sind allerdings etliche der ursprünglichen, meist nur zweistöckigen Gebäude modernen Wohn- und Bürotürmen gewichen. Auf den verbliebenen alten Grundstücken wachsen hohe Bäume, darunter violett und pink blühende Jacarandas. Über die Mauern wuchern Bougainvilleen, hier und da stehen Bananenstauden und Palmen. In Nairobi ist es dafür gerade warm genug: Die Fünf-Millionen-Metropole liegt rund 1700 Meter über dem Meer, das Klima ist das ganze Jahr über angenehm. Dazu passt der ursprüngliche Name *enkare nyrobi*, »Stadt des kühlen Wassers«. So nannten die Massai, die ursprünglich hier lebten, den Ort, den später die britischen Kolonialherren vereinnahmten.

Seit einiger Zeit ist der Fahrdienstleister Uber in Nairobi zu einem wichtigen Fortbewegungsmittel geworden. Die App lässt sich auf dem

Handy leicht installieren. Für 410 kenianische Shilling (etwa 3,40 Euro; 100 Shilling ≈ 0,82 €), fahren Sie von Westlands bis zur **Adams Arcade,** einer der vielen Shopping-Malls von Nairobi. Das Einkaufszentrum ist Ausgangspunkt für eine Tour durch das angrenzende Stadtviertel **Kibera.** Der Name ist abgeleitet von *kibra,* »Dschungel«. Gemeint ist ein Dschungel aus Gassen und Wellblechhütten, er liegt etwa sieben Kilometer vom Stadtzentrum entfernt. **Freddy Otieno,** der vor vielen Jahren aus seinem Heimatdorf nach Kibera gezogen ist, verabredet sich gerne mit Besuchern und führt sie herum, 2500 Shilling kostet das pro Person. Kibera ist das, was gemeinhin ein Slum genannt wird, und gilt mit seinen geschätzt 500 000 bis 700 000 Bewohnern als einer der größten von Nairobi. Slumtouren sind nicht unumstritten, vor allem, wenn große Gruppen von Touristen durch die Viertel geführt werden und die Bewohnerinnen und Bewohner sich fühlen müssen wie Tiere im Zoo. Andererseits leben zwei Drittel der Hauptstadtbewohner in solchen Vierteln, sie sind Teil der hiesigen Realität. Und wenn eine Gruppe aus ein oder zwei Menschen besteht, die mit einem Bewohner durch das Viertel ziehen, ist der Eindruck laut Freddy Otieno ein anderer.

Im begrünten Innenhof von Adams Arcade können wir vor der Tour frühstücken. Im **Java** gibt es exzellenten Cappuccino für 240 Shilling, dazu zwei Eier mit Toast für 390 Shilling.

Freddy kommt Punkt 9 Uhr morgens: breites Lächeln, Schiebermütze, roter Hoodie, Jeans. Anfangs führt der Weg mit ihm durch einen riesigen Gebrauchtkleidermarkt, den **Toi Market.** Händlerinnen und Händler haben ihre Ware auf hölzernen Verkaufs-

> Die Tour gibt eine Ahnung von der Vielfalt, die Nairobi prägt: Extravaganter Reichtum, geordnete Mittelschicht und Kreativität im täglichen Überlebenskampf liegen nur ein paar Schritte voneinander entfernt. Die Kontraste schaffen Probleme, setzen aber auch Energien frei.

tischen ausgelegt und an Streben aufgehängt: Von Slippern über BHs und Sportbekleidung bis zur Kopfbedeckung gibt es hier tausendfach alles, was sich anziehen lässt. Auch viele Europäer, die in Nairobi leben, stocken hier ihre Garderobe auf, für umgerechnet ein paar Eurocent. Von dem Gebrauchtkleidungsmarkt unter freiem Himmel geht der Markt nahtlos in einen überdachten Bereich über. An kleinen Ständen bieten dort Händlerinnen und Händler frische Karotten neben Unterwäsche, Küchengeräten, Schmuck und noch mehr Kleidung.

RUNDGANG DURCH KIBERA

Dahinter beginnt die Straße der Handwerker und Ladeninhaberinnen. Hier gibt es Copyshops und kleine Läden, in denen man sein Handy laden lassen kann – die meisten Bewohnerinnen von Kibera haben zu Hause keinen Strom. In den Apotheken werden auch traditionelle Wirkstoffe angeboten. Freddy erzählt, dass es anfangs bei einigen Bewohnern Widerstand gegen seine Rundtouren gab. Das habe sich geändert, denn viele sähen nun einen Vorteil: Von dem Geld, das Freddy einnimmt, gibt er 40 Prozent an die Initiativen weiter, die er seinen Besucherinnen und Besuchern zeigt. Dazu gehört der Kunsthandwerkbetrieb **Victorious Craft Group**, in dem Männer und Frauen aus Horn, Knochen und anderen Fundstücken Schmuck herstellen. Der nächste Stopp ist die **Women Power Group**, die Kleidung, Taschen und ebenfalls Schmuck produziert. Dafür machen die Frauen aus Altpapier »Perlen«. Alle Mitglieder der Gruppe sind HIV-positiv, sie haben sich ursprünglich zusammengetan, um etwas gegen die Vorbehalte zu tun, die ihnen in Kibera entgegenschlugen. Anfangs seien sie von Haus zu Haus gegangen und hätten darüber aufgeklärt, wie HIV/Aids übertragen wird, erzählt **Elisabeth Akinyi**. Das habe geholfen,

»jetzt fühlen wir uns hier von allen akzeptiert«. Nachdem sie ihr erstes Ziel erreicht hatten, steckten sie sich das nächste: ihr Einkommen zu verbessern. Neuerdings haben sie sich einige Hühner angeschafft, um durch den Verkauf der Eier zusätzliches Geld zu verdienen. Freddy führt auch zu einer Biogasanlage, die an eins der acht öffentlichen Waschhäuser in Kibera angeschlossen ist. Dort werden menschliche Fäkalien in Energie verwandelt. Im Ergebnis sind die Duschen warm und die Gassen sauberer.

Schließlich führt die Tour zu einem winzigen Klassenraum. Die Schule ist ebenfalls eine Initiative der Bewohner des Viertels. Denn die staatlichen Schulen sind überfüllt und für die Kinder von hier weit entfernt. Gerade wird angebaut, vier neue Klassenräume entstehen. Die Bildung ihrer Kinder ist den Eltern in Kibera wichtig, sie sehen darin den Schlüssel zu einem anderen Leben. Zum Abschluss lädt Freddy zu sich nach Hause ein, er teilt sich die Hütte mit dreien seiner Brüder. Für die Verhältnisse in Kibera bewohnen sie ein Luxusappartement: mit Platz für Sofa, Couchtisch und zwei Sessel, außerdem das Bett und einen Gaskocher, das Ganze für 50 Dollar im Monat. Die billigsten Unterkünfte in Kibera kosten ein Zehntel davon. Freddy hätte gerne Mathematik studiert und hatte sich auch für ein Studium qualifiziert. Nach kurzer Zeit musste er abbrechen, um Geld zu verdienen. So wie ihm geht es vielen hier: ein gut situiertes, bürgerliches Leben ist zum Greifen nah, bleibt aber trotzdem unerreichbar, weil jede staatliche Unterstützung fehlt.

Die Gespräche mit den Bewohnerinnen und Bewohnern von Kibera machen die Tour besonders. Zu denen, die mit ihrer Ausstrahlung beeindrucken, gehört der Schreiner **Chris Kwada**. Der 45-Jährige betreibt seine Werkstatt direkt hinter dem Markt. Der mit Wellblech gedeckte Raum ist groß genug für einige Werkzeugmaschinen, an denen Chris' Gehilfen arbeiten. Dass Freddy Besucher durch die Gassen von

Kibera führt, stört den Schreiner nicht, er habe nicht das Gefühl, dass seine Armut zur Schau gestellt werde. »Ich bin nicht arm«, sagt Kwada. »Ich habe Hände zum Arbeiten und verdiene mein Geld.« Er konnte alle seine Kinder zur Schule schicken, einige studieren.

IM ZENTRUM DER HAUPTSTADT

Da es inzwischen halb eins ist und wir in der Innenstadt etwas essen wollen, machen wir uns auf den Weg. Von Kibera aus geht es für 30 Shilling mit dem Matatu in die Innenstadt. Matatus sind die Kleinbusse, die einem »öffentlichen« Verkehrsangebot in Nairobi noch am nächsten kommen, allerdings privat betrieben werden. Die besseren Busse haben WLAN und Fernsehbildschirm, sind aber ebenso mit Passagieren vollgepackt wie die älteren Modelle. Am Kibera Drive, dem wichtigsten Haltepunkt im Slum, rufen Assistenten der Fahrer die jeweiligen Streckenziele möglichst lautstark aus. Die Fahrt mit einem der Kleinbusse ist ein Spektakel, das die 30 Shilling mehr als wert ist. In der Innenstadt steigen wir an der Koinange Street aus und gehen erst einmal Mittag essen – gut drei Stunden hat die morgendliche Tour gedauert, bei weniger Fragen wäre es schneller gegangen.

Die Innenstadt von Nairobi ist die Welt der Banker, Anwältinnen, Angestellten. Im Restaurant **Hot Dishes** in der **Koinange Street** machen viele ihre Mittagspause, fast alle Plätze auf den beiden Ebenen sind belegt. Wir sind zu zweit und finden einen freien Tisch. Durch die große Glasfront des Restaurants gucken wir auf die Geschäftigkeit draußen und den allgegenwärtigen Verkehr. Wir bestellen Ziegencurry mit einer Beilage unserer Wahl inklusive einem Glas Saft für 500 Shilling. Viele Kenianerinnen und Kenianer lieben Fleisch; *buzi*, also Ziege, gehört zu den nationalen Favoriten. An Beilagen können wir wählen zwischen dem typischen Maisbrei Ugali, dem ursprünglich indischen Fladenbrot Chapati und Reis. An einigen Nebentischen erledigen einige Gäste während der recht kurzen Wartezeit aufs Essen noch schnell etwas auf ihren Laptops.

Nach dem Essen gehen wir zu Fuß zum eigentlichen **Stadtzentrum**, das sich auf einem Gebiet von nur vier Quadratkilometern erstreckt. Nicht zufällig liegt es in der Nähe des alten Bahnhofs: Das heutige Nairobi entstand mit dem Bau einer Eisenbahn. Die Imperial British East Africa Company (IBEA) hatte 1886 im Küstenort Mombasa mit dem Bau der Uganda Railway begonnen. Die Strecke sollte den Indischen Ozean mit dem Viktoriasee verbinden. Auf halber Strecke zwischen der Küste und dem Zielort Kisumu legten die Briten am Nairobi River ein Versorgungscamp für die Eisenbahnarbeiter an. Daraus entstand die heutige Metropole. 1905 wurde Nairobi zur Hauptstadt des damaligen Protektorats Britisch-Ostafrika erklärt und ersetzte die bisherige Hauptstadt Mombasa.

Auf dem Weg von der Koinange Street Richtung Bahnhof nehmen wir den Weg über den **City Hall Way**. Hier befindet sich die **Holy Family Cathedral**. Ein Vorgängerbau wurde 1960 durch den heutigen Bau ersetzt. Daneben steht die **City Hall**, das 1934 im neoklassizistischen Stil erbaute Rathaus. 2004 wurde es durch einen Brand beschädigt. Gegenüber auf dem City Square erinnert ein Bronzedenkmal an Jomo Kenyatta, den ersten Präsidenten Kenias nach der Unabhängigkeit von Großbritannien 1963. Am Ende des City Hall Way geht es nach rechts auf die **Moi Avenue**. Dort, wo sie die Haile Selassie Avenue kreuzt, stand früher die US-amerikanische Botschaft. Heute befindet sich dort eine Gedenkstätte für die Anschläge des 7. August 1998 auf die US-Botschaften in Nairobi und Dar es Salaam im benachbarten Tansania. Allein in Nairobi starben 218 Menschen, darunter zwölf Amerikaner, etwa 4500 Menschen wurden verletzt.

Der Eintritt in den **Memorial Park** kostet 30 Shilling, der Besuch des Museums auf dem Gelände weitere 150 Shilling. Es ist halb vier, wir haben noch ausreichend Zeit. Im Inneren veranschaulichen Fotos von den beiden Anschlägen das Ausmaß dieser ersten Gewalttaten, die dem Al-Qaida-Netzwerk zugeschrieben werden. Wer möchte, kann einen Film sehen, in dem Überlebende viel Raum bekommen. Er ist sehenswert, trotz der schlechten Tonqualität. Das Museum hat jeden Tag von 6 bis 18 Uhr geöffnet.

ALTE SCHIENEN, NEUE KUNST

Wir gehen die letzten Meter bis zum alten Bahnhof, der immer noch in Betrieb ist. Hier fahren einige regionale Züge ab. Eine Besichtigung ist allerdings überraschend schwierig: Der Bahnhof darf nur mit einem Fahrschein betreten werden. Schließlich dürfen wir doch einen Blick in die alte Bahnhofshalle werfen, die sehr sauber und sehr aufgeräumt ist, offenbar wollten die Angestellten den weißen Neugierigen einen Gefallen tun. Der Hauptschienenverkehr läuft seit 2017 über eine neu gebaute Eisenbahnstrecke, die im Unterschied zu der alten eine normale Spurbreite hat; die Spur der alten Uganda-Bahn ist besonders schmal. Die neue Bahn hält östlich vor der Stadt, in der Nähe des internationalen Jomo-Kenyatta-Flughafens.

Vom Bahnhof aus fahren wir mit dem Uber für 310 Shilling nach **Kileleshwa**, ein anderes Viertel der kenianischen Mittelschicht. Am Likoni Close hat das Künstlerkollektiv **Kuona Artists Collective** Ateliers und Ausstellungsräume. Eine kunstliebende Hausbesitzerin hat ihr großes Grundstück samt dem ehemaligen Wohnhaus für die Kunstschaffenden geöffnet. Wir kommen gegen 18.30 Uhr an. Bis das Gelände des Kollektivs um 20 Uhr schließt, bleibt uns also für den

Rundgang noch Zeit. Die Künstlerinnen und Künstler haben sich ihre Ateliers in Containern eingerichtet, die in dem großen Garten stehen. Ihre Türen stehen Besuchern immer offen, die kreative Gelassenheit hat einen ganz besonderen Charme. Viele der Bildhauerinnen, Maler und Grafikerinnen haben sich längst weit über Nairobi und Kenia hinaus einen Namen gemacht. Der Multimedia-Künstler **Dennis Muraguri** zum Beispiel, in dessen Werk die Matatus im Zentrum stehen, als Schlüssel zur Auseinandersetzung mit der urbanen kenianischen Kultur. Oder der Bildhauer **Meshak Oiro,** der mit Holz und Metall arbeitet.

Mit dem Uber geht es für 310 Shilling zurück nach **Westlands.** Von unserem Geld haben wir noch 1130 Shilling zum Essen übrig. Das reicht für ein Schlemmermahl im Restaurant **The BigFish** in der Church Road. In dem ansprechenden, holzvertäfelten Innenraum gibt es nur Tilapia, den aber in unterschiedlicher Zubereitung. Er gilt als der beste der Stadt. Für 720 Shilling wird ein großer, frittierter Fisch mit Ugali, Gemüse und Kachumbari serviert, einem Salat aus gehackten Tomaten, Zwiebeln und Chilischoten. Ein frischer Obstsaft kostet 240 Shilling, für 60 Shilling gibt noch ein Mineralwasser dazu. Mit diesem typisch kenianischen Abendessen geht unsere Tour zu Ende.

> **HIGHLIGHT**
>
> **KUONA ARTISTS COLLECTIVE**
>
> Nairobi hat eine lebendige Kunstszene, die Ateliers des Kuona-Künstlerkollektivs geben davon eine erste Vorstellung.

KASSENBON
100 Shilling ≈ 0,82 €

Fahrten mit Uber und Matatu	1.060 KES
Stadtführung von Freddy Otieno	2.500 KES
Frühstück in Adams Arcade	630 KES
Mittagessen im Hot Dishes	500 KES
Eintritt Memorial Park und Museum	180 KES
Abendessen in The BigFish	1.020 KES
SHILLING	**5.890**
≈ EURO	**48,30**

WELTREISE AUF
87 QUADRATKILOMETERN

Wenn die USA das Land der unbegrenzten Möglichkeiten sind, dann meint diese Bezeichnung eigentlich New York City. Das würde zumindest jeder waschechte New Yorker mit einem gesunden Schuss New Yorker Selbstbewusstsein so unterschreiben. Wer New York besucht, dem steht alles offen – oder er hat die Qual der Wahl, je nach Betrachtungsweise. In unserem Fall wird diese Qual durch das 50-Euro-Limit allerdings erheblich gelindert. Unser Tagesprogramm hat es trotzdem in sich, also ziehen Sie sich bequeme Schuhe an.

Wir starten zunächst ganz gemütlich mit einer Bootsfahrt. Dazu müssen Sie wahrscheinlich erst einmal U-Bahn fahren, und zwar mit der roten Linie 1 zur Endhaltestelle **South Ferry** an der Südspitze Manhattans. Leider gibt es im New Yorker U-Bahn-System aus unerfindlichen Gründen keine Tageskarten. Wenn Sie gerne Fahrrad fahren, dann ziehen Sie sich am Automaten in Ihrer nächstgelegenen Subway-Station also einfach eine Einzelfahrt für 3 Dollar. Wenn nicht, dann entscheiden Sie sich für eine aufladbare Metro-Card für 1 Dollar und laden für den ganzen Tag 22 Dollar drauf. Das entspricht jeweils fast der gleichen Summe in Euro (1 \$ ≈ 0,98 €).

An der Haltestelle South Ferry angekommen, folgen Sie den Schildern zur **Staten Island Ferry**. Der Ausgang spuckt Sie direkt vor dem gläsernen Fährterminal aus. Drinnen führt die Rolltreppe in den weitläufigen Wartesaal, von dem aus Sie das Anlegemanöver der mächtigen orangefarbenen Schiffe der Fährlinie verfolgen können. Wenn viel los ist, sollten Sie sich aber lieber schon mal anstellen. Wir wollen ja einen guten Platz auf dem Boot bekommen, und zwar auf dem Oberdeck auf der rechten Seite. Die Hinfahrt dauert rund 25 Minuten und ist kostenlos. Wenn wir das Schiff um 8 Uhr morgens nehmen, verpassen wir auf der Rückfahrt gerade noch die Berufspendler, die jeden Morgen von Staten Island (mit kurzem »ä« gesprochen) nach Manhattan strömen.

Auf dem Boot holen wir uns einen Kaffee und ein Gebäck nach Wahl und rechnen dafür mit rund 5 Dollar. Dann geht es los. Erst beobachten wir, wie die Wolkenkratzer von Lower Manhattan immer kleiner werden, und dann kommt auch schon das wahrscheinlich bekannteste Wahrzeichen New Yorks in den Blick, die **Freiheitsstatue**. Klar, die Touristenboote würden uns ein wenig näher an die alte Dame heranbringen, aber dafür müssten wir auch 25 Dollar berappen, die heben wir uns lieber für später auf. In **Staten Island** angekommen, verlieren wir keine Zeit und stellen uns gleich wieder für die Rückfahrt um 9 Uhr an. Staten Island ist das Stiefkind unter den fünf New Yorker Stadtbezirken. Kein New Yorker, der nicht von hier ist, legt Wert darauf, sich hier lange aufzuhalten. Auf der Rückfahrt suchen wir uns einen Platz vorne im Boot, der ideale Fleck für Selfies mit der New Yorker Skyline im Hintergrund.

WALL STREET UND ONE WORLD TRADE CENTER

Wieder an Land, mischen wir uns unter die Banker Lower Manhattans auf ihrem Weg zur Arbeit. Einen Block vom Fährterminal entfernt beginnt die **Broad Street**. Die führt uns geradewegs zum Schaltzentrum der internationalen Finanzwelt, der **New York Stock Exchange**. Im 17. Jahrhundert, als New York noch ein niederländischer Außen-

> Noch vor 20 Jahren wäre es undenkbar gewesen: Man kann heute Manhattan mit dem Fahrrad erkunden. Und statt teure Hafenrundfahrten zu buchen, nehmen wir einfach die Fähren des öffentlichen Nahverkehrs, um New York vom Wasser aus zu sehen.

posten für den Pelzhandel war und New Amsterdam hieß (siehe Seite 16), stand hier die Stadtmauer, oder vielmehr eine Holzpalisade, zur Verteidigung gegen amerikanische Ureinwohner. Gehandelt wurde auf der **Wall Street** auch damals schon, neben Aktien und Schuldscheinen vor allem auch Sklaven. Sie ist damit auch ein Mahnmal dafür, dass die Sklaverei nicht nur eine Schande der Südstaaten war. Ein Umstand, über den viele New Yorker bis heute nicht gerne reden.

Gegenüber der New York Stock Exchange steht heute das **Federal Hall National Monument,** der Geburtsort der amerikanischen Unabhängigkeitsbewegung und der erste Regierungssitz der Vereinigten Staaten. George Washington, Amerikas erster Präsident, wurde auf dem Balkon der Federal Hall vereidigt.

Für uns geht es im Zickzack weiter Richtung Nordwesten durch die Hochhausschluchten, vorbei an der **Trinity Church** zum **9/11-Memorial** und dem **One World Trade Center,** dem höchsten Gebäude Manhattans. Bis zum 11. September 2001 standen hier die Zwillingstürme des World Trade Center, bis dahin das unverkennbare Wahrzeichen der New Yorker Skyline. An jenem sonnigen Vormittag steuerten Terroristen zwei entführte Linienflugzeuge in die beiden Türme und brachten sie zum Einsturz. 2763 Menschen wurden direkt in den Tod gerissen. Heute klaffen zwei tiefe quadratische Löcher dort, wo einst die Türme standen. In einem nie endenden Strom läuft Wasser die Seitenwände hinunter und sammelt sich unten in riesigen Becken. In die umgebende Brüstung sind die Namen all derer eingraviert, die ihr Leben verloren an jenem Tag, der die Stadt und die Welt für immer veränderte.

Bevor wir weiterziehen, werfen wir noch einen Blick in den **Oculus** direkt neben dem 9/11-Memorial, von außen zu erkennen an weit ausladenden, gebogenen weißen Streben. Ineinander verschränkt, sollen sie die Schwingen des Phönix symbolisieren, der aus der Asche steigt. Innen ist das extravagante Gebäude des spanischen Stararchitekten Santiago Calatrava eine Bahnhofshalle und ein Einkaufszentrum.

Wir müssen uns jetzt entscheiden, wie wir weiter durch die Stadt kommen wollen. Ich schlage vor, wir nehmen uns ein Fahrrad. Überall in der Stadt gibt es Bike-Sharing-Stationen, wo man Räder unkompliziert entnehmen und wieder abgeben kann. So sind wir flexibel und sehen unterwegs etwas von der Stadt. Wer sich dafür nicht erwärmen kann, kann die Tour natürlich auch mit der U-Bahn machen.

CHINATOWN UND LITTLE ITALY

Wenn Sie lieber U-Bahn fahren, dann folgen Sie jetzt den Schildern zu den grünen U-Bahn-Linien 4, 5 und 6. Sie fahren in Richtung Uptown zwei Stationen bis zur Haltestelle Canal Street. Wenn Fahrradfahren Ihr Ding ist, dann verlassen Sie den Bahnhof und gehen zur **Fahrradstation an der Ecke Church Street und Vesey Street**. Dort kaufen Sie sich mit Ihrer Kreditkarte einen Tagespass für 15 Dollar. Damit können Sie innerhalb von 24 Stunden so oft Sie wollen ein Fahrrad entnehmen. Aber Vorsicht: Jede einzelne Fahrt darf nur 30 Minuten lang sein, danach kostet es extra. Das ist aber kein Problem – wenn wir länger fahren wollen, geben wir das Fahrrad vor Ablauf der halben Stunde an einer Station ab und entnehmen es sofort wieder.

Mit dem Rad fahren wir Richtung Nordosten, vielleicht 10 Minuten bis zur **Ecke St. James und Oliver Street**. Dort geben wir das Rad ab. Passen Sie auf, dass beim Abgeben das grüne Licht leuchtet, damit die

Fahrt auch wirklich beendet ist! Noch ein Wort zum Straßenverkehr: Es gibt in New York immer mehr Fahrradspuren. Die sind aber leider nicht selten vom Lieferverkehr zugeparkt. Und achten Sie besonders auf abbiegende Fahrzeuge! Viele New Yorker haben nämlich den Sinn der Außenspiegel an ihren Fahrzeugen offenbar noch nicht erkannt.

Gefühlt verlassen wir jetzt für kurze Zeit die USA, tauchen ein in den Zauber des Fernen Ostens: Es geht nach **Chinatown**. U-Bahnfahrer gehen dafür die Canal Street nach Westen und biegen nach rechts in die Mulberry Street ein. Radfahrer überqueren den Chatham Square und spazieren, von Süden kommend, die Mott Street hinauf, hinein in ein Gewirr von kleinen Straßen voller Straßenhändler, Geschäfte, Apotheken mit traditioneller chinesischer Medizin und Restaurants. Es ist eine der ältesten chinesischen Enklaven in den USA mit Wurzeln, die bis in die Mitte des 19. Jahrhunderts zurückreichen. Damals war Chinatown ein Zufluchtsort für chinesische Einwanderer, die aus dem Westen der USA vertrieben wurden, heute ist eine der letzten Arbeitergegenden Manhattans durch Immobilieninvestoren bedroht.

Unser Ziel ist 26 Pell Street, das **Mee Sum Café**. Es ist eher unscheinbar, aber sobald wir eintreten, haben wir das Gefühl, wir könnten genauso gut in Hongkong sein. Wenige Touristen werden sich hierher verirren. Wir setzen uns entweder an die schlichte Theke oder an einen der Tische im hinteren Teil und bestellen uns ein paar Dim-Sum-Häppchen. Inklusive Trinkgeld bekommen wir für rund 6,50 Dollar einen leckeren kleinen Energieschub.

Zu Fuß geht es weiter die Mulberry Street Richtung Norden. Jenseits der Canal Street sind wir schon mittendrin in **Little Italy**. Irgendwo hier muss das Attentat auf den Mafiaboss Don Corleone aus dem Filmklassiker »Der Pate« verübt worden sein, schauen Sie sich mal um. An der Broome Street biegen wir links ab, überqueren die Lafayette Street und den Broadway: Nun sind wir in **SoHo** mit seinen gusseisernen Häuserfassaden samt den typischen New Yorker Feuerleitern. SoHo (das Kürzel steht für »South of Houston Street«) hat viele Inkarnationen hinter sich, heute beheimatet es vor allem allerlei Luxusboutiquen internationaler Modelabels. Für uns ideal zum Windowshoppen. Ein Ticket für eines von New Yorks Kunstmuseen können wir uns leider nicht leisten, aber der Eintritt zu den vielen Galerien, etwa am West Broadway zwischen Spring Street und Houston Street, ist umsonst. Vielleicht entdecken Sie ja hier den nächsten Andy Warhol?

(Upgrade: Wenn Sie doch ein echtes Kunstmuseum besuchen wollen, bietet sich auf unserer Tour das Whitney Museum of American Art an (99 Gansevoort Street). Es bietet eine exquisite Auswahl moderner und zeitgenössischer amerikanischer Kunst. Der Eintritt kostet 25 Dollar, es sei denn, Sie gehen freitags zwischen 19 und 22 Uhr hin, dann ist der Eintritt nach Belieben, aber Sie müssen sich vorher online anmelden.)

MITTAGESSEN UNTER MUSIKLEGENDEN

Musikfans aufgepasst, denn jetzt betreten wir heiligen Boden. Nördlich der Houston Street erstreckt sich **Greenwich Village**. Jeder Quadratmeter hier ist gepflastert mit Musikgeschichte. Bob Dylan und Jimi Hendrix, John Lennon, Buddy Holly und Taylor Swift sind nur einige von denen, die hier gelebt und gespielt haben. Wenn Sie Lust haben, werfen Sie einen Blick ins **Bitter End** oder um die Ecke ins **Cafe Wha?**. Von Janis Joplin über Billy Joel bis hin zu Lady Gaga werden Sie kaum eine Musikikone finden, die in diesen Clubs nicht aufgetreten ist. Direkt neben dem Cafe Wha? holen wir uns zum Mittagessen bei **Mamoun's** (119 McDougal Street) ein Falafel-Sandwich für 5 Dollar.

(Upgrade: 6,50 Dollar ist teuer für eine Kugel Eis, aber bei Morgenstern's an der Ecke Houston Street und LaGuardia Place lohnt es sich.

Sie haben die Auswahl aus über 50 Eissorten, darunter ausgefallene Kreationen wie Honig-Lavendel-Pfirsich oder Olivenöl-Schokolade-Aubergine.)

> **HIGHLIGHT**
> **LITTLE ISLAND**
> Auf 132 Betonstelzen erhebt sich die künstliche Insel über den Hudson River und bietet einen tollen Blick auf die Wolkenkratzer von Lower Manhattan.

Und damit setzen Sie sich dann in den **Washington Square Park.** Wenn es in New York einen Volkspark gibt, dann diesen. Egal ob Straßenmusikanten oder TikTok-Flashmobs: Hier, direkt neben der New York University, ist immer was los.

Jetzt nehmen wir uns wieder ein Fahrrad (die CitiBike-App verrät Ihnen, wo die nächste Station ist) und mäandern in westlicher Richtung (zum Beispiel entlang der **Christopher Street,** Geburtsort der gleichnamigen jährlichen LGBTQI+-Parade) zum **Hudson River.** Den fahren wir Richtung Norden entlang bis zur 14th Street (Ecke 14th Street und 10th Ave. geben wir das Rad ab). U-Bahn-Fahrer steigen bei der Station West 4th Street in die blaue Linie A, C oder E Richtung Uptown und steigen an der 14th Street aus.

Wir sind in **Chelsea.** Die einstigen Lagerhallen und Fabriken der Gegend sind inzwischen zu teuren Lofts, Büros und edlen Geschäften umgebaut. Nach einem kleinen Abstecher in den **Chelsea Market** an der 15th Street zwischen 9th und 10th Ave. gehen wir zum Ufer des Hudson River. Auf Höhe der 13th Street ragt hier New Yorks vielleicht eigentümlichster Park aus dem Wasser, mit 260 Millionen Dollar Baukosten wohl auch einer der teuersten: **Little Island.** Hier ruhen wir uns mit Blick auf die Hochhäuser Manhattans ein bisschen aus. Der Eintritt ist frei, nur in den Sommermonaten muss man sich vorher online kostenlos anmelden.

Im Wasser neben Little Island stecken noch alte Holzpfähle im Flussbett. Auf ihnen ruhte Anfang des 20. Jahrhunderts der Pier 54 der White Star Lines. Hier hätte einst die Titanic anlegen sollen. Stattdessen gingen am 18. April 1912 hier 710 Menschen an Land, die den Untergang des »unsinkbaren« Luxusliners überlebt hatten.

DURCH DEN CENTRAL PARK NACH HARLEM

Wir steigen an der Ecke 14th Street und 10th Ave. die Stufen zur **High Line** hinauf. Die ehemalige Hochtrasse der New York Central Railroad ist heute eine zum Park umgestaltete Flaniermeile. Auf der Höhe des zweiten Stocks spazieren wir über die Straßen des ehemaligen Schlachthofviertels von Manhattan, links und rechts flankiert von neuen, luxuriösen Apartmentgebäuden. Und wenn die Vorhänge nicht zugezogen sind, dann können Sie einen Blick in das Wohn- oder Schlafzimmer einer der Zigmillionen Dollar teuren Wohnungen erhaschen. Die High Line endet in **Hudson Yards** mit seinen Stahl- und Glashochhäusern, einem der jüngsten neu entwickelten Stadtteile New Yorks.

Von hier aus nehmen wir wieder ein Fahrrad oder die U-Bahnlinie 7 zum **Times Square** (42nd Street und Broadway). Genießen Sie das bunte Treiben und die weltberühmten Leuchtreklamen. Hier schlägt heute das Herz des Theater District, des **Broadway.** Und den radeln oder gehen Sie jetzt auch entlang Richtung Norden bis zur Südostecke des **Central Park.**

Die Radfahrer können jetzt gemütlich durch den ganzen Park bis ans Nordende fahren. Für die anderen gibt es entlang der Westseite immer wieder U-Bahn-Stationen. Gehen Sie, so weit Sie mögen, und steigen dann ein. Das Ziel ist für alle das gleiche: die Haltestelle 125th Street Ecke St. Nicholas Ave. (die Radstationen sind jeweils einen Block nördlich und südlich der U-Bahn). Wir sind in **Harlem,** der Hochburg afroamerikanischer Kultur im 20. Jahrhundert.

NEW YORK

Wir spazieren die 125th Street Richtung Osten entlang, die Hauptschlagader Harlems. In den frühen Abendstunden spüren Sie hier eine ganz eigene Energie, zwischen den Geschäften und Straßenhändlern und dem Hip-Hop, der aus den Boom-Boxen dröhnt. Auf der linken Seite ist das berühmte **Apollo Theater**. Legendäre Karrieren wie die von Michael Jackson, Stevie Wonder oder Dionne Warwick nahmen hier ihren Anfang. Im **Tropical Grill** an der Ecke 127th und Adam Clayton Powell Jr. Blvd. holen wir uns unser Abendessen Dominican Style, z.B. gebratenes Hühnchen mit Reis und Bohnen für 8 Dollar.

So gestärkt, machen wir uns auf die letzte Etappe des Tages. Mit dem Rad fahren wir zur 89th Street und York Ave. auf der Westseite Manhattans. U-Bahn-Fahrer gehen auf der 125th Street Richtung Osten bis zur Lexington Ave. Da steigen Sie in die Bahn nach Downtown und fahren bis zur 86th Street. Unser Ziel ist die **Bootspier am östlichen Ende der 90th Street**. Unter der Woche geht die letzte Fähre der Soundview-Linie um 20.30 Uhr, am Wochenende um 22.15 Uhr (aber schauen Sie vorsichtshalber noch mal nach), die Fahrt kostet 2,75 Dollar. Sie steigen in das Boot Richtung Wall St./Pier 11, jetzt heißt es nur noch zurücklehnen, vorzugsweise auf dem Oberdeck, und die Stadt an sich vorüberziehen lassen. Es geht den East River entlang, vorbei an der Upper East Side, Roosevelt Island, dem Gebäude der Vereinten Nationen, dem Empire State Building, der Brooklyn Bridge. Die Sonne geht hinter der bekanntesten Kulisse der Welt unter, besser wird's nicht.

KASSENBON
1 $ ≈ 0,98 €

Subway-Ticket	3,00 $
Frühstück	5,00 $
Mietfahrrad	15,00 $
Dim Sum in Chinatown	6,50 $
Falafel-Sandwich in Greenwich Village	5,00 $
Abendessen vom Tropical Grill	8,00 $
Fähre im East River	2,75 $
DOLLAR	45,25
EURO	44,35

PARIS
Barbara Markert

FLÂNERIE DURCH ZEIT UND RAUM

Der typische Pariser, so das Klischee, trägt immer ein Baguette unter dem Arm. Das Bild ist nicht ganz von der Hand zu weisen, aber wenn man schon von typischen pariserischen Verhaltensweisen spricht, so kommt man um eine nicht herum: das Flanieren. Schon Victor Hugo schrieb in seinem Meisterwerk »Les Misérables«: »Irren ist menschlich, flanieren ist pariserisch.« Tatsächlich ist ein Großteil der französischen Hauptstadt darauf angelegt, dieser ganz besonderen Art des Spaziergangs zu frönen. Der Flaneur hat nicht unbedingt ein Ziel vor Augen. Er lässt sich treiben, nimmt Umwege in Kauf, verliert sich mit Freude und aus Neugierde in kleinen Gassen und dunklen Passagen. Die Franzosen sagen, ein Flaneur habe eine »elegante Seele«. Denn er hat es weder eilig, noch hat er die Qual der Wahl, sondern überlässt die Wahl der Route seiner Laune.

Kaum woanders kann man besser flanieren als im Herzen von Paris. Und das schlägt nicht, wie viele Touristen denken, auf den Champs-Elysées. Und auch nicht in der Rive Gauche, wo die Römer einst die Stadt gründeten. Als im 13. Jahrhundert Paris zum ersten Mal Hauptstadt Frankreichs wurde und zu einer der größten europäischen Städte des Mittelalters aufstieg, spielte sich das Leben vor allem in den – heute als »Paris Centre« bezeichneten – Stadt-Arrondissements 1 bis 4 ab. Wer noch einen betagten Paris-Stadtplan zu Hause liegen hat, kann die alten Grenzen erkennen. Seit 2020 sind diese vier Viertel zusammengefasst mit einer Grenze, die ungefähr dort verläuft, wo im 14. Jahrhundert Charles V. die Stadtmauer errichten ließ. Ein Viertel entwickelte sich damals besonders stark, das trockengelegte Sumpfgebiet **Le Marais**. Und genau hier beginnen wir unsere »Flânerie« mit einem Frühstück, direkt vor dem Wohnhaus von Victor Hugo.

Der berühmte Schriftsteller residierte an der **Place des Vosges**, dem ältesten Platz der Stadt, der auch zu den schönsten gehört. Das architektonisch geschlossene Ensemble mit herrschaftlichen Gebäuden aus rotem Ziegelstein und sehr vielen Dachgauben ist ein Hafen der Ruhe im quirligen Viertel. Für das Frühstück gibt es zwei Möglichkeiten: entweder im **Café Mulot**, das sich direkt hinter der schweren Eichentür der Maison de Victor Hugo verbirgt und mit einer angenehmen Terrasse aufwartet (Espresso: 2,80 Euro, Viennoiserie: 1,50 Euro), oder direkt am Platz mit einem Frühstück to go. Das holt man am besten bei der veganen **Bäckerei Land & Monkeys** in der Rue de Turenne 2, zu der man – ganz im Stil der Flaneure – durch die geheime Passage des **Hôtel de Sully** kommt. Nie war Brötchenholen pittoresker! Gehzeit auf direktem Weg (ohne Flanierpausen): rund 3 Minuten, Frühstück aus Croissant und Espresso to go: 3 Euro.

Zurück an der Place des Vosges sind die besten Plätze die unter den schattigen Bäumen, mit Blick auf die Wasser sprühenden Brunnen und das Baumrondell mit der Statue von Louis XIII. Einfach hinsetzen und das Pariser Leben genießen: Kleinkinder klettern am Spielplatz im Park, Anwohner führen ihre Hunde aus, Influencer schießen Selfies, und ein paar Zuspät-

> Königliche Bauten, Museen, Shopping-Tempel und eine reiche Geschichte: Am rechten Seine-Ufer von Paris erzählen Gebäude, Plätze und Straßen von den wichtigsten Ereignissen und innerstädtischen Debatten der Hauptstadt. Ein Erlebnisrundgang vom Mittelalter bis zu unseren heutigen Tagen.

kommer eilen in die angrenzenden Kunstgalerien und Modeateliers.

Bevor man sich wieder auf den Weg macht, füllt man – wie die Einheimischen – seine mitgebrachte Wasserflasche noch schnell an einem der vielen Wasserspender. Das Trinkwasser hat keine Evian-Qualität, aber ist durchaus schmackhaft.

STREIFZUG DURCH DIE PARISER HISTORIE

Nach dem Frühstück stehen zwei Kulturinstitutionen zur Wahl: **Maison Victor Hugo** (Eintritt frei) oder **Musée Carnavalet** (Eintritt auch frei). Um ehrlich zu sein: Das nach Jahren des Umbaus und der Renovierung im Mai 2021 wieder eröffnete Museum ist ein Muss, denn es erlaubt ein Flanieren in der Zeit. In dem prachtvollen Hôtel Particulier aus dem 16. Jahrhundert, das der Stadtrenovierer Baron Haussmann drei Jahrhunderte später zum Museum für die Stadtgeschichte auserkor, kann man eine Zeitreise von der Prähistorie bis zum Brand der Kathedrale Notre Dame machen. Aber Vorsicht: Bei 3900 Quadratmetern und 3800 Ausstellungsstücken kann man sich im wahrsten Sinne des Wortes in irgendeinem Jahrhundert verlieren.

Eine Vorauswahl ist angebracht. Nicht verpassen sollte man jedoch die schmucken Eisenschilder der Zünfte und das Modell des mittelalterlichen Paris im Erdgeschoss, die nachgebauten Räume der früheren Bewohnerin Madame de Sévigné, die üppigen Wandtäfelungen der Säle Bouvier und des Hôtel Colbert de Villacerf sowie die Kunst des Architekten Nicolas Ledoux aus dem 18. Jahrhundert.

Danach durchschreitet man einmal die Französische Revolution bis zur Zeit Napoleons, um sich dann langsam der für Paris wichtigen Belle Époque zu nähern, zum Beispiel mit Möbeln und Objekten Marcel Prousts. Spätestens hier kapituliert die Konzentrationsfähigkeit. Doch es lohnt sich noch ein kleiner Abstecher zum Ex-Präsidenten und Porschefahrer Georges Pompidou, der 1967 Stadtautobahnen plante, von denen glücklicherweise nur eine realisiert wurde, die – wie wir noch feststellen werden – heute ganz anders aussieht. Aber dazu später mehr.

Einmal aus dem Museum heraus, muss man sich erstmal von der Informationsfülle erholen. Wie gut, dass gleich um die Ecke zwei der rechteckigen Mini-Parkflächen, genannt »Squares« liegen: **Square Léopold Achille** und gleich daneben **Square George-Cain**. Letzterer wird auch als Friedhof des gerade besuchten Museums tituliert – nicht weil dort die früheren Direktoren begraben liegen, sondern weil hier die ausrangierten Steine abgelegt werden. Unter anderem eine recht ansehnliche Stuckdecke aus dem Rathaus, Säulen aus den Tuilerien und eine Bronzestatue aus Saint-Cloud. Hat man den Kopf wieder frei, knurrt spätestens jetzt der Magen.

Nun ist der Flaneur erneut vor die Wahl gestellt: Vom Park aus gesehen rechts geht es gen Norden in die Rue Charlot Nummer 26 zum Sandwichkönig des Viertels, **Alain Miam Miam**. Der Inhaber heißt mit echtem Namen Alain Roussel, ist Mitte 60, Ex-Psychotherapeut, Öko und bekannt für seine monströs-großen Sandwiches, die er danach toastet. Preis: ab 11 Euro. Bei dieser Wahl entfernt man sich etwas von den zukünftigen Zwischenzielen, aber der kulinarische Umweg lohnt sich.

Alle anderen, die weniger laufen wollen, biegen links ab und bewegen sich ins Epizentrum des jüdischen Viertels, in die **Rue des Rosiers** zu den zahlreichen und sehr beliebten Falafel-Buden. Diese heißen alle irgendwie gleich, haben die gleichen Preise (8 bis 12 Euro) und ungefähr das gleiche Angebot. Man nimmt am besten den mit der längsten oder, je nach Hunger, mit der kürzesten Schlange. Bitte nicht vor Ort essen, denn hinter der Hausnummer 10 versteckt sich der **Jardin des**

Rosiers-Joseph-Migneret. Ein geheimer Garten mit langem Namen, aber ein Ort der stillen Ecken und der Ruhe.

SCHNELLSTRASSE, STRAND, FLANIERMEILE

Danach gibt es die freie Wahl der Route bis zur aktuell beliebtesten Flaniermeile der Pariser: der alten Stadtautobahn **Voie Georges-Pompidou,** direkt am rechten Seine-Ufer. Hier brausten rund 50 Jahre lang ununterbrochen Autos quer durch die Stadt. Nur im Hochsommer mussten die Raser ihre 13 Kilometer lange Rennstrecke für *Paris Plage* abtreten, das Strandfestival zur Ferienzeit. 2016 sollte die Schnellstraße dann per Dekret geschlossen werden, doch die Idee endete im Streit. Es wurde diskutiert und prozessiert. Zwischenzeitlich waren Fahrradwege auf einer Fahrspur installiert worden, doch die gegnerischen Parteien gaben weiter keine Ruhe. Erst im Juni 2019 fiel die richterliche Entscheidung. Da hatten Fußgänger, Skateboarder, Rollerskater und Fahrradfahrer die Schnellstraße längst annektiert. Heute ist dort so viel Verkehr wie früher, nur eben der anderen Art: Buden und Restaurants säumen die Panoramastrecke direkt am Wasser, die vorbei an den schönsten Brücken der Stadt führt und einen herrlichen Ausblick auf die Monumente der anderen Uferseite bietet, der Rive Gauche. Kinderspielplätze, Kletterparcours und Trimm-Dich-Geräte laden zum Spielen und Sporteln ein. Besonders beliebt ist die Schaukel direkt gegenüber der **Île de la Cité,** auf der man immer die berühmte Kirche **Notre-Dame** im Blick hat. Die Kathedrale ist seit dem tragischen Brand 2019 noch immer im Wiederaufbau und kann noch nicht wieder besichtigt werden.

An der Uferstraße flaniert man so lange, wie man will. Nach ein paar Kilometern taucht in der Ferne sogar den **Eiffelturm** auf. Wer aber

> **HIGHLIGHT**
>
> **LA SAMARITAINE**
> Das prunkvolle Kaufhaus ist nicht nur ein Shoppingtempel, sondern auch ein architektonisches Juwel des Art nouveau.

keine Lust mehr hat, nimmt eine der vielen Treppenaufgänge oder Auffahrten zurück in die Stadt. Zur Orientierung eignen sich die Brücken. Hat man die Fußgängerbrücke **Pont des Arts** passiert, gut erkennbar an ihrer metallischen Struktur, ist man auf Höhe des **Louvre**. Die Abzweigung am **Pont Neuf** zu nehmen, der ältesten Brücke von Paris, erbaut im 16. Jahrhundert und heute UNESCO-Weltkulturerbe, ist für alle sinnvoll, die sich für die Kaufhauskultur von Paris interessieren. Denn direkt beim Aufgang thront **La Samaritaine**. Es dürfte bereits 16 Uhr sein, wenn wir dort ankommen.

Das 150 Jahre alte Kaufhaus im Art-nouveau-Stil wurde erst im Sommer 2021 wiedereröffnet – nach einer 15 Jahre dauernden Renovierung mit Baustopps, Denkmalschutz-Auflagen und Strategiewechseln in der Nutzung. Der Besuch lohnt sich aus vielerlei Gründen, ist vor allem aber auch historisch und architektonisch hochinteressant.

Die Pariser Kultur der Kaufhäuser entstand parallel zur Umgestaltung der Stadt durch Baron Haussmann. Seine breiten Boulevards machten das Flanieren erst richtig hoffähig, der Spaziergang wurde mit den Freuden des Einkaufens verbunden. Émile Zola umschrieb die *Grands Magasins,* wie Kaufhäuser in Frankreich heißen, als die »Kathedralen des Handels« und das »Glück der Damen«.

Anfang des 20. Jahrhunderts gab es in Paris ein Dutzend davon, heute sind noch fünf übrig. Darunter eben La Samaritaine mit seinem unglaublichen Treppenhaus aus einer mit Blattgold verzierten Brüstung und den original-historischen Eichenstufen sowie einer Fassade aus bunten Emailles, die sich über eine Fläche von 40 Quadratmetern ausbreitet. Auf der Nordseite bricht das Haus mit seiner dekorativen Historie: Ein hochmoderner Neubau an der Rue de Rivoli überrascht mit einer welligen Glasfassade, konzipiert vom japanischen Architekturbüro und Pritzker-Prize-Gewinner Sanaa.

DIE WECHSELVOLLE GESCHICHTE DES PALAIS ROYAL

Wer exakt hier aus dem La Samaritaine heraustritt, muss beim Überqueren der **Rue de Rivoli** aufpassen. Nirgendwo schlägt sich die jüngste Verkehrspolitik der Stadtverwaltung »weg vom Auto und hin zu alternativen Verkehrsmitteln« stärker nieder als in dieser Straße. Einst dreispurig, wurde die wichtige Ost-West-Verbindung während der Lockdowns der Pandemie nahezu komplett für die Nutzung privater Automobile und Motorräder gesperrt. Heute teilen sich die öffentlichen Busse die Fahrspuren mit Radlern und E-Roller-Fahrern, die sich nur mäßig um rote Ampeln scheren.

Auf eigenen Wegen flaniert es sich von hier in rund 15 bis 30 Minuten bis zum **Jardin du Palais Royal,** wo eine Kaffeepause eingelegt werden kann. In der etwas versteckten Gartenanlage wohnten einst Könige, die Schriftstellerin Colette und der Maler Jean Cocteau, vergnügte sich das Volk, trafen sich Revolutionäre, dann Gauner, heute Fashion Victims und Ruhesuchende.

Das **Palais Royal** ist einer der zauberhaftesten Orte der Stadt, aber auch ein Ort mit bewegter Historie. Erbaut im 17. Jahrhundert von Kardinal Richelieu, fiel es nach dessen Tod dem König zu. Daher der royale Name. Ab Mitte des 18. Jahrhunderts galt das Ensemble als »Hauptstadt in der Hauptstadt«. In den neu geschaffenen Galerien installierten sich Straßencafés, im ersten Zwischengeschoss Spielhöllen, im Garten ein Zirkus für das Volk, Prostituierte gab es zuhauf. Der königlichen Wache war der Zugang verwehrt, und so wurde das Palais Royal zum Treffpunkt der politischen Gegner und Revolutionäre.

Am 12. Juli 1789 stieg hier der Pariser Anwalt Camille Desmoulins, angefeuert von einer aufgebrachten Menge, auf den Tisch eines Cafés und rief das Volk zum Widerstand auf: »Aux armes! An die Waffen!« Er riss ein Blatt von einem nahe stehenden Baum, heftete es sich an den Hut, und mit dieser Kokarde ging es zum Sturm auf die Bastille. So nahm die Französische Revolution ihren Anfang im Palais Royal, konkret in der Galerie de Montpensier Nummer 59–69.

Ein bisschen vorher, bei Nummer 51, kann man heute im angesagten **Café Kitsuné** einen Cappuccino (4,50 Euro) und einen Keks (4 Euro) auf die Revolution verzehren. Der Service ist pariserisch, will heißen entweder sehr charmant oder äußerst unfreundlich, aber der Kaffee ist wirklich gut – wenn auch im Pappbecher serviert. Vor dem Café stehen ein paar Tische im Schatten, aber man kann auch die paar Meter zum Brunnen laufen, von wo sich bestens das Getümmel im Garten beobachten lässt. Tipp für Kinder: Gleich nebenan ist auf den 260 schwarz-weiß gestreiften Säulen des zeitgenössischen Künstlers Daniel Buren Klettern, Hüpfen und Springen ausdrücklich erlaubt.

Je nach Uhrzeit flaniert man nun gleich zum Abendessen oder noch zu einem Apéro mit Rundumblick über die Stadt. Ein echter Insider-Tipp dafür ist die nicht weit entfernte **Dachterrasse des Kaufhauses Le Printemps** am Boulevard Haussmann. Sie hat bis 20 Uhr geöffnet und garantiert einen Blick auf Eiffelturm und Sonnenuntergang. Ein Glas Bier kostet 7 Euro, ein kleines Glas Wein 6 Euro. Beides ist angesichts der tollen Aussicht noch ein akzeptabler Preis.

Das Flanieren nimmt hier, im siebten Stock, ein erschöpftes Ende. Zum Abendessen fährt man besser mit der Métro Linie 9, die direkt vor dem Kaufhaus in nur drei Stationen bis zu den **Grands Boulevards** saust (Einzelticket: 1,90 Euro). Von dort schaffen es selbst die müdesten Beine noch bis zum **Restaurant Bouillon Chartier,** das nur wenige Schritte entfernt in der Rue du Faubourg Montmartre Nummer 7 liegt.

FLOTT DURCHGEFÜTTERT

Diese *brasserie parisienne* wurde 1896 eröffnet und gilt als Urgestein eines populären Restaurants. Das Dekor aus Marmor, Spiegeln, buntem Stuck und dunkler Holztäfelung ist denkmalgeschützt, dazwischen stehen unzählige Tische mit roten Tischdecken und einer ebenso schmückenden wie schützenden Lage aus weißem Papier. Im Chartier ist es immer voll. Vorab reservieren kann man nicht. Kaum sitzt man, wirbelt auch schon ein Ober in langer weißer Schürze herbei und nimmt die Bestellung auf. Effizienz wird großgeschrieben: Das Essen, alles typische Pariser Gerichte wie Würstchen mit Sauerkraut, Bouletten, gegrilltes Hühnchen, Kalbskopf oder Enten-Confit, kommt schneller, als man an seinem Weinglas nippen kann. Die Karte für Vegetarier ist mager und wartet mit »englischen Bohnen und Kartoffeln« oder »provenzalischen Champignons« auf. Dafür ist die Dessertauswahl wieder sehenswert. Das Ambiente ist laut und quirlig, für 20 Euro bekommt man Hauptspeise, Nachspeise und ein Glas Wein. Kaum ist der Teller leer gegessen, wird sofort abgeräumt und abkassiert. Das Chartier ist kein Ort zum Verweilen und daher eigentlich ein No-Go für echte Flaneure. Aber flaniert wurde heute schon genug, und diese theatralische Hektik ist nicht nur amüsant, sondern auch irgendwie typisch für Paris. So wie das Baguette unter dem Arm.

KASSENBON

Frühstück an der Place des Vosges	4,30 €
Sandwich oder Falafel zu Mittag	12,00 €
Kaffeepause	8,50 €
Getränk auf der Dachterrasse	6,00 €
Metroticket	1,90 €
Abendessen im Bouillon Chartier	20,00 €
EURO	**52,70**

DIE HIPPEN SEITEN
DER GOLDENEN STADT

Wo anders in Prag sollte man den Tag beginnen als dort, wo schon seit dem frühen Morgen die Marktleute ihr Gemüse verkaufen? Und gut frühstücken müssen wir auf jeden Fall, denn der Tag, der vor uns liegt, wird anstrengend. Er wird uns nicht in das legendäre Goldene Prag führen, das so oft besucht, besungen und beschrieben worden ist, dass die Schönheiten allmählich wie Stein gewordene Klischees wirken. Nein, es soll eine Tour werden durch das junge und dynamische Prag: durch die Stadt, die voller Hipster, Gründer und coolem Leben steckt, wie man es aus den langen Schatten von Prager Burg und Karlsbrücke heraus nicht so ohne Weiteres erkennt.

Der Markt also: Er wird aufgebaut an dem Platz mit dem zungenbrecherischsten Namen von ganz Prag. **Jiřího z Poděbrad** heißt er und liegt inmitten des Stadtviertels **Vinohrady** – ein Viertel voller herrlicher Gründerzeitbauten, das trotzdem vom Tourismus weitgehend verschont geblieben ist. Von Mittwoch bis Samstag sind hier die Marktstände aufgebaut, und den besten Blick auf die Gemüsefrauen, Blumenverkäufer und Fleischergesellen haben Sie vom **Café Le Caveau** aus, das liegt nämlich direkt neben den Marktständen (nám. Jiřího z Poděbrad 9).

Seien Sie gleich um 9 Uhr hier, wenn das Café aufmacht; dann kriegen Sie noch einen Platz und haben die volle Auswahl von allem, was die Bäcker und Konditoren über Nacht zubereitet haben: Das frische

Baguette ist das beste von Prag, und das große Omelett bildet eine vernünftige Grundlage für die bevorstehenden Mühen. Rechnen Sie mit 200 Kronen für das Frühstück mit Kaffee, das entspricht gut 8 Euro (100 Kronen ≈ 4,07 €).

Nun aber los: Kaufen Sie sich in der U-Bahn-Station eine Tageskarte für den Nahverkehr (120 Kronen) und stecken Sie sie gut ein, Sie werden sie erst später brauchen. Und dann schauen Sie in die **Kirche des heiligsten Herzen Jesu,** die unübersehbar mitten auf dem Platz steht: Mit ihrer Backsteinfassade fällt sie gleich auf, und obwohl sie von außen schon etwas ganz Besonderes ist, ist sie von innen erst richtig spektakulär. Von 1928 bis 1932 wurde sie gebaut, die Pläne stammten von dem slowenischen Architekten Jože Plečnik – und immer wieder wird sie als Kandidatin für den UNESCO-Weltkulturerbestatus gehandelt.

RADFAHREN IN PRAG – NICHT ÜBLICH, ABER PRAKTISCH

Jetzt wird erstmal die App von Rekola installiert, das ist eine junge Bikesharing-Firma, deren Räder Sie entweder mittels App finden oder auch mittels Spähblick vor der Cafétür, denn sie sind in leuchtendem Lila lackiert und damit so gut wie unübersehbar. Leihen Sie sich ein Rad aus, am besten für drei Stunden (180 Kronen). Wir werden einen weiten Bogen um die Altstadt mit ihrem Kopfsteinpflaster und den gedrängt vollen Gassen schlagen, stattdessen soll es da hingehen, wo man in Prag vernünftig radeln kann.

Sie werden sehen: Viele Radler gibt's nicht, denn wer hier mitten in der Stadt auf zwei Rädern unterwegs ist, wird immer noch als Exot betrachtet – das Ideal der autogerechten Stadt, das in Deutschland schon seit Jahrzehnten passé ist, halten die Prager immer noch hoch. Dass man selbst in breiten Einbahnstraßen mit dem Rad in die Gegenrichtung fahren darf, ist die große Ausnahme, und während sich die Stadtverwaltung damit rühmt, von Jahr zu Jahr mehr Kilometer an Radwegen zu erstellen, wissen die erfahrenen Radler natürlich, wie dieser vermeintliche Rekord aussieht: Radwege sind es, die ein paar hundert Meter lang auf Straßen gepinselt werden, solange diese breit genug sind – sobald es aber enger wird oder eine Kreuzung kommt, hören sie unvermittelt auf. Besser ist die Situation in jenen Stadtvierteln, wo besonders viele junge Leute leben und arbeiten, wo die hippen Geschäfte sind – und da fahren wir jetzt hin.

> So sehenswert Karlsbrücke und Burg auch sind: Es gibt auch ein hochmodernes Prag, und das ist genauso attraktiv wie die berühmten UNESCO-Stätten. Eine Tour durch die Stadt der jungen Tschechen, zu kulinarischen und kulturellen Genüssen – und zum besten Platz für ein Feierabend-Bier.

DER ŽIŽKOV-TUNNEL

Vom Platz Jiřího z Poděbrad geht es ein paar Meter die Straße Laubová entlang, dann biegen wir nach rechts in die Ondričková ab. Die geht herrlich bergab, wir fahren bis zur ersten Ampel und überqueren die Kreuzung geradeaus. Zweite Straße rechts, dann nehmen wir die Jeseniova-Straße ein paar hundert Meter geradeaus. Am Ende biegen wir nach links ab. Augen auf! Nach ein paar Häusern kommt rechts der Eingang in einen unscheinbaren Tunnel. Der ist in mehrfacher Hinsicht rekordverdächtig: Erstens ist er 303 Meter lang, zweitens ist er nur für Radler und Fußgänger geöffnet, drittens liegt mittendrin eine unscheinbare Stahltür, die zu einem gewaltigen Atombunker führt (finden Sie den Eingang?), viertens verläuft der Tunnel steil bergab. Und fünftens kommen wir unten in einem ganz neuen Stadtviertel heraus, in einer ganz anderen Welt als hier am oberen Ende. Bereit für die Schussfahrt?

Während Sie sich am unteren Ende des Tunnels immer geradeaus halten, vorbei an einer U-Bahn-Station, per Ampel über eine vierspurige Straße und bis hin zum Ufer der Moldau, kommt hier die kurze Einführung in das Viertel **Karlín**, in dem wir gelandet sind: Früher war es das Armenviertel Prags, geprägt von Mietshäusern für Arbeiter und vielen Roma, bis hier im Jahr 2002 beim riesigen Moldau-Hochwasser alles absoff, teils bis in die oberen Stockwerke. Danach entdeckten Hipster das Viertel, und findige Immobilienentwickler folgten ihnen. Alte Industriebrachen wurden in Lofts umgewandelt, die ersten Altbauten komplett renoviert, die leer stehenden Ladenlokale lockten experimentierfreudige Bistrogründer und Künstler an. Sehen Sie am Ufer die riesigen Bürogebäude, die kilometerweit die Straßenfronten säumen? Das alles ist nach dem Hochwasser entstanden.

Reihenweise siedelten sich junge Firmen an, Technologieunternehmen aus den USA eröffneten hier ihre Europa-Dependancen, tschechische Start-ups und Unternehmensberater mieteten sich ein. Auf dem Weg runter an die Moldau können Sie ruhig hier und da vom Weg abweichen, in die Innenhöfe schauen, vor den Bistros den appetitlichen Duft vom Mittagessen schnuppern, das gerade zubereitet wird (Hunger können Sie eigentlich noch gar nicht haben, es ist also recht gefahrlos). Moderne Glas- und Stahlfassaden ragen hier neben unrenovierten Mietshäusern auf, der silbern glänzende Streetfood-Truck steht neben der Metzgerei mit ihrer sozialistischen Anmutung, in deren Schaufenster noch Schweinehälften hängen.

Und schauen Sie beim Platz **Karlinské náměstí** vorbei, das ist ein kleiner Abstecher nach links: Hier, bei der alten Backsteinkirche, liegt das gewachsene Zentrum des Stadtviertels. Und wenn Sie gleich nach dem Tunnel rechts abbiegen, kommen Sie nach ein paar Metern zum

Forum Karlín (Pernerova 51). Das ist so etwas wie die Essenz des Viertels: eine alte Industriebrache, die ein spanischer Stararchitekt in die Gegenwart überführt hat. Ein großes tschechisches Medienunternehmen hat hier seinen Sitz, ein Reihe von Start-ups, ein angesagtes Restaurant mit angeschlossener Backstube – und vor allem gibt es mehrere Veranstaltungssäle. Schauen Sie einmal auf das ausgehängte Programm, ob Sie etwas lockt: eine Ausstellung, die zufällig gerade stattfindet? Oder ein Konzert in den nächsten Tagen Ihres Besuchs? Irgendetwas ist hier immer los, aber auf jeden Fall atmen Sie hier die Atmosphäre des modernen, des Hightech-Prags.

AN DER MOLDAU ENTLANG

Aber wir wollen ja noch weiterfahren! Also los zur Moldau; da stoßen Sie jetzt endlich auf einen richtigen Radweg ganz ohne Autoverkehr. Biegen Sie nach rechts auf ihn ein, also moldauabwärts. Die ersten Kilometer geht's durch das boomende Prag: neue Büro- und Wohnhäuser mit riesigen Balkonen, dann eine der größten Baustellen der Stadt, die wohl noch jahrelang bleiben wird. Tausende Wohnungen entstehen hier auf einer Brache, Haus für Haus arbeiten sich die Baufirmen auf dem einstigen Grünstreifen weiter vor. Prag boomt, das sieht man hier: Schon heute leben 1,3 Millionen der insgesamt 10 Millionen Tschechen in Prag, und immer mehr strömen hinzu. Nirgends im Land gibt es so gute Verdienstmöglichkeiten: Im Großraum Prag liegt die Kaufkraft bei 250 Prozent des europäischen Durchschnitts, er ist damit eine der wohlhabendsten Regionen in der EU – so vermeldet es auf jeden Fall die europäische Statistikbehörde.

Folgen Sie auf dem Radweg am besten den Ausschilderungen zum Zoo, da können Sie sich nicht verfahren. Das erste Stück des Wegs führt durch einen Park, dann geht's für ein paar hundert Meter auf einem gut gesicherten Radweg parallel zu einer befahrenen Straße und schließlich unter einer riesigen Brücke hindurch – geschafft, ab jetzt wird's grüner! Halten Sie sich direkt hinter der Brücke an einer kleinen Abzweigung links, direkt runter zur Moldau. Rechter Hand liegt ein Tennisplatz, Sie fahren links vorbei und ab jetzt immer geradeaus. Sie kommen zu einer Wildwasserstrecke, auf der bei gutem Wetter Kajakfahrer für den nächsten Wettkampf trainieren. Wenn Sie durstig sind, kaufen Sie sich an einem der Stände hier eine Kofola vom Fass (50 Kronen): Kofola ist die Cola aus der früheren Tschechoslowakei, die nach der Wende eine erstaunliche Karriere gemacht hat und jetzt im Land omnipräsent ist. Sie schmeckt aber auch wirklich gut – vor allem, wenn man ganz entspannt zuschauen kann, wie die Kajakfahrer bei den Wasserhindernissen ins Schwitzen geraten.

PAUSE IM STROMOVKA-PARK

Als Nächstes kommen Sie am **Prager Zoo** vorbei, der liegt direkt an der Moldau und ist allein wegen der vielen Parkplätze nicht zu verpassen. Gegen halb eins müsste es jetzt sein, wenn Sie nicht allzu sehr gerast sind. Wenn Sie immer weiterfahren würden, kämen Sie über den ruhigen Radweg entlang des Flusses schließlich nach Mělník an den Zusammenfluss von Moldau und Elbe, danach würden Sie durch die Sächsische Schweiz fahren bis nach Dresden.

Aber so weit kommen wir heute nicht: Am Zoo führt eine Brücke über die Moldau, die nehmen wir – ein schmaler Steg für Fußgänger ist es, und wer Höhenangst hat, sollte die nächsten Zeilen lieber überfliegen. Vor ein paar Jahren nämlich ist die Vorgängerbrücke unvermittelt eingestürzt und mitsamt Passanten in die Moldau gestürzt, aber zum Glück haben alle überlebt. Die neue Brücke, sagen Statiker, sei wesentlich stabiler.

Sie führt direkt in einen der beliebtesten Prager Parks: **Stromovka** heißt er, eine große Anlage mit viel Platz für Jogger, Inlineskater und picknickende Familien. Fahren Sie ein bisschen herum, suchen Sie die schlossartige **Slechtovka** (ein Ausflugslokal, an dem sich früher die bessere Gesellschaft am Wochenende traf), schnuppern Sie die Atmosphäre – und vergessen Sie nicht den Spielplatz für Erwachsene: Da gibt es an einem der Teiche eine Fähre zum Selbstbedienen. Wer einsteigt, kann das Boot entlang eines Seils zu einer künstlichen Insel ziehen. Legen Sie sich dort kurz ins Gras und blinzeln Sie in die Sonne, es ist wirklich ein herrlicher Ort!

Die Radtour beenden wir an der historischen Messehalle, **Výstaviště,** die unübersehbar am südöstlichen Ende des Parks liegt. Dort geben Sie die Räder in der App wieder zurück, ziehen die Tageskarte für den Nahverkehr heraus (nicht vergessen: die müssen Sie nach dem Einsteigen in die Straßenbahn stempeln, danach gilt sie für 24 Stunden) und fahren mit der Straßenbahn 6 oder 12 zur Haltestelle **Dělnická** – das dauert ungefähr fünf Minuten. Zeit für ein spätes Mittagessen, oder?

An der Dělnická 40 liegt das **Big Smokers** – von außen ist das ein unscheinbares Restaurant, das aber zu den angesagten Gastro-Adressen gehört. Fleisch vom Grill in allen Variationen gibt es hier: Pulled Pork, Ribs, alles bestens gewürzt und am schmackhaftesten in der Kombination mit einem Glas Bier. Hier sind immer fünf Zapfhähne in Betrieb, an denen in stetigem Wechsel die Fässer von verschiedenen böhmischen Kleinbrauereien angeschlossen sind. Für das Essen mit Bier werden 300 Kronen fällig. Wer vegetarisch oder vegan essen möchte, geht lieber ein paar Häuser weiter: An der Tusarova 31 findet sich den Eingang in den **Vnitroblock** (»Innenhof«) – hinter dem schmalen Eingang von der Straße aus öffnet sich ein riesiger Hof, in dem verschiedene Pop-up-Stores ihre Waren anbieten. Coworking-Spaces gibt es hier sowie ein gewaltig großes Atrium mit Bar, Café und Restaurant. Hier können Sie sich etwas aussuchen und das Essen in aller Ruhe an einer der endlos langen Massivholztafeln genießen.

> **HIGHLIGHT**
>
> **KUNSTHALLE**
> Das Gebäude selbst ist ebenso sehenswert wie die Ausstellungen; den Blick von der Terrasse gibt's als Zugabe.

Hat's geschmeckt? Dann gleich weiter: Zurück in die Straßenbahn, die Linie 12 bringt Sie zur Haltestelle **Malostranska**. Dort finden Sie die nagelneue **Kunsthalle** (die heißt wirklich so, mit dem deutschen Namen). Ein schwerreicher Tscheche hat hier über Jahre hinweg ein altes Umspannwerk in ein spektakuläres Museum umbauen lassen, das regelmäßig wechselnde Ausstellungen zeigt. Allein schon das Gebäude lohnt den Besuch, die Ausstellungen natürlich auch – kaufen Sie sich eine Eintrittskarte (260 Kronen) und lassen Sie sich treiben. Bei schönem Wetter auf keinen Fall die Terrassen verpassen: Von hier haben Sie einen Blick auf die Prager Burg und, in der anderen Richtung, auf den Amtssitz der tschechischen Regierung.

KAMPA-INSEL ODER GLEICH IN DEN BIERGARTEN?

Von hier aus haben Sie jetzt zwei Möglichkeiten – je nachdem, wie viel Kraft Sie noch haben und wie spät es über den Museumsbesuch geworden ist: Entweder Sie schließen noch eine kleine Sightseeing-Runde an, oder es geht direkt weiter zur abendlichen Entspannung.

Für die Variante eins, Sightseeing, schlendern Sie auf die **Kampa-Insel**, das sind von der Kunsthalle aus nur ein paar Schritte. Unter der **Karlsbrücke** geht's durch, dann genießen Sie die Blicke auf die legendäre Prager **Kleinseite**, eines der ältesten Viertel der Stadt mit vielen Palästen und herrlichen stuckverzierten Altbauten. Vorbei am **Museum Kampa** und immer weiter geradeaus, bis Sie bei **Ujezd** ankommen. Dort steigen Sie in die Straßenbahn (Linie 9, 12, 20 oder 22) und fahren drei Stationen zurück bis Malostranska zur Kunsthalle.

Variante 2: Sie lassen den Spaziergang aus und steigen gleich bei Malostranska hinunter in die U-Bahn, die Sie wieder zum Ausgangspunkt des Tages zurückbringt, zum Platz Jiřího z Poděbrad. Von hier sind es nur ein paar Minuten bis zum **Rieger-Park**. Der ist so hügelig, dass er sich durch seinen Panoramablick auf die Prager Altstadt auszeichnet. Und es gibt einen **Biergarten**: Dort holen Sie sich für etwa 100 Kronen ein Würstchen und einen Halbliterbecher Bier. Setzen Sie sich dann auf die Wiese mit dem schönsten Blick. Um Sie herum wird es voll sein mit Pragern, die Gitarre spielen oder einfach mit Freunden den Abend genießen. Schauen Sie in den Sonnenuntergang – und versuchen Sie in der Ferne zu erkennen, wo Sie heute mit dem Rad unterwegs waren.

KASSENBON
100 Kronen ≈ 4,07 €

Frühstück im Le Caveau	200 Kč
U-Bahn-Ticket	120 Kč
Fahrradmiete	180 Kč
Kofola am Getränkestand	50 Kč
Mittagessen	300 Kč
Eintritt Kunsthalle	260 Kč
Abendessen im Biergarten	100 Kč
KRONEN	1.210,00
≈ EURO	49,25

ROM

Michaela Namuth

ZWISCHEN KOLOSSEUM UND KORIANDER

In die Bar des **Palazzo Caffarelli** verirrt man sich nicht zufällig. Man muss sie suchen und finden: erst die Treppen von der Piazza Venezia zum Kapitol hochsteigen, dann rechts der Ausschilderung »Caffetteria« folgen, sich nicht von der Wache am Eingang abschrecken lassen und nochmal Treppen steigen. Im ersten Stock angekommen, folgt man dem Klappern der Tassen und dem Kaffeeduft. Am Tresen drängeln sich Angestellte und Wachleute der Kapitolinischen Museen. Sie sind die Stammgäste und werden mit Vorzug bedient, bevor man selbst vom Barmann mit einem mitleidigen *prego?* bedacht wird. Wenn man will, kann man zum Frühstück einen Caffè und ein Cornetto bestellen und die ersten 3,20 Euro des Tages ausgeben. Man kann aber auch gleich auf die anliegende Dachterrasse treten. Dort öffnet sich ein einzigartiger Blick auf die Stadt, die Dächer, die Gassen und die Kirchenkuppeln. Ein Tag in Rom beginnt.

Zu unseren Füßen liegen Überreste der mittelalterlichen Stadt, die Mussolini und seiner Abrisswut entgangen sind. Links das Teatro di Marcello, gebaut auf antiken römischen Mauern. Weiter hinten sieht man die Kuppel des Petersdoms, irgendwo davor im Straßengewirr das Pantheon und die Piazza Navona – alles viel bewundert und beschrieben in jedem Reiseführer. Deshalb lassen wir den Vatikan und die historische Altstadt heute links liegen. Unser Weg führt durch das antike Rom oder daran vorbei, in Richtung Süden zur Via Appia bis hin zum Vorstadtviertel Torpignattara, wo die Kunstwerke auf Häuserwände gesprüht sind. Das geht an einem Tag fast alles zu Fuß. Wir steigen nur einmal hinab in die Tiefen der neuen U-Bahnlinie C.

DAS ZENTRUM DES ANTIKEN ROMS

Beim Verlassen der Terrasse lohnt sich auf der Rückseite noch ein Blick auf das **Forum Romanum,** das öffentliche Zentrum des antiken Roms, das von den verschiedenen Kaisern mit verherrlichenden Monumenten, Tempeln, Triumphbögen, Standbildern und Ehrensäulen gefüllt wurde. Am Ausgang geht es rechts zum Platz des Kapitols, vorbei an der **Reiterstatue von Marc Aurel,** die Treppen hinunter bis zur **Via dei Fori Imperiali** in Richtung Kolosseum. Man quetscht sich vorbei an Reisegruppen, Kinderwagen, lebensgefährlichen E-Roller-Fahrern und sogenannten Straßenkünstlern, die noch nie einen Pinsel in der Hand hatten und chinesische Massendrucke verkaufen. Daneben das Forum Romanum und die gigantischen Bohrer der Baustelle für die neue, bislang unvollendete U-Bahn-Linie. Der neu geschaffene **Archeopark** mit Forum, Kolosseum und dem Palatin ist ein eigenes Tagesprogramm. Am ersten Sonntag im Monat ist der Eintritt frei, wie übrigens auch im Kapitol und anderen städtischen Museen.

> Petersdom und Pantheon sind als Highlights jeder Romreise oft beschrieben. Deshalb lassen wir sie links liegen. Unser Weg führt vom Kapitol zum Kolosseum und am Ende in die Peripherie, wo sich die Stadt erneuert. Die Düfte sind aufdringlich, die Sprachen vielfältig, und die Kunst ist nicht in Kirchen versteckt.

Aber die dicken Travertinmauern des **Kolosseums** entfalten auch von außen eine große Wirkung. Die Kampf- und Spielarena wurde 72 n. Chr. von Kaiser

Vespasian für ein Publikum von 50 000 Menschen errichtet und verdankt ihren Namen einer Kolossalstatue von Kaiser Nero, die bis zum Mittelalter in unmittelbarer Nähe stand. Der Rundbau wird seit Jahren restauriert, zum Teil mit privaten Sponsorengeldern. Er ist bis heute das weltliche Wahrzeichen der Stadt, die es liebt und immer wieder vorzeigt – auf Plakaten, als Kunstobjekt und in Kinofilmen. Der bekannteste ist immer noch »Ein Amerikaner in Rom« von 1954, in dem ein junger Römer das antike Gemäuer erklimmt und droht, sich hinabzustürzen, falls seine Forderung – eine Reise nach Amerika – nicht erfüllt wird. Die Filmfotos, auf denen der Hauptdarsteller Alberto Sordi am Ende doch lieber Mammas Spaghetti schaufelt, zieren noch heute viele römische Bars und Trattorien.

Übrigens: Gegenüber, links vom Eingang zur U-Bahnstation Colosseo, kann man sich am kommunalen Wasserspender seine Flasche mit gefiltertem und gekühltem Wasser auffüllen, auch gesprudelt – und umsonst natürlich. Das römische Wasser ist immer noch genießbar, auch wenn es aus den traditionellen Trinkbrunnen, im Volksmund *nasone* genannt, oder aus dem Wasserhahn kommt.

Das größte Bauwerk der Antike war allerdings nicht das Kolosseum, sondern der nahe gelegene **Circus Maximus,** in dem sich bis zu 250 000 Zuschauerinnen und Zuschauer zu Wagenrennen und Wasserschlachten einfanden. Dort sind wir jetzt über die Via di San Gregorio angekommen. Wer hier wohnt, joggt öfter mal die 600 Meter hin und her. Wir lassen das und kaufen für 5 Euro eine Eintrittskarte für die erst seit ein paar Jahren eröffnete Ausgrabungsstätte. Zu besichtigen sind neben Gängen, Latrinen, Geschäften und Ställen des Circus auch ein restaurierter mittelalterlicher Turm. *(Upgrade: Wer zusätz-*

HIGHLIGHT

KOLOSSEUM
Die antike Arena ist nicht nur ein Touristenmagnet, sie ist auch den Einwohnern selbst ans Herz gewachsen und wird als Wahrzeichen Roms geliebt.

liche 12 Euro investieren möchte, kann sich mit einer Multimedia-Brille in die virtuelle Realität der »Circo Maximo Experience« stürzen. Dabei *läuft man in einem 40-minütigen Spaziergang durch die Geschichte und die Gebäude der Arena und kann auch live bei einem antiken Wagenrennen dabei sein.)*

Als Alternative bietet sich in den Frühlingsmonaten ein Besuch des städtischen **Rosengartens** an. Der Eingang befindet sich in der Via di Valle Murcia, die man über die Via del Circo Massimo an der Längsseite des Circus Maximus in Richtung **Aventin** erreicht, einem der sieben Hügel der Stadt. Der Eintritt ist frei. Zu bewundern sind über 1000 Rosensorten, und vor allem im Mai und Juni ist ihr Duft unwiderstehlich, ebenso wie der Blick auf die Ruinen des gegenüberliegenden Hügels, des **Palatin**. Wieder zurück auf der Via del Circo Massimo überqueren wir die Viale Aventino an der Fußgängerampel. Dann stehen wir vor dem **Hauptquartier der Welternährungsorganisation FAO**, wo es angeblich die beste Kantine der Stadt geben soll – allerdings nur für Angestellte und ihre Gäste. Wir hingegen können uns ein paar Fußminuten entfernt in die **Bar Giò** auf der Viale Aventino setzen, verschnaufen und noch einen *caffè* oder etwas anderes bestellen und dafür 3 bis 5 Euro ausgeben.

THERMEN, MÄRTYRER UND DIE ALTE STADTMAUER

Hinter dem vergitterten Gelände der FAO biegen wir rechts ab, in die Via delle Terme di Caracalla. Jetzt sind wir den Touristenmassen endgültig entronnen. In den Jahren der Berlusconi-Regierung fanden hier auf der **Piazza di Porta Capena** mehrere Massendemos statt. 2002 protestierten drei Millionen Menschen gegen die Abschaffung des bestehenden Kündigungsschutzes. Für Rom war es die größte Demonstration der Nachkriegszeit – direkt vor den antiken **Caracalla-Thermen**. Auch wir stehen jetzt vor den mächtigen Ruinen, die hoch in den blauen römischen Himmel ragen. Vor rund 1700 Jahren waren sie ein öffentliches Badehaus. Es gab Wannen und Becken, Warmräume mit Fußbodenheizung, Bibliotheken, Ruhe- und Informationen. Die Thermen wurden dann von Erdbeben beschädigt und von den Baumeistern der Päpste geplündert. Wir laufen an ihnen vorbei, folgen dem Rad- und Fußgängerweg inmitten grüner Wiesen in Richtung Süden und stoßen nach wenigen Minuten auf eine kleine Kirche. Die **Mini-Basilika ist Nereus und Achilleus gewidmet,** zwei Heiligen aus der Zeit der Christenverfolgung. Die Wandfresken des Renaissancemalers Cristofero Roncalli, genannt Pomarancio, stellen allesamt überaus einfallsreiche Folterungen von christlichen Märtyrern dar und sind nichts für zartbesaitete Seelen.

Das gilt auch für den Verkehr, der auf dem Piazzale Numa Pompilio tobt. Wir überqueren den Platz an der Ampel, um in die **Via di Porta San Sebastiano** zu gelangen. Die gepflasterte und von antiken Mauern begrenzte Straße führt nach ein paar hundert Metern zum Stadttor. Allerdings donnern auch hier ungehindert Autos vorbei. Das Thema Verkehrsberuhigung setzt sich im römischen Stadtrat nur zögerlich durch. Selbst die ehrwürdige Via Appia Antica, die jetzt vor uns liegt, ist eine Rennstrecke.

Dafür ist der Süden Roms gesegnet mit Parks und grünen Oasen. Eine davon birgt das kleine **Museo delle Mura,** direkt an der **Porta San Sebastiano.** Nach dem Eingang gelangt man über die Treppen des Mauerturms ins Innere der antiken Stadtmauern, der **Mure Aureliane,** die bis heute das Zentrum von Rom umschließen. Der Mauergang ist das Tor zu einer anderen Welt. Er führt vorbei an zartgrünen Wiesen mit Gänseblümchen, das Verkehrschaos ist wundersam verschwunden. Dieses Erlebnis und der Eintritt kosten nichts. Das Museum, das auch einen Rundumblick von der Dachterrasse und wechselnde Kunstausstellungen bietet, schließt allerdings bereits um 14 Uhr. Wir haben den Eintritt sicher bis 13 Uhr geschafft, wenn wir gegen 10 am Kapitol losgelaufen sind.

Auf der anderen Straßenseite der Porta San Sebastiano beginnt die **Via Appia Antica**. Wir aber wenden uns nach links und laufen an der Mauer entlang. Dann geht es rechts in die Via Talamone und immer geradeaus über drei Querstraßen, bis wir die Via Elvia Recina erreichen und rechter Hand schon die Piazza Tuscolo sehen. Hier lohnt sich ein Abstecher zum Tagesmarkt auf der **Piazza Epiro**. Dazu biegen wir links in die letzte Querstraße ein, die Via Satrico. Die überdachten Stände bieten nicht nur Obst, Gemüse, Pizza, Fleisch und Fisch, sondern auch neue und gebrauchte Klamotten zu günstigen Preisen, die meist immer noch verhandelbar sind.

VON PIAZZA ZU PIAZZA

Von hier sind es noch ein paar Minuten zur **Piazza Re di Roma**, wo uns im gleichnamigen Pizza-Imbiss ein warmer Mittagstisch erwartet. Der Laden ist immer voll, aber das Anstehen lohnt sich. Hier gibt es neben Pizza, Ofenkartoffeln, Gemüse und Frittiertem aller Art die besten *suppli* der Stadt: frittierte Reisbällchen mit Tomatensugo und einem weichen Kern aus Mozzarella. Für 8 Euro bekommt man zwei davon und noch ein Stück Pizza und ein Getränk dazu.

Am besten lassen Sie es sich einpacken und nehmen es mit auf eine – je nach Witterung – sonnige oder schattige Bank des Mini-Parks in der Mitte des Kreisverkehrs. Abends trifft sich hier die Jugend. In Ermangelung anderer Treffpunkte und Freiräume ist die grüne Verkehrsinsel zum Zentrum des Viertels geworden.

Die Römerinnen und Römer orientieren sich in ihrer Stadt immer an der nächsten Piazza. Das tun wir auch. Wir schlagen die Via Appia Nuova ein – eine lärmige Verkehrs- und Geschäftsstraße, die direkt zum **Piazzale Appio** führt, heute ein zentraler Verkehrsknotenpunkt. Angrenzend, gleich hinter den Bögen der Stadtmauer, liegt die **Lateran-Basilika**, einst Residenz des Papstes und bis heute Bischofskirche von Rom. Der riesige Baukomplex ist von allen Teilen der Stadt gut erreichbar, eine Besichtigung kann deshalb getrost auf einen anderen Tag verschoben werden.

Wir steigen hinab zur Metro C, der neuen U-Bahn-Linie, die Richtung Süden durch unendliche Vorstädte fährt. Das Ticket gibt es für 1,50 Euro am Automaten. Auf den verschiedenen Rolltreppenebenen sind archäologische Fundstücke ausgestellt, die bei den unterirdischen Bohrungen entdeckt wurden, und an den Wänden steht die Geschichte Roms, von der Gegenwart bis zur Prähistorie – leider nur auf Italienisch. Die U-Bahn rast bislang nur in eine Richtung, wir steigen nach wenigen Minuten an der Station **Malatesta** aus.

WANDGEMÄLDE IN TORPIGNATTARA

Die Kulisse hat sich komplett verändert. Um die große, mit Betonbänken bestückte Piazza ragen achtstöckige Mietshäuser aus den 1950er-Jahren, und statt der üblichen Touristenshorts prägen orientalische Kaftane das Straßenbild. In den Läden gibt es Dekos für Kinderpartys und glitzernd verzierte Hochzeitskleider, bei den marokkanischen und pakistanischen Gemüsehändlern auch duftende Koriandersträußchen. Torpignattara ist ein noch nicht gentrifizierter Stadtteil mit einer hohen Dichte von eingewanderten Männern und Frauen, die erst aus dem Süden Italiens und später aus dem Süden der Welt gekommen sind. Von der jungen Kunstszene wurde es aber längst entdeckt. Es hat sich in den letzten Jahren zum Street-Art-Viertel Roms gemausert, und die riesigen Bilder auf den hohen Hauswänden sind zur Vorstadt-Attraktion geworden. Fast alle Darstellungen beziehen sich auf das Viertel. So auch das Wandgemälde »Hostia« von Nicola Verlato in der **Via Galeazzo Alessi 215**, die man von der Piazza Malatesta über die Via Antonio Tempesta in 15 Minuten zu Fuß erreicht. Das zehn Meter hohe Schwarz-Weiß-Gemälde zeigt den Tod des Schriftstellers und Regisseurs Pier Paolo Pasolini, der seine Geschichten und Figuren in den römischen Vorstädten fand, die damals noch *borgate* hießen. Die Leute im Viertel nennen das Bild auch stolz die »Sixtinische Kapelle von Torpignattara«. Tatsächlich erinnern die Allegorien und der realistische Darstellungsstil an die alten Meister der Renaissance.

Nur wenige Minuten entfernt, auf einer Hausmauer am **Largo Savorgnan**, haben die Bewohner ihren Lokalhelden Ciro Principessa verewigt – einen jungen Einwanderer aus Süditalien, der 1979 von einem Faschisten erstochen wurde, als er ein gestohlenes Buch zurückverlangte. Einmal im Jahr veranstalten sie auf der Piazza ein Fest für ihn. Die weißen Plastikstühle der **Bar La Certosa** stehen aber immer dort. Und eine Sitzpause mit Getränk kostet nicht mehr als 3 Euro.

TAGESAUSKLANG IN PIGNETO

Die letzte Etappe führt über die Via Galeazzo Alessi ins angrenzende Viertel **Pigneto** – entlang der Bahnschienen, vorbei an illegal gebauten Häuschen, selbst gebastelt und bunt verziert mit Stuck und Türmchen. Wir überqueren die Via Casilina und erreichen über die Piazza Tolomeo die Fußgängerzone der **Via del Pigneto**. Hier tobt zu vorgerückter Stunde das Nachtleben, ein Lokal quetscht sich neben das andere. Wahrscheinlich rührt sich jetzt der Appetit aufs Abendessen. Das bekommen wir im **Lo Yeti** in der Via Perugia 4, etwas außerhalb des Getümmels. Hier sitzt man unter Weinreben, die meisten Gäste kennen sich. Wer nicht genau versteht, was Wirt Maurizio über die Speisekarte erzählt, sollte besser einen Blick auf die Preistafel im Lokal werfen. Seine gemischten Teller mit Büffelmozarella, Ziegenkäse und Bio-Gemüse kosten 10 bis 14 Euro.

Mit einem Glas der ausgewählten Weine und Wasser dazu werden 20 Euro gewiss nicht überschritten. Die sind am Ende des Tages problemlos noch drin, ebenso ein Bus- oder U-Bahn-Ticket zurück ins Hotel.

Und alle, die noch auf ihren geplagten Beinen stehen können, finden genug Restgeld in der Tageskasse, um sich ein selbst gemachtes Eis in der Gelateria direkt gegenüber oder einen Drink in einer der zahlreichen Bars im Pigneto leisten zu können.

KASSENBON

Frühstück im Palazzo Caffarelli	3,20 €
Eintritt Circus Maximus	5,00 €
Getränk in der Bar Giò	4,00 €
Mittagessen an der Piazza Re di Roma	8,00 €
U-Bahn/Bus	3,00 €
Getränk in der Bar La Certosa	3,00 €
Abendessen im Lo Yeti	20,00 €
Eis oder Drink	4,00 €
EURO	50,20

SALVADOR DA BAHIA

Christine Wollowski

EIN UBER-SPAZIERGANG DURCH DIE AFRIKANISCHSTE STADT AUSSERHALB AFRIKAS

Claytons Snackbar ist möglicherweise der demokratischste Ort des **Pelourinho**, des historischen Stadtkerns von Salvador de Bahia an Brasiliens Ostküste. Und Clayton selbst – massig, rötliche Haare unter der Schirmmütze, verschmitztes Lächeln und schlaue Augen – ist eine Art Widerstandskämpfer. Trotz der Toplage hat er den Laden in den acht Jahren, die ich ihn kenne, und vermutlich sogar seit der Eröffnung vor 58 Jahren kein bisschen aufgemöbelt. Bis heute steht er 365 Tage im Jahr persönlich in dem schlauchartigen, weiß und orange gekachelten Raum und wischt alle paar Sekunden mit einem Lappen über die meterlange Theke aus schwarzem Granit.

Morgens um acht sind die Hocker gut besetzt, frischer Kaffee und gekochter Maniok duften. Was daran Widerstand sein soll? Clayton verkauft Getränke, Sandwiches und Mittagessen so günstig, dass sich hier sogar Obdachlose Kaffee (3 Real, was knapp 0,60 Euro entspricht; 1 Real ≈ 0,19 €) und Brötchen mit Spiegelei (2 Real) leisten können. Dieser Ureinwohner des Stadtzentrums behandelt alle gleich, Politiker, Taxifahrer, Künstler, Touristen, Bettler. »Künstler müssen dorthin gehen, wo das Volk ist«, sagt der Sänger Milton Nascimento. Das gilt für Touristen gleichermaßen. Jedenfalls, wenn sie sich eine Stadt richtig einverleiben wollen – und dafür nur 50 Euro in der Tasche haben. Da ist Claytons *lanchonete* genau der richtige Ort, um mitten in Salvador und mitten im Volk den Tag zu beginnen.

Morgens zeigt der Pelourinho sein ungeschminktes Alltagsgesicht: noch weitgehend menschenleere Plätze, und vor dem Regierungspalast kraulen tatsächlich zwei Straßenjungs durch den Springbrunnen! Ein paar Schritte weiter kauft eine ausladende Dame mit Reifrock und Turban von einem ambulanten Frühstückshändler Kaffee in einem winzigen Plastikbecher. Sie hat ihr Lächeln für die Touristen noch nicht aufgesetzt und grüßt uns knapp mit einem Kopfnicken, als seien wir Anwohner.

Von den ursprünglichen Bewohnern hier sind nach der großen Renovierung wenige übrig geblieben: 1985 wurde das historische Ensemble aus Kolonialarchitektur von der UNESCO als Weltkulturerbe ausgezeichnet, und in der Folge davon verwandelt sich der Pelourinho in eine hübsch inszenierte, bonbonbunte Illusion. In die geräumten Kolonialhäuser sind vor allem Restaurants und Souvenirshops eingezogen.

EIN MIX AUS RELIGIONEN

Die Frau hat inzwischen ihren Kaffee ausgetrunken, trägt Lippenstift auf und stellt sich in Pose. Bis zu 30 Real zahlen Touristen für jedes Foto. Ursprünglich wurden nur die Angehörigen der afrobrasilianischen Religion Candomblé »Baianas« genannt, die frittierte Bällchen aus weißen Bohnen in Salvadors Gassen verkauften: das Acarajé, die köstliche Opfergabe für die Göttin Iansa. Irgendwann gab es Baianas auch ohne Acarajé, und die lächelnde Frau im Reifrock entwickelte sich zum Symbol der Stadt. Ungefähr 4000 Baianas, auch männliche, sind heute offiziell registriert. Die Baianas als Schlüsselanhänger, Holzskulpturen und auf Strandtüchern, im Willkommens-Komitee für Anreisende am Flughafen und als lebendige Aushängeschilder vor

> Salvador da Bahia ist voller Gegensätze: Die einen leben in Gated Communities, die anderen auf der Straße. Die Seele der afrikanischsten Stadt Brasiliens lässt sich am besten dort erfassen, wo es laut, heiß und manchmal chaotisch zugeht – auf dem Markt, in der Kirche und natürlich am Strand.

Souvenirshops sind dabei nicht mitgezählt.

Wir lassen uns durch die Gassen treiben und orientieren uns nur an den Hinweisschildern zum **Largo do Pelourinho**, dem Platz, der dem ganzen Zentrum den Namen gegeben hat. Jahrhundertelang war er Schauplatz des Sklavenmarktes, auch der öffentliche Schandpfahl stand hier. Inzwischen ist der Largo mit seiner blassblauen Barockkirche und den bunten Fassaden daneben das beliebteste Fotomotiv der Stadt.

Auch hier ist es jetzt noch angenehm still, keine Spur von den ohrenbetäubenden Trommelvorführungen, die nachts das Pflaster erzittern lassen. Ein einziger Rastalockiger steht hinter drei Trommeln und bringt gerade einem Touristenkind einen Rhythmus bei, während dessen Mutter die Szene filmt. Gegenüber ordnet eine würdige Dame Kräuter auf einem Tischchen. Segen gefällig? Gegen eine kleine Spende vertreibt sie mit Arruda und Gebet alles Böse aus dem Leben interessierter Passanten. Mit den katholischen Portugiesen kam dieser Brauch nach Brasilien, ein heilendes Gebet mithilfe heiliger Gegenstände oder Kräuter, ausgeübt meist von älteren Damen, die oft neben dem Katholizismus auch einer afrikanischen Religion nahestehen.

Inzwischen ist es kurz nach neun, wir kaufen uns eine Flasche Mineralwasser bei einem ambulanten Händler (3 Real) und folgen ein paar Verspäteten, die zur Kirche **Nossa Senhora do Rosário dos Pretos** eilen (Messe Montag und Dienstag um 9 Uhr). Das Kirchenschiff aus dem 17. Jahrhundert hallt schon von dumpfen Trommelschlägen wider, die katholische Liturgie wird hier von afrikanischen Rhythmen getragen. Bald schwingt die Gemeinde im Takt mit. Wie der Zusatz »dos Pretos« sagt, war diese Barockkirche im Gegensatz zu den anderen katholischen Kirchen immer schon für Schwarze zugänglich.

Die Messe hier fühlt sich an, wie in eine fremde Familie freundlich aufgenommen zu werden: Man muss die Lieder nicht kennen, um im Ruf- und Antwortschema mitzusingen. Es sind Gläubige im Anzug dabei und andere, die Turbane und Ketten in den Farben ihrer afrikanischen Götter tragen. Auch unter den Heiligenstatuen sind schwarze Gesichter zu entdecken. Die Atmosphäre ist beinahe dörflich. Das im Klingelbeutel gesammelte Geld, so der Pfarrer, geht direkt an bedürftige Gemeindemitglieder. So haben die schwarzen »Bruderschaften« schon in der Kolonialzeit ihre Angehörigen bei Krankheits- und Todesfällen oder in anderen Notlagen unterstützt. Wir geben 10 Real, und während der Padre noch mit seinen Leuten plaudert, geht es wieder hinaus in den Sonnenschein, wo nun schon einige Menschen unterwegs sind.

MIT DEM AUFZUG IN DIE UNTERSTADT

Zu einem Spaziergang durch die Altstadt gehört natürlich auch ein Mitbringsel, eine Erinnerung, etwas Ortstypisches. Anstatt einer Baiana als Schüsselanhänger kaufen wir eine Seife. Natürlich nicht irgendeine. Salvador gilt als afrikanischste Stadt außerhalb des afrikanischen Kontinents, mehr als 80 Prozent der fast drei Millionen Einwohner bezeichnen sich als Schwarze. Große Teile der Kochkunst, der Musik und überhaupt des Volkswissens entstammen den Tempeln der afrobrasilianischen Religion Candomblé. In der **Rua João de Deus,** ein paar Minuten Fußweg von der Kirche und gleich neben dem Largo de Jesus, schräg gegenüber von Claytons Snackbar, weist ein starker

Kräuterduft den Weg zu dem schlichten Laden **Botica Rhol**. Die hier angebotenen Cremes, Seifen und Shampoos enthalten Auszüge aus rituellen Kräutern, die in den Tempelgärten des Candomblé angebaut werden. Wir kaufen ein Stück rote Aroeira-Seife. Sie ist mit der Gottheit Exu verbunden, bindet positive Energien, hält negative ab, hilft gegen Entzündungen und eröffnet neue Möglichkeiten. Liebevoll in einem handgenähten Jutesäckchen verpackt, duftet sie würzig und bringt ein Stück Salvador ins heimische Badezimmer (35 Real).

Die Straßenjungs haben ihr Bad im Brunnen längst beendet, und die Baiana ist von fotografierenden Touristen umringt, als wir schon spät am Vormittag den **Aufzug Lacerda** erreichen. Salvador entstand im 17. Jahrhundert gleichzeitig auf einem Felsen und am Strand – auf der luftig gelegenen und leicht zu verteidigenden Anhöhe wuchs die eigentliche Stadt mit Kirchen, Verwaltung und eleganten Wohnhäusern, während sich zig Meter weiter unten in Hafennähe der Handel entwickelte. Erst 1873 wurde der Höhenunterschied von einem mit einer Dampfmaschine betriebenen Aufzug überwunden. Der 1930 im Art-déco-Stil modernisierte Aufzug schafft die mehr als 70 Höhenmeter heute in 30 Sekunden, leider ohne Aussichtsfenster. Da er staatlich subventioniert ist, kann ihn tatsächlich jeder bezahlen: 0,15 Real kostet die einfache Fahrt.

MARKTGETÜMMEL UND STRAND

Die Unterstadt **Cidade baixa** wurde in den 1990er-Jahren nicht mitrenoviert, doch seit ein paar Jahren entstehen hier zunehmend Museen und Event-Lokalitäten. Später wollen wir ins neue Musik-Museum, aber zuerst nehmen wir ein Uber zur nahe gelegenen **Markthalle São Joaquim** (10 Real). Die Lagerhäuser könnten einen neuen Anstrich gebrauchen, die Straße einen Straßenfeger. Am Eingang des Marktes hat die Stadtverwaltung ein Hinweisschild aufgestellt, dahinter beginnt die aufgeräumte Hauptgasse. Wir bleiben auf ihr, denn in dem Labyrinth darum herum kann man sich leicht verlaufen. Der Trubel erinnert an einen mittelalterlichen Bazar mit sich gegenseitig überschreienden Verkäufern, Lastenträgern und einem überwältigenden Duftpotpourri aus Heilkräutern, Gewürzen, Früchten, Garnelen und Undefinierbarem. In einer der Seitengassen rasiert ein Barbier gerade einem alten Mann den Kopf, direkt am Hafen hält ein Politiker über Mikrofon eine flammende Ansprache. Glänzende weiße Stoffe, Muscheln, Kerzen und fremdartige, aus Alteisen geschweißte Figuren warten darauf, in religiösen Ritualen eingesetzt zu werden. Säcke voller Garnelen oder Kisten voller Okraschoten stehen im Schatten, in vollgestopften Läden türmen sich tönerne Kerzenständer und geflochtene Körbe. Hier kaufen Hotelbesitzer und Candomblépriester ein, Kräuterkundige und Küchenchefs.

Das **Restaurant im ersten Stock** ist unauffälliger als das an der Wasserfront unten, aber hier lässt sich an winzigen Holztischen in aller Ruhe das Treiben von oben beobachten, und frische Moqueca gibt es auch. Das bekannteste Gericht Bahias stammt aus den Küchen der Candomblé-Tempel, ein scharf gewürzter Eintopf aus Tomaten, verschiedenen Gemüsesorten und frischem Koriander mit Kokosmilch und hausgemachtem Palmöl. Veredelt wird er mit Fisch, Garnelen, Muscheln oder Krebsfleisch. Die Portion mit Fisch (ab 40 Real), mit Reis und geröstetem Maniokmehl, ist eigentlich nur für eine Person gedacht, aber so üppig bemessen, dass man sie durchaus zu zweit bestellen kann. Daran stört sich hier niemand. Die kleine Flasche Mineralwasser dazu kostet 3 Real. Ziemlich rasch leeren sich die Tische, die Mittagsgäste müssen zurück an die Arbeit. Es folgen andere, die Bier und Snacks bestellen. Passend zum entspannten nachmittäglichen

Treiben taucht ein ambulanter Verkäufer auf, der tragbare Musikboxen verkauft. Binnen Minuten macht er so gute Geschäfte, dass sich im Restaurant Reggae, Pop und die rhythmusbetonte Axé-Musik fröhlich dröhnend mischen. Höchste Zeit für einen Strandspaziergang.

Der Uber braucht wenige Minuten bis zum Anfang der **Ribeira** (15 Real), so etwas wie die Riviera der Unterstadt. Hier verbrachten die Bewohner Salvadors ihre Sommerfrische, bevor die einst außerhalb der Stadtgrenzen gelegene Halbinsel von der Millionenmetropole einfach geschluckt wurde. Es blieb der goldgelbe Sandstreifen vor ruhigem türkisblauem Wasser an der gepflasterten Uferpromenade, an der immer noch kaum Autos vorbeifahren und überwiegend einstöckige Häuser stehen. Jetzt um 14 Uhr ist es zu früh für das tägliche Strandvergnügen, das wochentags erst später beginnt, aber es ist alles bereit: Volleyballnetze sind gespannt, Bands bauen ihre Instrumente für die Liveshow auf, Budenbesitzer bieten Eis und Sandwiches an. Das berühmteste Eis Sorvete da Ribera gibt es ganz am Ende des Strandes. Nach der vielleicht halbstündigen Wanderung gönnen wir uns gleich zwei der riesigen Kugeln (zusammen 20 Real) in den tropischen Geschmacksrichtungen Tapioca und grüne Kokosnuss. Zum Schlecken laden die Tische eines der kleinen Restaurants an der Straßenbiegung ein, die im Schatten von ausladenden Amendoeirabäumen stehen: frisches Kokoswasser direkt aus der Nuss (5 Real) bestellen und den Mini-Strandurlaub genießen.

SONNENUNTERGANG ÜBER DER BUCHT

An Regentagen (in Salvador regnet es an 173 Tagen im Jahr wenigstens zeitweise) könnte der nächste Halt als Programm für den ganzen Tag ausreichen, heute muss eine Stunde reichen, denn es ist schon 15

> **HIGHLIGHT**
>
> **CIDADE DA MÚSICA**
> Die »Stadt der Musik« ist auf drei Etagen plus Erdgeschoss Museum, Veranstaltungsort, Mediathek und Studio zugleich.

Uhr und wir haben noch eine Verabredung mit dem Sonnenuntergang, der hier in den Tropen um 17 Uhr beginnt. Eine Stunde reicht im Multimedia-Musikmuseum **Cidade da Música** (Uber 15 Real, Eintritt 20 Real) z. B. für einen Dokumentarfilm über die 1960er-Jahre-Band Novos Baianos oder eine Runde durch die Fotogalerie, in der jedem Stadtviertel Musikrichtungen, Sängerinnen und Bands zugeordnet sind. Wir kommen wieder!

Doch jetzt ruft der beste Ort, um die Sonne im Meer versinken zu sehen. Er liegt ebenfalls in der Unterstadt, nur ein paar Uberminuten entfernt (10 Real). Eine gepflasterte Rampe führt von der Avenida Lafayette Coutinho hinab zum Wasser, wo in dem historischen Herrenhaus **Solar do Unhão** neben der **Kapelle da Nossa Senhora da Conceição** das **Museum für moderne Kunst (MAM)** untergebracht ist. Wir wollen es aber noch moderner und biegen auf halber Höhe links in den Fußweg zur **Comunidade Solar** ein. Deren Häuser sind von Graffiti-Künstlern des Kollektivs Nova10Ordem in Kunstwerke verwandelt worden. Überlebensgroße Kinder mit schlaksigen Gliedern, eine glitzernde Seejungfrau und Sagengestalten leuchten an dem bröckelnden Putz.

Vorbei an Wohnhäusern, die wegen des knappen Platzes auf der Klippe dicht aneinanderkleben, einem Friseur und zwei Kneipen geht es kaum 200 Meter weiter rechts auf die Terrasse von **Dona Suzana**. Vor der steinernen Brüstung drängen sich ein halbes Dutzend einfache Tische, und es ist pures Glück, um 16 Uhr noch einen freien zu finden. Er bietet den perfekten Blick über die Todos-Os-Santos-Bucht, auf der sanft ein paar Boote im goldenen Licht der Spätnachmittagssonne schaukeln. Dona Suzana hat bis 17 Uhr geöffnet, gerade Zeit genug, um die von ihrem Mann gefangenen Garnelen zu probieren, gegrillt und in üppiger Portion serviert im Tontopf mit Reis, geröstetem Maniokmehl und Salat (50 Real für zwei bis drei Personen). Unser Budget gibt zum Abschluss sogar noch eine Karaffe frisch gepressten Acerolasaft (15 Real) her!

Anschließend chillen wir komplett kostenlos auf den besten Plätzen der Lounge am privaten Anlegekai des Geländes zwischen MAM und dem winzigen Strand des Solar. Die Holzliegen mit Kissen sind eigentlich für die Gäste der drei umliegenden Bars gedacht, aber in typisch baianischer Großzügigkeit lassen die Kellner auch diejenigen in Ruhe sitzen oder liegen, von denen keine Bestellung zu erwarten ist. Der Himmel verfärbt sich schüchtern in Pastellfarben, während Kinder aus der Comunidade Solar vom Kai ins noch warme Wasser springen und ein Liebespaar gemeinsam in die Ferne blickt. Dann strengt sich die Sonne ein letztes Mal an und schafft es, ein dramatisches Dunkelrot an den Himmel zu malen, bevor sie endgültig im Wasser versinkt. Ein magischer Moment, in dem die sozialen Gegensätze Brasiliens zu verschwimmen scheinen und das Leben einfach perfekt ist. Um es mit den Worten des Sängers und ehemaligen Kulturministers Gilberto Gil zu sagen: »O melhor lugar do mundo é aqui e agora.« Man kann ihm nur zustimmen: Der schönste Ort der Welt ist hier und jetzt.

KASSENBON
1 Real ≈ 0,19 €

Frühstück bei Clayton	5 Real
Mineralwasser	3 Real
Geldspende	10 Real
Seife als Souvenir	35 Real
Uber (mehrfach)	35 Real
Mittagessen in der Markthalle	43 Real
Eis an der Ribeira	20 Real
Kokoswasser	5 Real
Eintritt Cidade da Música	20 Real
Abendessen bei Dona Suzana	40 Real
REAL	216,00
EURO	41,05

SAN FRANCISCO/ OAKLAND

Christoph Drösser/
Arndt Peltner

UNTERWEGS AUF BEIDEN SEITEN DER BUCHT

TEIL 1: SAN FRANCISCO

San Francisco ist eine der markantesten Touristenattraktionen der Welt: Golden Gate Bridge, Cable Cars, die Hippie-Nostalgie im Stadtteil Haight-Ashbury ... Wir ignorieren auf unserer heutigen Tour weitgehend diese weltbekannten Attraktionen der Stadt an der Bay und setzen uns stattdessen mit der jüngeren Geschichte San Franciscos auseinander. Zudem besuchen wir das auf der anderen Seite der Bucht gelegene Oakland, eine vibrierende Stadt mit 440 000 Einwohnern, die von den meisten Touristen ignoriert wird. Wir werden einige Kilometer zu Fuß zurücklegen, also ziehen Sie bequemes Schuhwerk an!

Unsere Tour beginnt morgens um 9 Uhr am **Union Square** in Downtown San Francisco. Egal wie das Wetter hier aussieht – wir haben uns mit mehreren Textillagen auf das wechselhafte Wetter der Stadt eingestellt. »Der kälteste Winter meines Lebens war der Sommer in San Francisco« – dieser Satz wird Mark Twain zugeschrieben. Wahrscheinlich hat er ihn nie gesagt, aber gepasst hätte es. Außerdem füllen wir unsere Wasserflaschen – sich »mal eben« was zu trinken zu kaufen kostet in der Bay Area selten weniger als 5 Dollar.

Rund um den Union Square stehen die meisten Touristenhotels, und viele Besucher sehen außer diesem Platz, der Uferpromenade Fisherman's Wharf und der pittoresken Chinatown nichts von der

Stadt. Wir dagegen werfen nur einen kurzen Blick auf die **Powell Street** und die Schlangen der Touristen, die dort schon früh am Morgen auf die berühmten Cable Cars warten – wir haben eine Alternative. Wir verlassen den Union Square auf der Geary Street, gehen ein paar Blocks die Market Street entlang und dann über die 2nd Street zur Minna Street, wo wir uns unser bescheidenes Frühstück in einer kalifornischen Institution besorgen: **Philz** ist eine Kaffeehauskette, die mit Venture-Kapital unter anderem von Snoop Dogg aufgebaut wurde. Es gibt ausschließlich tassenweise aufgegossenen Filterkaffee, und davon gleich 14 Sorten, die kalten Varianten nicht mitgezählt. Ein kleiner Tantalizing Turkish (die »kleine« Version ist in Amerika immer groß genug) und ein Blaubeer-Muffin erleichtern uns schon um 8,40 Dollar (1 $ ≈ 0,98 €). San Francisco ist ein teures Pflaster.

FRÜHSTÜCK IM DACHGARTEN

Wir bestellen *to go*, denn wir wollen unser Frühstück in einer aufregenderen Atmosphäre einnehmen. Zwei Blocks weiter steht der **Salesforce Tower**, das höchste Gebäude der Stadt, und daneben befindet sich das **Salesforce Transit Center** – ein mehrstöckiger Busbahnhof, der 2018 eröffnet wurde (und dann gleich wieder für ein Jahr zumachen musste, weil Risse im Bau entdeckt wurden). Wir wollen aufs Dach! Dazu nehmen wir entweder die spektakuläre, aber kurze Seilbahn, oder wir gehen ins Gebäu-

> San Francisco ist ein Touristenmagnet, spätestens seit die Hippies 1967 mit Blumen im Haar dort hinpilgerten. Auf der gegenüberliegenden Seite der San Francisco Bay liegt Oakland, eine weniger bekannte, aber ebenso interessante Stadt. Wir versuchen, beide in eine Tagestour zu packen.

de und fahren mit Fahrstuhl oder Rolltreppe nach oben. Und dann breitet sich vor uns ein zwei Hektar großer Park aus, vier Stockwerke über der Straße. 600 Bäume und 16 000 Pflanzen aus aller Welt können wir hier bewundern, und nach einem kurzen Rundgang setzen wir uns auf einen der bunten Stühle auf der Plaza und trinken unseren Kaffee im Schatten der Wolkenkratzer von San Francisco. Eine grüne Oase in luftiger Höhe, die sich zur Mittagszeit mit Büroarbeitern aus den Gebäuden ringsum füllt.

Gegen 10 Uhr brechen wir auf und machen uns auf den Weg zurück zur **Market Street**. Wir wollen nun nämlich unsere Reise mit der günstigeren Alternative zu den Cable Cars antreten, für die man auch nicht anstehen muss. An der Ecke Battery Street warten wir auf die nächste **Straßenbahn der F-Linie**. Diese Linie wird mit historischen Wagen aus aller Welt bestritten. Die bunten Einzeltriebwagen stammen aus den 40er- und 50er-Jahren, wurden in anderen amerikanischen Städten zusammengekauft und liebevoll restauriert. Es gibt aber auch italienische Waggons aus dem Jahr 1928, auf deren Holzbänken man kräftig durchgerüttelt wird. Wir nehmen die nächste Bahn, die kommt, und tuckern mit ihr gemächlich die Market Street hinauf gen Westen bis zur Endstation Castro. Auf den Fahrplan müssen wir nicht achten, der ist sowieso unzuverlässig. Die Bahnen fahren etwa alle zwölf Minuten, manchmal kommen aber auch zwei direkt hintereinander und dann eine Weile gar nichts. Wichtig: Wir müssen 3 Dollar abgezählt bereithalten! (Wenn wir länger in der Stadt sind, lohnt sich die Anschaffung einer »Clipper Card«, die man aufladen kann und mit der die Fahrt nur 2,50 Dollar kostet.)

Die Bahn durchquert das **Tenderloin**, ein Sorgenviertel dieser reichen Stadt, in dem das soziale Ungleichgewicht noch deutlicher sichtbar wird als anderswo. Obdachlose campieren oft in Zelten auf dem Bürgersteig. Ein Kontrast dazu ist an der Ecke der 8. Straße das **Haupt-**

quartier der Internetfirma **Twitter**. Mit etwas Glück erspähen wir die Kuppel der **City Hall** direkt hinter dem **United Nations Plaza,** der an die Gründung der Vereinten Nationen in San Francisco erinnern soll.

IM ZEICHEN DES REGENBOGENS

Nach etwa 20 Minuten steigen wir an der Endstation **Castro** aus und legen den Kopf in den Nacken: Über uns weht eine sechs mal neun Meter große Regenbogenfahne. Dieses Symbol, das weltweit für Toleranz und die Vielfalt von Lebensentwürfen steht, wurde 1978 hier im Castro von dem Künstler Gilbert Baker entworfen. Man findet es in diesem Stadtteil an jeder Ecke, sogar die Zebrastreifen an der Kreuzung Castro/18th Street leuchten in den Regenbogenfarben.

Der Castro ist das Zentrum der LGTBQ-Bewegung San Franciscos, sozusagen der schwulste Stadtteil der schwulsten Stadt der USA. Direkt unter der Regenbogenfahne beginnt um 11 Uhr unsere zweistündige kostenlose Stadtführung, die uns die Geschichte des Stadtviertels nahebringt. Und die ist auch eine Geschichte des gesellschaftlichen Wandels in den USA und auf der ganzen Welt. *(Upgrade: Stadtführungen auf Deutsch durch den Castro und andere Stadtviertel bietet Frank Marx mit seiner Firma Frank-in-Cisco an. Sonderpreis für Leserinnen und Leser dieses Buchs: 49 Euro mit dem Code »49EURO«; frankincisco.com.)*

Unsere Stadtführerin Bonnie, eine etwa 70-jährige, jung gebliebene Veteranin und Zeitzeugin dieses Viertels mit grauem Wuschelhaar und Lederjacke, führt uns erst einmal auf die andere Seite der Market Street. Dort liegt zwischen zwei stark befahrenen Fahrbahnen der **Pink Triangle Park,** ein winziger dreieckiger Park mit einem mit losen rosa Kristallen gefüllten Dreieck in der Mitte. Eine unscheinbare Gedenkstätte, die an die von den Nazis ermordeten Homosexuellen erinnert.

Wer durch den Castro wandert, der kann einem Namen nicht entgehen: Harvey Milk. An der U-Bahnstation hängen Fotos mit Szenen aus seinem Leben, die **Bar Harvey** ist nach ihm benannt, und die örtliche öffentliche Grundschule trägt stolz den Namen **Harvey Milk Civil Rights Academy**. Milk war der erste offen homosexuelle Politiker Kaliforniens. Er wurde 1977 einer der elf Stadträte von San Francisco – aber schon nach elf Monaten wurden er und der Bürgermeister George Moscone von einem verwirrten konservativen Ex-Stadtrat erschossen (die Geschichte wird in dem Spielfilm »Milk« mit Sean Penn erzählt).

Während wir durch die Straßen des Castro flanieren, die vielen Sexshops weitgehend ignorieren und dafür die vielen wunderschönen viktorianischen Häuser bewundern, erzählt uns Bonnie nicht nur vom Leben Harvey Milks, sondern auch von der katastrophalen Aids-Epidemie in den 1980er-Jahren, die allein in San Francisco 20 000 Männer das Leben kostete. Die Wand des Gebäudes an der **Ecke Castro/18th Street,** das heute die Bank of America beherbergt, dient noch als Anschlagbrett für Todesanzeigen und Nachrufe auf Aids-Opfer – damals war sie stets überfüllt, heute ist sie glücklicherweise meist leer.

An dieser Stelle muss ich zugeben, dass ich ein bisschen geschummelt habe: Die Stadtführung war tatsächlich kostenlos, aber die Organisation San Francisco City Guides, die seit 1978 diese Touren mit freiwilligen Führerinnen und Führern organisiert, ist auf Spenden angewiesen und sagt das auch deutlich. Deshalb gehe ich davon aus, dass Sie (ohne Rücksicht auf unser begrenztes Budget) den einen oder anderen Schein in den Umschlag legen, der am Ende herumgereicht wird.

Jetzt sind wir zurück an der Regenbogenfahne, und der Magen knurrt. Nur ein paar Schritte die Castro Street hinunter können wir uns bei **Rossi's Deli** ein üppiges Sandwich bestellen – etwa die Italian Combo mit Salami, Schinken und Mortadella für 10,80 Dollar. Der Besitzer dieses Delis ordert übrigens jeden Winter Weihnachtsleckereien aus Deutschland – mit etwas Glück kann man hier noch im Mai einen Christstollen kaufen. Wer auf Süßes steht, holt sich aber lieber im **Hot Cookie** auf der anderen Straßenseite einen der handtellergroßen Kekse, die von gestern übrig geblieben sind. Die kosten nämlich nur einen Dollar und nicht 4,50 wie die frischen.

Auf dem Platz, wo wir mit der F-Line angekommen sind, gibt es ein paar bunte Stühle, auf denen wir uns mit unserem Sandwich niederlassen und dem Treiben im Castro zuschauen. Wahrscheinlich schaffen wir nur die Hälfte des großzügig belegten Brots und sparen uns den Rest für später auf. Mit ziemlicher Sicherheit fallen uns die Obdachlosen ins Auge, von denen es auch im Castro viele gibt. Mit etwas Glück erspähen wir aber auch einen der braun gebrannten Männer, die hier fast komplett nackt, nur mit einem goldenen Säckchen über den privatesten Teilen, durch die Straßen flanieren. Wir sitzen direkt gegenüber dem Eingang der **Twin-Peaks-Bar** – in den 70er-Jahren die erste Homosexuellenbar mit großen Glasfenstern, durch die die Gäste selbstbewusst nach draußen, aber auch die Passanten nach drinnen schauen konnten. Im Castro wurde das Ende der Heimlichkeiten eingeläutet.

Nun aber ruft Oakland. Wir fahren zurück Richtung Osten, aber diesmal nehmen wir die schnellere U-Bahn. Jede der Linien, die von hier abfahren, bringt uns in Richtung **Embarcadero,** der letzten Station in San Francisco. Dort steigen wir aus und machen noch einen kleinen kulturellen Abstecher in die 40er-Jahre des 20. Jahrhunderts.

Wir gehen einen Block die Spear Street hinunter und sind in fünf Minuten am **Rincon Center,** einem Komplex von Restaurants und Büros. Unser Ziel ist das **alte Postamt,** das wir von der Mission Street aus betreten. Die Halle ist meist menschenleer – die Schalter sind noch da, aber nicht mehr in Betrieb. Was uns aber sofort ins Auge fällt, sind die Wandgemälde: 27 großflächige, realistische Darstellungen der Stadtgeschichte, in den 40er-Jahren des letzten Jahrhunderts im Stil des sozialistischen Realismus gemalt von dem russischstämmigen Künster Anton Refregier. Sie sind Teil einer Kunstgeschichte, die man im Zentrum des modernen Kapitalismus vielleicht nicht erwartet hätte.

Heute würde man die Kunst als Resultat einer ABM-Maßnahme bezeichnen – seit 1935 gab es in den USA im Rahmen des New Deal die Works Projects Administration, die Arbeitslosen Arbeit verschaffte, auch vielen Künstlern. Und die standen meist der Arbeiterbewegung nahe und stellten die Geschichte ihres Landes kritisch dar. Refregier war schon während seiner Malarbeiten heftigen Anfeindungen ausgesetzt, und noch heute lösen die Kunstwerke aus dieser Zeit politische Diskussionen aus. In San Francisco kann man ähnliche Wandgemälde noch im **Coit Tower** bewundern, aber auch in der öffentlichen **George-Washington-Schule**.

Nach der kurzen Runde gehen wir zurück zur Station **Embarcadero** – aber Vorsicht: diesmal gehen wir nicht in den Eingang der MUNI, der Stadtbahn von San Francisco, sondern zur BART. Typisch amerikanisch: Es gibt tatsächlich zwei Verkehrsnetze, eins für die Stadt und eins für die gesamte Bay Area, die man nicht mit demselben Ticket befahren kann. Wir lösen also einen weiteren Fahrschein für 4,20 Dollar und steigen in einen Zug der blauen oder grünen Linie der BART, die uns unter dem Wasser hindurch zum anderen Ufer der Bay bringt.

TEIL 2: OAKLAND

Wir steigen aus an der Haltestelle Lake Merritt. Hier sind wir am Rande von Downtown Oakland, einer Stadt mit Strand und Redwoods, einer langen Geschichte der Arbeiterbewegung, einem Zentrum der afroamerikanischen Kultur und der Black-Power-Bewegung. Einer Stadt, die meist im Schatten der großen Schwester *across the Bay* steht.

> **HIGHLIGHT**
>
> **OAKLAND MUSEUM OF CALIFORNIA**
> Geschichte, Kunst, Kultur und aktuelle Ausstellungen mit Bezug zu Kalifornien sind hier zu erleben.

Oakland ist eine Stadt, die man lieben lernt, wenn man sich auf sie einlässt.

Von der BART-Station ist es gerade mal einen Straßenblock auf der Oak Street, dann liegt da schon auf der rechten Seite das **Oakland Museum of California**. Der wunderschöne und neu gestaltete Garten des Museums mit etlichen Skulpturen, mit Werken von Betty Gold und Peter Voulkos, ist kostenlos zugänglich. *(Upgrade: Der Eintritt ins Museum kostet 16 Dollar. Es ist für seine Dauerausstellung über die Geschichte, Kultur und Kunst Kaliforniens bekannt. Daneben findet man hier auch das Archiv der weltbekannten Fotografin Dorothea Lange.)*

Gleich hinter dem OMCA liegt der **Lake Merritt**, eine Gezeiten-Lagune, die über einen Kanal mit der San Francisco Bay verbunden ist. Das hat wohl auch dazu geführt, dass hier und nur hier in diesem See eine Krebsart existiert, die sonst nirgends auf der Welt zu finden ist, die *Transorchestia enigmatica*. Der See wurde bereits 1870 als Naturschutzgebiet ausgewiesen, als erstes überhaupt in den USA. Knapp fünf Kilometer lang ist die Uferpromenade, ein Naherholungsgebiet mitten in der Stadt, das von Joggern und Ruderern, von Spaziergängern und Rollschuhläufern gleichermaßen und rund um die Uhr genutzt wird. Gerade an Wochenenden ist hier die Hölle los mit BBQs und Livemusik, Outdoor-Kunstshows und Theater.

Weiter geht es um den See herum, entlang des Ufers, vorbei am grünen Labyrinth, dem Spielplatz und dann zu einem kleinen Juwel, **The Gardens at Lake Merritt**. Seit mehr als 50 Jahren setzen sich hier Freiwillige ein, um direkt im Herzen der Stadt ganz unterschiedliche Gärten zu pflegen. Dreizehn an der Zahl sind es, darunter auch ein Bonsai- und ein natürlicher regionaler Bay-Garten. Mit diesem Angebot will man nicht nur eine erholsame Oase am Rande des geschäftigen Downtown schaffen, sondern auch ganz allgemein Interessierten das Gärtnern in der Stadt näherbringen. Der Eintritt ist frei.

Unser Spaziergang um den See bringt uns an die Ecke Grand Avenue und Harrison Street. Dort sieht man schon von Weitem die katholische Kirche **The Cathedral of Christ the Light**. Sie wurde 2008 geweiht, nachdem im Loma-Prieta-Erdbeben von 1989 die Vorgänger-Kathedrale schwer beschädigt worden war. Der Architekt Craig W. Hartman, der auch für das lichtdurchflutete Design des internationalen Terminals am Flughafen von San Francisco verantwortlich ist, entwarf dieses Gotteshaus mit seiner faszinierenden Form, die als *vesica piscis* oder Fischblase beschrieben wird, wie zwei sich überschneidende Kreise. Und auch hier, wie am Flughafen, hat Hartman ganz besondere Lichteinflüsse zur Geltung gebracht, die dem riesigen Kirchenraum eine warme und moderne Atmosphäre geben. Die Kathedrale ist außerhalb der Gottesdienstzeiten offen für Besucher.

THE TOWN – STADT DER KUNST UND KULINARIK

Weiter geht es Richtung Westen auf der **Harrison Street**. Den See lassen wir links liegen und laufen bis zur 17. Straße, dort biegen wir rechts ab in ein Stadtviertel, zwischen Lakeside und Uptown, das *up and coming* ist und das auch die Vielfalt und den kulturellen Reichtum Oaklands widerspiegelt. Restaurants und Shops, Bars und Nachtclubs.

Vor ein paar Jahren noch war diese Gegend heruntergekommen und verrufen, wie vieles um Downtown herum. Doch es hat sich viel getan. Unzählige Galerien, Kunst- und Kulturprojekte wurden eröffnet, und Oakland wurde zu einer wahren *food city*. Hier kann man sich um die Welt essen, dazu gibt es unglaublich viele Fusion-Versuche, Eigenkreationen von kreativen Köchen. Oakland ist eine *black city*, eine von Afro-Amerikanern geprägte Metropole. Die Jazz- und Hip-Hop-Szenen aus »The Town«, wie Oakland auch genannt wird, sind weltberühmt.

Viele dieser afroamerikanischen Musikgrößen kann man neben den Black-Panther-Anführern auf den unzähligen *murals*, den Wandbildern überall in der Stadt sehen, auch entlang der **Grand Avenue** zwischen **Grand Lake Theatre** und **Kathedrale**. Oakland wurde auch schon aufgrund der vielen »Public Art«-Werke die größte Galerie westlich des Mississippi genannt. Eine kleine Galerie, die sich vor allem auf die soziale und kulturelle Vielfalt der Bay Area konzentriert und das mit einem Fokus auf afroamerikanische Künstlerinnen und Künstler, findet man ein paar Blocks weiter auf der 14. Straße, Ecke Franklin Street. Die **Joyce Gordon Gallery** ist seit 2003 an diesem Ort und belegt auch, wie sich Downtown Oakland in den vergangenen Jahren von einer verwaisten und verwahrlosten Innenstadt zu einem hippen Zentrum voller Kunst und Kultur gemausert hat. Zu sehen sind Bilder, die durchaus bewegen und ansprechen, aber den Besuchern auch einen anderen Blick auf die zum Teil schwierige amerikanische Geschichte und Gegenwart erlauben.

Von hier gehen wir einfach über den Broadway die 14. Straße Richtung Norden weiter, vorbei am **Frank Ogawa Plaza** und dem **Rathaus**, das nach dem verheerenden Erdbeben von 1906 neu errichtet wurde. Vier Straßenblocks weiter befindet sich auf der linken Seite das **African American Museum and Library** mit einer festen Ausstellung über die geschichtlichen und kulturellen Erfahrungen von Schwarzen in Kalifornien. Eintritt frei! Gleich daneben erlaubt der Preservation Park einen Blick zurück auf eine Häuserzeile alter Gebäude, wie sie vor 125 Jahren in der Stadt zu finden war. Heute sind hier viele gemeinnützige Organisationen untergebracht. Die historische Kulisse wird oft auch für Hochzeitsfotos genutzt.

PER BOOT ZURÜCK ÜBER DIE BAY

Nach fast zehn Kilometern zu Fuß und etlichen Stunden durch Oakland ist es Zeit fürs Abendessen. Nicht nur Veganern wird es im **Golden Lotus Vegan Restaurant** an der Ecke Franklin Street und 13th Street schmecken. Sehr zu empfehlen sind die Golden Rolls im Golden Lotus für 6 Dollar und der Spicy Papaya Salad für 12 Dollar. Wir entscheiden uns für Stir Fried Vegetable Chow Mein für 14 Dollar.

Anschließend spazieren wir die Franklin Street weiter Richtung Westen, durch das **Chinatown** von Oakland, unter dem Freeway 880 durch, und kommen so direkt zum **Jack London Square**. Ein ganz besonderer Ort ist dort, nur einen Block weiter südlich, **Heinold's First and Last Chance Salon,** die älteste Bar der Stadt, etwas windschief und abgesackt, aber mit gutem lokalen Bier. Wir bestellen uns eine Flasche für 6 Dollar (vom Fass kostet es 8 Dollar). Hier ließ sich einst Jack London von den Erzählungen der Seefahrer inspirieren und schrieb einige seiner berühmten Geschichten, darunter »Der Seewolf«.

Zum Schluss dann das große Finale, die beeindruckende Überfahrt für 5,75 Dollar von Oakland zurück nach San Francisco. Die **Anlegestelle der Fähre** ist nur ein paar Blocks nördlich von Heinold's zu finden. Es geht durch den Containerhafen von Oakland und unter der **Bay Bridge** hindurch, direkt mit Kurs auf die Hochhaussilhouette von Downtown San Francisco.

KASSENBON
1 $ ≈ 0,98 €

Frühstück im Philz	8,40 $
2x Fahrt mit MUNI	6,00 $
Sandwich und Cookie zu Mittag	11,80 $
Fahrt mit BART	4,20 $
Abendessen im Golden Lotus	14,00 $
Bier	6,00 $
Fähre	5,75 $
DOLLAR	56,15
≈ EURO	55,05

SYDNEY

Julica Jungehülsing

WELLENRAUSCHEN UND WOLKENKRATZER

Den Sonnenaufgang in Sydney zu verpassen ist leicht. Vor allem im Sommer, wenn es schon gegen 5.30 Uhr hell wird. Aber frühes Aufstehen lohnt sich in der Stadt am Pazifik, und die Stunde, die dem morgendlichen Spektakel in Orange und Rosa folgt, ist fast genauso magisch. Erst recht auf den Felsen im Strandvorort **Bronte Beach**. Im Meerwasserpool am Südrand der Bucht ziehen die ersten Schwimmer ihre Bahnen. Zwei drahtige Seniorinnen wechseln Australiens wichtigste Small-Talk-Sätze zur Wassertemperatur: »It's cold at first« – erst ist es kalt, sagt eine, »… but once you're in it's beautiful«, aber wenn man erst mal drin ist, ist es wunderbar, ergänzt die Freundin. Die Flut spült frischen Pazifik über die Steinbrüstung ins Becken, Möwen jagen sich über dem noch menschenleeren Sand, Surferinnen und Surfer reiten vor der Arbeit ein paar Wellen.

Das hügelige Viertel, aus der Innenstadt via U-Bahn (T4) nach Bondi Junction und 379er Bus in knapp 40 Minuten zu erreichen, ist alles andere als eine Schnäppchengegend. Ein-Zimmer-Apartments ohne Meerblick mieten Australier hier für umgerechnet 1500 Euro im Monat. Zwischen Villen, Bungalows und blühendem Eukalyptus schieben Nannys Kinderwagen, die mehr kosten als ein Flug nach Bali. Aber die besten Seiten von Bronte Beach im Osten der Fünf-Millionen-Einwohner-Stadt sind gratis: das in den Felsen gebaute Meerwasserbad am Südende der Bucht, der Blick über Küste und Ozean, die

Ruhe am Morgen, der Park, in dem an heißen Tagen Regenwaldbäume Schatten spenden.

Nach einem Sprung ins Wasser bin ich wach, von der Cafémeile duftet es nach Espresso. Im **Bogey Hole**, einem der ältesten Cafés an der Straße am Park, serviert das gut gelaunte Team einen Flat White genannten Milchkaffee und eine dicke Scheibe Bananenbrot für 10 Dollar (knapp 6,70 Euro; 1 Dollar ≈ 0,68 €) – die beste Stärkung für den etwa drei Kilometer langen Spaziergang Richtung Norden.

TREPPAUF UND BERGAB DEN KÜSTENWEG ENTLANG

Der Fußweg entlang der Steilküste ist um diese Uhrzeit Walk-, Talk- und Laufstrecke der Einheimischen. Die Touristen kommen erst später, wenn es dafür eigentlich längst zu heiß ist. Große Sonnenbrillen und Botox, Sportkappen, Leopardenmuster-Leggings und knappe Tanktops überwiegen, sind aber zum Glück noch keine Pflicht.

In der **Bucht von Tamarama** rammen die Lifeguards ihre rot-gelben Flaggen in den Sand und markieren die sicherste Schwimmzone. Strömungen machen die schmale Bucht zu einer der gefährlichsten der Stadt. Aber Tama – dem hier sonnenbadenden Talent zuliebe auch Glamourama genannt – ist zugleich einer der charmantesten von Sydneys mehr als 40 Stadtstränden. In den Picknickhütten im Park feiern Familien an Wochenenden Kindergeburtstage, junge Leute treffen sich zum Barbecue, sonnengebräunte Brasilianerinnen schlagen ihre schwedischen Freunde im Beachvolleyball. Den blitzweißen Strand begrenzen hohe Sandsteinfelsen, die von Wind und Meer in Jahrtausenden zu organisch gerippten Skulpturen ausgewaschen wurden. Zwischen Apartmenthäusern, Park und Pazifik windet sich der Küstenwanderweg weiter am Meer entlang. In **Mackenzies Bay** fülle ich meine Wasserflasche an Bubblern auf, die Sydneys sehr genießbares Trinkwasser gratis verteilen.

Kurz vor der höchsten Stelle des Spazierwegs laufen viele Passanten an einem der interessantesten Flecken dieses *coastal walk* einfach vorbei. Im Felsplateau mit Blick nach Süden zeigen Felsmarkierungen der Aborigines einen Wal und einen Hai. Weder ein Schild noch ein offizieller Hinweis erwähnt die alten Gravuren im Stein. Vielleicht sollen sie so vor zu vielen Füßen geschützt werden? Für mich sind sie jedenfalls ein besonderer Ort, eine Gelegenheit, um einen Moment auf den warmen Steinen sitzend innezuhalten. Es ist keine zehn Generationen her, dass hier, wo jetzt die Extrareichen der Metropole um die Wette laufen und bauen, noch die Bidjigal- und die Gadigal-Aborigines der Eora-Nation Rochen fischten und Muscheln aßen. Heute sind noch knapp 3,3 Prozent der australischen Bevölkerung Aboriginal Australians, in den Eastern Suburbs, wie diese Viertel am Meer genannt werden, sind allerdings die wenigsten von ihnen zu Hause.

Immerhin der Name des nächsten Strandes, **Bondi Beach,** erinnert an die indigene Bevölkerung: Bondi – Boondi – »Wellen, die auf den Strand krachen«, bedeutet der Name der halbmondförmigen Bucht einigen Überlieferungen zufolge. Andere sagen, das Wort beschreibe einen Ort, an dem mit *bondi-* oder *nulla-nulla-*Stöcken gekämpft wird. Heute wird im populärsten Strandviertel der Großstadt, wenn überhaupt, um gute Wellen und Immobilien gestritten. Sand und Surf, Meer und Ferienflair nur 30 Minuten von der Innenstadt entfernt haben das Viertel in den vergangenen 20 Jah-

> Sydney ist weitläufig, jung und schnell, jedes Viertel der Fünf-Millionen-Stadt hat seinen eigenen Charakter. Auf dieser Tour atmen wir durch an einigen der mehr als 40 Strände der Pazifikmetropole, trinken den besten Kaffee der Welt und erleben die Wolkenkratzer der quirligen Innenstadt am Hafen.

ren zu einer der begehrtesten Wohnlagen der Stadt gemacht. Ein Penthouse nicht weit vom Icebergs-Schwimmbad am Südende von Bondi brach 2021 Rekorde: Für 21 Millionen Dollar wechselte die teuerste Wohnung, die je in ganz Australien bei einer Auktion verkauft wurde, ihren Besitzer. Eine stattliche Summe für eine Gegend, die noch vor 25 Jahren als schäbig galt und in der Backpacker, zugereiste Norddeutsche und eingewanderte Kiwis ihre WG-Türen offen ließen, wenn sie surfen gingen – auch, weil es eh nichts zu klauen gab.

Aber Sydney ist eine schnelle Stadt, Viertel verändern sich in rasantem Tempo, Trends noch schneller. Wer wissen will, ob Koffein gerade kalt gefiltert, als Macchiato oder als Turmeric-Chai-Latte getrunken werden sollte, braucht seine Nase nur in eines der etwa 50 Cafés in Bondi zu stecken und mit einem der garantiert tätowierten Baristas zu fachsimpeln. Gourmet-Eisdielen, Tapas-Bars und Restaurants, die vegan, mexikanisch oder japanisch kochen, sind die Kulisse für das gut einen Kilometer lange Küstenstück, an dem gleich zwei Lebensretterevereine Badende vor dem Ertrinken bewahren. Während die Freiwilligen in Rot-Gelb nur an Wochenenden im Sommer im Einsatz sind, behalten die Profi-Lifeguards an 365 Tagen im Jahr die Massen an Strand und Meer im Blick. Der Hauptaussichtsturm der TV-berühmten Bondi-Beach-Retter markiert die Mitte des Strandes an der Promenade, auf der so viele gut trainierte Menschen in Lycra schaulaufen, dass man sich kaum vorstellen kann, dass laut Gesundheitsbehörde zwei von drei erwachsenen Australiern übergewichtig sind.

Vor dem zweistöckigen **North Bondi RSL-Club** am Ende des Strandes geht es über einen Fußweg hoch zur Busstation. Aber vorher ist noch Zeit für einen Espresso (4,50 Dollar) oder Kombucha (6 Dollar) im **Cafe Bondi**. Ins Wellenrauschen mischt sich hier oben das Hupen von Bussen und Mopeds, aber beim Blick über die Bucht Richtung Horizont lässt sich erahnen, warum Sydneysider, die das Meer lieben,

Unsummen für ein Zuhause in diesem Viertel ausgeben. Etwas Obst für unterwegs (3 Dollar) gibt's beim **North Bondi Grocer,** ehe wir in den 380er-Bus steigen, der alle 20 Minuten nach Watsons Bay fährt. Dafür sollten Sie sich schon die **Opal Card** besorgt haben (erhältlich und aufladbar an größeren Stationen), mit der in Sydneys öffentlichen Verkehrsmitteln bezahlt wird. Beim Ein- und Aussteigen hält man sie an den Kartenleser *(tag on/tag off)*. Jede Strecke wird abgebucht, maximal aber der Tagestarif von 16,30 Dollar. Wer keine Opal Card kaufen will, kann auch eine Kreditkarte mit der kontaktlosen PayWave- oder PayPass-Funktion an die *tag*-Geräte halten, der Tarif ist der gleiche.

Die Tour über die Landzunge zwischen City im Westen und Meer im Osten ist relaxtes Sightseeing und Erholung für die Füße. Nach etwa zehn Minuten darf man am **Dudley Page Reserve** den Blick nach links nicht verpassen: Jenseits der Grünfläche blitzen für einige Momente die Skyline der Innenstadt, der Hafen und die berühmte Harbour Bridge in der Sonne.

ÜBERS WASSER IN DIE INNENSTADT

Kakadus und Regenbogenloris kreischen in **Watsons Bay** auf den Ästen der Norfolk Island Pines. Das glitzernde Blau der Bucht ist hier nicht mehr offener Pazifik, sondern gehört zum riesigen Hafen. **Sydney Harbour** umfasst 55 Quadratkilometer Wasserfläche, die längst viel mehr Spielplatz für Segler, Kajakfahrerinnen und Motorbootfans ist als Verladeplatz für Güter. Die landen inzwischen etwas südlich in Botany Bay, wo auch Ölhafen und Industrie untergebracht sind. In Watsons Bay lebten früher die Hafenlotsen, heute genießen eher gut betuchte Sydneysider – und Besucher – den spektakulären Blick übers Wasser zu den Wolkenkratzern der City.

HIGHLIGHT

SYDNEY HARBOUR

Offiziell Port Jackson genannt, gehört der Hafen von Sydney mit 240 Kilometern Küstenlinie zu den schönsten der Welt.

Das Traditionslokal **Doyles** hat eine etwas günstigere Filiale mit Takeaway-Verkauf am Anleger, wo Fish & Chips (17,90 Dollar) zwar kein Schnäppchen sind, aber ins Tagesbudget passen. Beim Picknick am Ufer oder unter den riesigen Bäumen im Park droht nur eine Gefahr: dass die Möwen uns Fritten oder Fang streitig machen.

Alle 30 Minuten legt die Fähre zum Circular Quai ab – die mit Abstand günstigste Variante einer **Hafenrundfahrt** und zugleich der charmanteste Weg zurück in die Innenstadt. Vorbei an Landzungen, Felsnasen und kleinen Buchten steuert das Boot gen City, auf den Hügeln rundum wetteifern Privatschulen, Wohnungen und Villen um die schönste Aussicht. »Niemand verschwendet in Sydney Zeit damit, über den Sinn des Lebens nachzudenken, wichtig ist allein eine Wohnung am Wasser«, lästerte der Dramatiker David Williamson 1987 über die Einwohner von Sydney.

Die Schönheit des Hafens bemerkten aber schon lange vor Besiedelung und Bauwut die Seeleute der First Fleet. Kapitän Arthur Phillip, Kommandeur der ersten Seglerflotte, die Sträflinge aus England in die künftige Kolonie brachte, freute sich 1788, er habe den »ausnahmslos schönsten Hafen der Welt« erreicht und notierte: »Hier können tausend Segel der Linie in vollkommener Sicherheit fahren.«

234 Jahre sind vergangen, seit jene elf Schiffe unter Phillips Kommando in der Bucht festmachten, die heute das Herz von Australiens größter Metropole ist. Und nur ein privilegierter Bruchteil der 5,5 Millionen Bewohner der Stadt blickt tatsächlich beim Aufwachen über Hafen oder Meer, die meisten leben in den Vororten im Norden und Süden oder jenen, die sich nach Westen fast bis zum Fuß der Blue Mountains ausdehnen.

Britischen Sträflingen und Offizieren bot sich Ende des 18. Jahrhunderts ein völlig anderes Bild. Wo jetzt S-Bahnen an Bürotürmen, Hotels und Museen vorbeirauschen, mündete ein Fluss. Unter Eukalyptusbäumen am felsigen Ufer beobachteten Ureinwohner jene weißhäutigen Neuankömmlinge, die ihr Leben dramatisch verändern sollten. 750 000 Aborigines waren damals Schätzungen zufolge auf dem Kontinent zuhause, Hunderte von einzelnen Völkern, die sich in mehr als 250 Sprachen verständigten. Für die Gadigal rund um das heutige Sydney hatten die Briggs in der Bucht besonders radikale Folgen: Wenigstens jeder Zweite war ein Jahr später an Pocken gestorben, viele weitere von ihrem Land vertrieben worden.

MUSEUMSKUNST UND THAIKÜCHE

Zwei Blocks jenseits des Fähranlegers **Circular Quay** ist an der Stelle von Phillips ehemaliger Residenz heute das **Museum of Sydney** untergebracht, in dem auch Modelle der elf ersten Briggs die frühe Stadtgeschichte illustrieren. *(Upgrade: Für 15 Dollar Eintritt können wir das Museum besuchen.)* Für uns geht es Richtung Harbour Bridge zum **Museum of Contemporary Art** (MCA, montags geschlossen). Der für Sydney typische Architekturmix der Kunstgalerie aus recht alt und sehr neu ist spannend, der Eintritt frei, und wer freitags unterwegs ist, kann zeitgenössische Kunst, Arbeiten indigener Australier und wechselnde Sonderausstellungen bis 21 Uhr entdecken.

Einer meiner Lieblingsorte in der Innenstadt ist die Caféterrasse des Museums im vierten Stock. Entspannt, eher minimalistisch im Dekor, dafür mit einem umso opulenteren Ausblick: auf die weißen Segeldächer des **Opernhauses** gegenüber, die mächtigen Bögen der stählernen **Harbour Bridge** und das glitzernde Wasser, über das im

Minutentakt gelb-grüne Fähren die Bürovölker aus den Innenstadttürmen nach Hause schippern. Wer freitags im MCA-Café ist, gönnt sich abends für zusätzliche 9 Dollar einen Sunset-Sekt oder ein Bier, aber auch »nur gucken« ist auf der Terrasse des Museumscafés okay.

Günstig und gut zu Abend zu essen wäre in dieser Ecke der Stadt kaum möglich, zum Glück ist eines der besten authentischen Thai-Restaurants nur 20 Minuten entfernt. Einer der Busse, die über die Elizabeth Street stadtauswärts fahren (333, 343, 304). fährt alle paar Minuten vom Circular Quay zur **Liverpool Street,** alternativ fährt die Light Rail L3 bis **Chinatown,** von beiden Stopps sind es nicht mehr als fünf Minuten zu Fuß zur Wentworth Avenue 90, wo das Team von **Spice I Am** vermutlich sorgenvoll über die wenigen, aber vollen Tische schaut, die Telefonnummer der hungrigen Gäste notiert und ruft: »30 Minutes!« Meistens melden sie sich schon früher mit einem freien Tisch.

Die Wartezeit lässt sich nutzen, um im **Bottle Shop des Surry Hills Hotels** gegenüber eine Flasche Wein auszusuchen – für jene, die als Extra zum Essen ein Glas trinken möchten. Das Restaurant ist »BYO«– was gut australisch *Bring Your Own* abkürzt und besagt, dass die Gäste eigene alkoholische Getränke mitbringen können. Das Jungle Curry (22,50 Dollar) ist ein scharf gewürztes Gericht mit Bambus, Kürbis, frischen Kräutern und Aubergine. Wasser ist in allen Restaurants gratis. So fährt auch, wer keinen Wein kauft, nicht durstig nach Hause.

```
KASSENBON
1 Austral. Dollar ≈ 0,68 €

Frühstück in
Bronte Beach           10,00 AU$
Getränk im
Cafe Bondi              6,00 AU$
Obst                    3,00 AU$
Tagestarif
Nahverkehr             16,30 AU$
Fish & Chips in
Watsons Bay            17,90 AU$
Abendessen im
Spice I Am             22,50 AU$
..............................
AUSTRAL. DOLLAR        75,70
≈ EURO                 51,50
```

SYDNEY

TAIPEH

Klaus Bardenhagen

HEISSE QUELLEN UND EIN HAFEN VOLLER GESCHICHTE

Die Sonne geht früh auf in Taipeh. Wer mit den Bewohnern von Taiwans Hauptstadt den Tag begrüßen will, sollte vor 7 Uhr auf den Beinen und unterwegs zu einem Park sein. Gefrühstückt wird später, zum Wachwerden auf dem Weg bekommen Sie guten Kaffee in jedem Convenience Store. In den Filialen, die Sie an fast jeder Straßenecke finden, kostet frisch gebrühter Caffe Latte nur 45 Taiwan-Dollar (knapp 1,50 Euro; 100 Taiwan-Dollar ≈ 3,25 €).

Die zentral gelegene monumentale **Gedenkhalle für den früheren Diktator Chiang Kai-shek** ist Pflichtprogramm in jedem Reiseführer. Der »Generalissimo« regierte einst ganz China und musste sich 1949 mit seinen nationalchinesischen Truppen nach Taiwan zurückziehen. Im Kalten Krieg galt er im Westen als Garant für Taiwans Freiheit vom Kommunismus. Tatsächlich herrschte der Diktator per Kriegsrecht, ließ Andersdenkende einkerkern und hinrichten. Im seit den 1990ern demokratischen Taiwan wird das offen angesprochen. Seit Jahren debattiert man im Zuge der Vergangenheitsbewältigung darüber, wie dieser Ort des Personenkults umgestaltet werden soll.

Interessanter als Kontroversen um die Zukunft der Halle sind um diese Uhrzeit die Parkanlagen rund um den riesigen Platz – und die Frühaufsteher, die Sie dort treffen. Zwischen Bäumen und Wasserläufen hüpfen Gruppen älterer Taiwanerinnen beim Frühsport zu Musik, Tai-Chi-Experten sind in Übungen versunken, und manche wirbeln beim Schwerttanz furios traditionelle chinesische Waffen herum. Als Beobachter (oder gar Mitmacher) sind Sie willkommen. Die Menschen freuen sich, wenn westliche Besucher den Weg auf ihre Insel finden. Ein klassisches Touristenziel ist sie trotz aller Sehenswürdigkeiten nicht. Die Volksrepublik China beansprucht Taiwan ja seit mehr als 70 Jahren für sich und achtet eifersüchtig darauf, dass von ihm auf der Weltbühne möglichst wenig zu sehen ist. Von den ständigen – auch militärischen – Drohgebärden ist im Alltag nichts zu spüren. Statt sich verunsichern zu lassen, haben die Taiwaner ihr Land lieber zuerst zum Wirtschaftswunder-Tigerstaat, dann zur Vorzeigedemokratie und zuletzt mit Reformen wie der gleichgeschlechtlichen Ehe zu Asiens progressivem Vorreiter gemacht. Dass es trotz ähnlicher Werte und gegenseitiger Neugier mit persönlichen Kontakten nicht ganz einfach ist, liegt vor allem an der Sprachbarriere. Für Mandarin-Muttersprachler ist Englisch sehr fremdartig, und auch wer es eigentlich versteht, zögert oft, drauflos zu sprechen. Also wollen wir heute solche Hemmschwellen unterlaufen und dicht ran ans echte Leben – an Orte, zu denen es Taiwaner selbst hinzieht.

PLAUDEREI IM THERMALBAD

Besonders lieben viele das Essengehen, am besten dreimal täglich. Jede Mahlzeit muss warm sein, das Frühstück meist herzhaft. Traditionell gibt es entweder Reis-Congee (einen Reisbrei) oder Teigwaren – und die kosten Sie nun in einem von Michelin empfohlenen und trotzdem günstigen Restaurant. Gehen Sie von der Gedenkhalle durch die erwachende Stadt nach Norden bis zur **Zhongxiao Road,** einer Hauptverkehrsader. Bei **Fuhang Soy Milk,** im 1. Stock über einem traditionellen Essensmarkt, müssen Sie sich in eine Schlange einreihen, die oft bis zur Straße runterreicht. Rechnen Sie besonders am Wochenende mit einer halben Stunde Wartezeit. Es gibt flache Sesambrote mit Ei, Omeletts, Brötchen mit Frühlingszwiebel-Füllung – und frittierte Teigstangen, die Taiwaner so gern in warme oder kalte Sojamilch tunken wie Spanier ihre Churros in Schokolade. Für weniger als 120 Dollar werden Sie hier pappsatt.

So gestärkt, lassen Sie nun die Innenstadt hinter sich. Gleich nebenan ist eine U-Bahn-Station, die Tageskarte kostet 150 Dollar. Versuchen Sie unterwegs die Fahrgäste zu zählen, die kein Smartphone in der Hand halten – selbst unter der Erde ist das 4G-Netz schnell und lückenlos. Achten Sie auch auf die farblich markierten Sitze, die selbst im größten Gedränge für Ältere, Schwangere und Eltern mit Kleinkindern frei bleiben. Nach dem Umsteigen am Hauptbahnhof fahren Sie bald oberirdisch. Ihr Ziel heißt **Xinbeitou**, und auf der letzten Etappe nach dem zweiten Umsteigen zeigt die Dekoration der U-Bahn-Wagen schon, was Sie dort erwartet: heiße Quellen. Dass die Berge im Norden der Stadt eigentlich Vulkane sind, tritt hier besonders deutlich zutage.

In einem schmalen Tal zwischen bewaldeten Bergen – entlang einem Bach, in dem es an einigen Stellen spürbar heiß hervorsprudelt – sind die Sehenswürdigkeiten aufgereiht. Bleibt noch Zeit, bis das öffentliche Bad öffnet (siehe unten), dann folgen Sie dem Tal zunächst einmal bis zum **Thermal Valley**. Weil es hier so beeindruckend dampft, brodelt und nach Schwefel riecht, heißt es auch »Höllental«. Baden sollten Sie hier nicht – das Wasser wird bis zu 90 Grad heiß und hat mit 1,5 einen ähnlichen pH-Wert

> Wer Taiwans aktuelle Situation verstehen will, muss auch seine Geschichte kennen. Es hat eben nicht immer zu China gehört. Diese Tour führt zu japanischen und europäischen Hinterlassenschaften – und zu einigen der reizvollsten und abwechslungsreichsten Orte rund um die Hauptstadt.

wie Magensäure. Früher verkauften Anwohner hier frisch im Teich gekochte Eier, doch nach mehreren Unfällen sorgt nun ein Geländer für etwas Abstand.

Ebenso frei ist der Eintritt im **Beitou Hot Spring Museum**, einem wunderbar restaurierten Ziegelgebäude im viktorianischen Stil aus Taiwans japanischer Ära. Außer Pergament-Schiebewänden, Tatamis und alten Badebecken finden Sie dort eine aufschlussreiche Ausstellung über die Gegend: Beitou war früher ein beliebter Filmdrehort und ein Vergnügungsviertel, in dem nicht nur die heißen Quellen Entspannung boten.

Züchtiger treffen sich beide Geschlechter heute beim Bad in der öffentlichen Anlage gleich nebenan. Von 8 bis 10 und 10.30 bis 13 Uhr ist die **Beitou Public Hotspring** geöffnet, davor und danach ist Reinigungszeit. Der Eintritt samt Schließfach kostet 80 Dollar. Pflicht sind Badekappen und für Herren eng anliegende Badehosen – wer keine hat, muss hier eine kaufen. Badende finden schnell Anschluss. Fast Schulter an Schulter in den Freiluftbecken – mit Temperaturen von angenehm warm bis fast unerträglich heiß – tauen auch die meist älteren Einheimischen auf. Ayis und Amas, Tantchen und Omis, werden Sie neugierig mustern, ein freundliches *ni hao* bricht das Eis, und Sie können sich auf angeregte Plaudereien mit Händen und Füßen gefasst machen.

ORIENTIERUNG OHNE GPS

Sitzen Sie bei der Weiterfahrt mit der U-Bahn Richtung Norden auf der linken Seite, haben Sie bald schöne Aussichten auf den **Tamsui-Fluss**. Das Ufer gegenüber beherrscht der mächtige **Guanyin-Berg**, ein inaktiver Vulkan. Haben Sie noch keinen Hunger, aber Lust auf einen Spaziergang, dann steigen Sie schon am vorletzten Halt **Hongshulin**

> **HIGHLIGHT**
>
> **TAMSUI**
> Wo der gleichnamige Fluss ins Meer mündet, treffen sich maritimes Flair, südliche Urlaubsstimmung und historisches Erbe.

aus. Direkt an der Station beginnt ein erhöhter Plankenweg durch ein Mangroven-Schutzgebiet, im Schlick tummeln sich kleine Krebse und anderes Getier. Im Anschluss geht es weiter am Fluss entlang. Achten Sie auf schnelle Fahrräder, mit denen Sie sich den Weg teilen! Dann erreichen Sie **Tamsui**.

Der Fluss ist hier angeschwollen zu einem mächtigen, mehr als einen Kilometer breiten Strom – dreimal so breit wie der Rhein in Köln. Auf dem Vorplatz der U-Bahn-Station können Sie sich orientieren: Links vom Starbucks beginnt die **Uferpromenade,** zunächst mit trubeliger Jahrmarktstimmung ähnlich wie in britischen Seebädern, dann ruhiger und teilweise idyllisch mit Restaurants und Cafés direkt am Wasser. Das alles können Sie später auf dem Rückweg noch erkunden. Einen Block weiter beginnt parallel dazu die schmale **Old Street**. Historisch ist dort wenig zu sehen, voller Nippes-Läden und Naschereien-Stände ist sie vor allem eine Touristenfalle.

Halten Sie sich stattdessen noch etwas weiter rechts, zum Platz mit der historischen Dampflok, die daran erinnert, dass statt der Metro früher eine Eisenbahn hierherfuhr. Hier beginnt die **Zhongzheng Road,** und in der **Nummer 82** finden Sie ein absolut typisches taiwanisches **Restaurant,** das nur auf Chinesisch beschriftet ist: 裕元牛肉麵. Eine englische Karte gibt es nicht, aber der Chef hat Fotos der wichtigsten Gerichte. Ganz oben steht die Rindfleisch-Nudelsuppe, ein Lieblingsgericht vieler Taiwaner und eine klare Empfehlung. Dazu gibt es Beilagen wie eingelegten Kohl, quasi Kimchi à la Taiwan. Viel mehr als 200 Dollar wird das Mittagessen nicht kosten.

Gleich die nächste Gasse rechts führt Sie mitten in einen **traditionellen Markt**. In dem Labyrinth enger, überdachter Gassen drängt man sich zwischen Ständen mit frischem Fisch, Fleisch, Kleidung und Obst.

Sogar ein Tempel mit mehreren Innenhöfen verbirgt sich im Gewirr. Es ist das pralle Leben, fühlt sich an wie vor 40 Jahren, und obwohl sich kaum Touristen hierher verirren, wird sich niemand an Ihnen stören.

Halten Sie sich im Markt links und überqueren Sie wieder im Freien eine weitere Gasse, dann führt direkt gegenüber eine schmale Straße (Qingshui Street) bergauf. Sie kommen in einen alten Bezirk, wo das Smartphone-GPS kaum weiterhilft. Gehen Sie links direkt an der Außenwand eines Tempels entlang, und Sie erreichen einen engen Pfad mit Ausblicken über die Dächer zum Fluss. Er führt Sie zur fotogenen **Chongjian Street,** auch »Love Lane Tamsui« genannt. Viele hundertjährige Gebäude stehen hier, teils verlassen und verfallen, teils restauriert. Dazwischen haben Straßenkünstler spannende Graffiti hinterlassen. Haus Nummer 14 ist eine besonders liebevoll hergerichtete alte **Tee- und Kräuterhandlung,** in der Sie freitags bis sonntags Vintage pur und mögliche Mitbringsel finden.

Schräg gegenüber weist ein Schild den Weg zum **Red Castle** – so schmal und verschlungen, dass Google Maps ihn nicht kennt. Die »rote Burg« war eigentlich die Residenz eines reichen Kaufmanns, 1899 aus Ziegeln gebaut und rundherum mit Arkadenbögen versehen. Im zweiten Obergeschoss bietet das **Red House Cafe Restaurant** einen so spektakulären Panoramablick, dass Sie hier unbedingt eine Pause machen sollten – auch wenn Sie die Aussicht mitbezahlen müssen und das Heißgetränk 200 Dollar kostet. *(Upgrade: Haben Sie vorher nichts Passendes zu Mittag gefunden, gibt es hier westliche Gerichte wie Pasta und Risotto, allerdings ab 490 Dollar.)*

Hier können Sie mit dem Blick über die Häuser auch durch die Geschichte schweifen. Tamsui war einer der ersten Orte auf Taiwan, den europäische Eindringlinge im 17. Jahrhundert befestigten. Zuerst Spanier, dann Niederländer. Im chinesischen Kaiserreich war Tamsui als Hafen so wichtig, dass die Siegermächte nach dem Zweiten Opiumkrieg 1858 seine Öffnung für Ausländer erzwangen. Nach dem Zweiten Weltkrieg fiel es in einen Dornröschenschlaf, erst der Bau der U-Bahn 1997 machte Tamsui zum Vorort von Taipeh, und ein Bauboom folgte.

AUSLÄNDISCHE MÄCHTE

Einen Eindruck, wie es hier noch Mitte der 1960er aussah, bietet »Kanonenboot am Yangtse-Kiang«. In dem auf Taiwan gedrehten Hollywoodschinken von 1966 mit Steve McQueen dient Tamsui als Double für das Zentralchina der 1920er-Jahre. Man sieht den Strom, den Guanyin-Berg und den winzig wirkenden, noch von Reisfeldern umgebenen Ort. Keine Hochhäuser weit und breit. Nur das »Rote Haus«, in dem Sie gerade sitzen – genau dieses Gebäude sticht eindeutig heraus.

Nun aber hinunter zum Fluss. Am Ende der Uferpromenade steht das **Fort San Domingo**, der Rest einer von den Niederländern errichteten Festung und eines der ältesten Gebäude Taiwans. Der Volksmund nennt den trutzigen Bau die »Festung der Rothaarigen«. Der Eintritt von 150 Dollar umfasst auch das prächtige Ziegelgebäude im Kolonialstil gleich nebenan, das vom Ende des 19. Jahrhunderts bis 1972 als britisches Konsulat diente.

Dass nicht nur Europäer sich die schönsten Plätze sicherten, sondern als Kolonialherren von 1895 bis 1945 auch die Japaner, zeigt die **Former Residence of Tada Eikichi,** das hölzerne Haus eines Beamten von 1934 mit einem kleinen, aber reizvollen Garten am Hochufer und freiem Eintritt. Ein Stück die Straße hinunter wartet eine erfrischende Delikatesse: Ein junger Taiwaner bietet selbst gemachte Spezialitäten mit hochwertigen Zutaten an, darunter Softeiscreme in den traditionellen Geschmacksrichtungen Erdnuss und schwarzer Sesam – ein Genuss für 80 Dollar.

Haben Sie mehr Lust auf eine kleine Seefahrt als auf Historisches, dann setzen Sie von der Uferpromenade nach **Bali** über. Gemeint ist nicht die indonesische Insel, sondern der lebhafte Ort am gegenüberliegenden Ufer. Die Fahrt im Viertelstundentakt erinnert an die Hamburger Hafenfähren. Für 120 Dollar hin und zurück können Sie Seeluft schnuppern und Tamsui von der anderen Seite betrachten.

Egal an welchem Ufer – genießen Sie die Nachmittagsstimmung am Fluss. Schauen Sie sich Straßenkünstler und Musikanten an, probieren Sie von Ständen mit gebratenen Wachteleiern oder gegrilltem Tintenfisch. Und wenn es dann dämmert, machen Sie sich auf den Weg zurück zur U-Bahn und in die Innenstadt. Ihr Ziel für den Abend, **Songshan,** erreichen Sie nach knapp einer Stunde Fahrzeit.

TEMPEL UND NACHTMARKT

Ausgang 5 führt Sie direkt vor den **Ciyou-Tempel.** Inzwischen ist die Sonne untergegangen, und die beiden hohen Gebäude bieten angestrahlt ein beeindruckendes Bild. Außen prangen bunte Reliefs und Drachenstatuen auf Fassaden und verschnörkelten Dächern, innen ist auf sechs Ebenen eine Gebetshalle reicher verziert als die nächste. Zahllose Statuen zeigen die unüberschaubare Götterwelt des Taoismus. Wie in Taiwan üblich, ist auch dieser Tempel immer gut besucht. Ganz zwanglos in Alltagskleidung – ob im Businessanzug oder in Flipflops – werfen Betende Orakelsteine und wenden sich an die für ihr Anliegen zuständigen Gottheiten. Meist geht es um ganz Konkretes wie Erfolg oder Gesundheit.

Touristen werden überall geduldet, und wenn Sie sich respektvoll verhalten und Ihre Kamera nicht gerade Betenden oder Götterstatuen direkt ins Gesicht halten, sind Fotos kein Problem.

Wie vor vielen größeren Tempeln hat sich auch hier ein Nachtmarkt etabliert – und was für einer: Der **Raohe Night Market** ist nicht der allergrößte von Taipeh, aber einer der beliebtesten. Weder zu unüberschaubar noch zu klein, bietet er mit zahllosen Ständen und Läden in einer etwa 500 Meter langen Gasse optimale Bedingungen zum Bummeln, Gucken und Probieren. Lassen Sie sich nicht vom Schild »Tourist Night Market« abschrecken – hier treten sich jeden Abend, vom Einbruch der Dunkelheit bis etwa 22 Uhr, vor allem Taiwaner auf die Füße, lassen ihre gleichförmigen und stressigen Arbeitstage hinter sich und stehen an für Leckereien. Besonders lang ist die Schlange vor einem Stand gleich am Anfang. Bei **Fuzhou Ancestor Pepper Pie** gibt es nur ein Gericht, und das kommt glühend heiß frisch aus dem Ofen: Mit scharfem Hackfleisch gefüllte knusprige kleine Brote. 55 Dollar kostet diese prima Grundlage fürs Abendessen, die – wie Ihr Frühstück – auf der Michelin-Empfehlungsliste steht.

Und jetzt schlendern Sie in Ruhe über den Markt und probieren alles, was interessant und lecker aussieht. Kaum etwas kostet mehr als 70 Dollar. So sind Sie am Ende dieses Tages satt und haben gerade einmal 40 Euro ausgegeben. Da könnten Sie sich sogar ein Taxi zurück zur Unterkunft leisten – aber Ihre U-Bahn-Karte gilt ja noch, und der nächste Tag in Taipeh wartet schon.

KASSENBON
100 Taiwan-Dollar ≈ 3,25 €

Kaffee unterwegs	45 TWD
Frühstück bei Fuhang Soy Milk	120 TWD
U-Bahn-Tageskarte	150 TWD
Eintritt Hot Spring	80 TWD
Mittagessen in Tamsui	200 TWD
Getränk im Red Castle	200 TWD
Eintritt ins Fort	150 TWD
Eis	80 TWD
Fähre nach Bali	120 TWD
Abendessen	125 TWD
TAIWAN-DOLLAR	1.270
≈ EURO	41,30

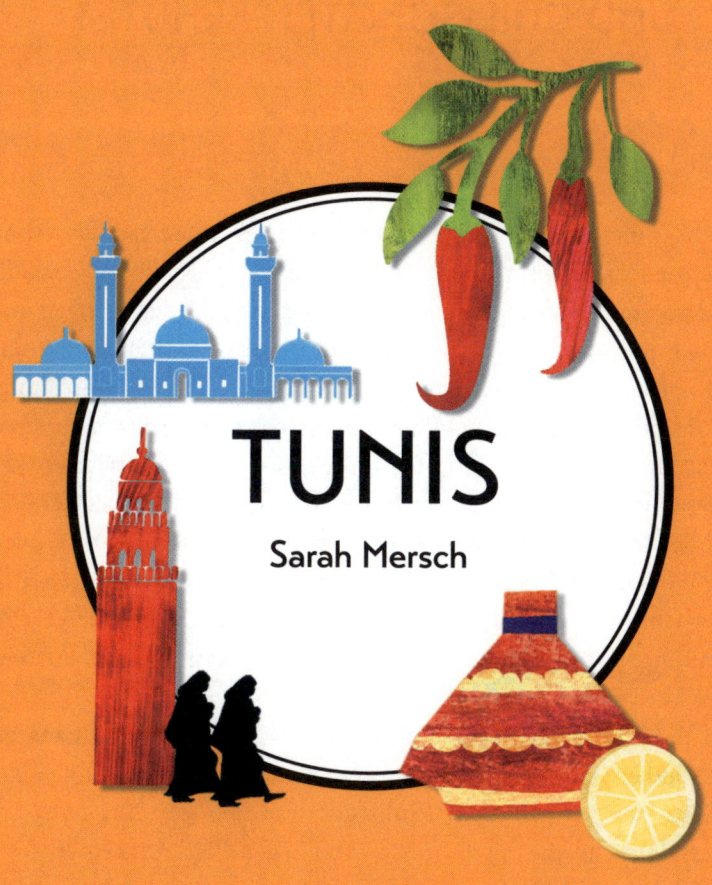

TUNIS

Sarah Mersch

VON SCHUTZHEILIGEN UND CHILISCHOTEN BEHÜTET

Wir beginnen unsere Tour am Morgen in der Innenstadt von Tunis, bevor wir uns nachmittags in die Vororte an der Küste aufmachen – am besten mit bequemen Schuhen ausgestattet. Frauen bringen auch ein Tuch mit, das sie sich beim Besuch islamischer Stätten lose über den Kopf ziehen können. Los geht es bei dem vielleicht berühmtesten Sohn der Stadt: Ibn Khaldoun. Ein bisschen versteckt hinter einem Militärfahrzeug und einem »I love Tunis«-Schriftzug, erinnert eine überlebensgroße Statue auf der **Place de l'Indépendence** an den Vorreiter der modernen Geisteswissenschaften aus dem 14. Jahrhundert. Seine Werke, allen voran die »Muqqadima«, gelten als Wegbereiter der modernen Soziologie und der wissenschaftlich fundierten Geschichtsschreibung. Von der Statue aus geht es in Richtung Altstadt, doch wir biegen kurz vorher erst mal links ab.

In der **Rue Charles de Gaulle** machen wir im Stammhaus von **Ben Yedder** halt, der bekanntesten Konditorei- und Kaffeemühlen-Kette des Landes. Zum Frühstück bestellen wir eine *paté*, eine Blätterteigtasche, die mit Thunfisch und Ei gefüllt ist, und einen *direct*, einen kleinen Milchkaffee. Eine kleine Warnung am Rande: Bestellen Sie in Tunesien keinen Cappuccino – es sei denn, Sie mögen gezuckerte Sprühsahne, Sirup, Schokostreusel und Ähnliches auf Ihrem Kaffee! Unser Frühstück kostet uns 3,200 Dinar (knapp 1 Euro; 1 Dinar ≈ 0,31 €). Sind Sie gerade erst in Tunesien angekommen, ist das ein

> Eigentlich könnte man den ganzen Tag in Tunis damit verbringen, günstig und vor allem sehr gut zu essen. Aber auch kulturell hat die Stadt viel zu bieten – von antiken Ruinen bis hin zu moderner Kunst. Und sich in der Medina zu verlaufen ist ein großes Vergnügen für Neugierige.

guter Moment, sich kurz mit der Währung vertraut zu machen. Der tunesische Dinar hat – zur großen Verwirrung vieler Besucherinnen und Besucher – mit den »Millimes« Tausendstel als Untereinheit und deshalb drei Stellen hinter dem Komma.

Keine hundert Meter die Straße hinunter nimmt der **Zentralmarkt** von Tunis einen ganzen Straßenblock ein. Ein Bummel durch die schön renovierte Art-déco-Markthalle lohnt sich zu jeder Jahreszeit. Je nach Saison gibt es dort Datteln, Orangen oder Berge duftender Blüten von Orangenbäumen und wilden Geranien zu kaufen. Mit den daraus destillierten Blütenwässern werden Gebäck und Mokka aromatisiert. In den Straßen ringsum reiht sich ein Gewürzgeschäft ans andere, schon von Weitem zu erkennen an den langen Ketten getrockneter roter Pfefferschoten an den Fassaden. Sie sind der Hauptbestandteil der scharfen Gewürzpaste Harissa, eine wesentliche Zutat vieler tunesischer Gerichte.

Vom Markt aus gehen wir ein paar Schritte nach Westen und betreten die **Medina,** die Altstadt von Tunis. Lassen Sie am besten Stadtplan und Smartphone stecken, die in dem Gewirr der engen Gässchen sowieso wenig weiterhelfen würden. Halten Sie stattdessen die Augen offen und lassen Sie sich ein bisschen treiben, denn die von der UNESCO als Weltkulturerbe eingestufte Altstadt ist mit ihren unzähligen historischen Monumenten und nach Handwerk geordneten Souks eine Sehenswürdigkeit für sich. Als grobe Orientierung kann die **Zitouna-Moschee** im Zentrum dienen. Wahrscheinlich werden Sie sich früher oder später von selbst an dem kleinen Platz vor der Moschee wiederfinden, die über Jahrhunderte die wichtigste Bildungseinrichtung des Landes war. Wenn nicht: Fragen Sie einfach irgendjemanden nach dem Weg. Weit weg kann sie nie sein.

QR-CODES IN DER MEDINA

Jetzt ist Zeit für eine kleine Verschnaufpause. Wir machen uns auf den Weg zu einem der sympathischsten Cafés der Altstadt, das aber gut versteckt ist. Vor den Treppen an der langen Seite der Moschee stehend, gehen wir nach links, nehmen die erste Gasse rechts in den Souk der Wolle, biegen bei der ersten Möglichkeit nach rund 20 Metern gleich wieder links ab, folgen der Gasse in der Biegung nach rechts und gehen gleich wieder links. Jetzt stehen wir in einem vielleicht drei Meter breiten Gässchen, das rechts und links von Holzbänken und bunten Plastikhockern gesäumt und von Weinreben überdacht ist. Die gehören zum **Café El Anba** (»Die Rebe«), einem winzigen Loch in der Wand mit einer Kaffeemaschine und einem Kühlschrank. Dort holen wir uns für 2 Dinar einen kühlen Traubensaft und setzen uns in den Schatten. Seit einigen Jahren ist das Café zu einem hippen Treffpunkt für Studierende der nahe gelegen Uni, Kulturschaffende und junge Leute geworden. Am Nachmittag oder an den Abenden im Fastenmonat Ramadan findet man hier kaum einen Sitzplatz. Morgens hingegen ist es ruhig, und das Leben geht dort seinen gewohnten Gang. Denn trotz des Erfolgs macht der Besitzer nach wie vor in den frühen Morgenstunden auf und hat seit Jahren die Preise nicht angehoben, sodass hier immer noch Beamte auf dem Weg zur Arbeit, Müllmänner oder die Besitzer der umliegenden Geschäfte ihren Kaffee trinken.

Vor dem Mittagessen wollen wir noch dem Schutzheiligen der Hauptstadt einen Besuch abstatten. Wir machen uns auf den Weg zum **Mausoleum von Sidi Mahrez** in der Rue Sidi Mahrez am nördlichen

Rand der Altstadt in der Nähe der **Hafsia**, des ehemaligen jüdischen Viertels. Dafür brauchen wir zu Fuß ungefähr eine Viertelstunde, doch es lohnt sich, unterwegs immer mal wieder kurz haltzumachen, sein Smartphone herauszuholen und die QR-Codes an den Monumenten zu scannen, die wir passieren. Die hat ein Kulturverein angebracht, und sie verweisen auf die oft extra dafür erstellten Wikipedia-Einträge zu den Sehenswürdigkeiten. Viele von ihnen sind für Besucher geöffnet und kostenlos zugänglich. In den Innenräumen muslimischer Heiligtümer müssen alle Besucherinnen und Besucher die Schuhe ausziehen und Frauen den Kopf bedecken.

Das ehemalige Wohnhaus von Sidi Mahrez beherbergt heute seinen Schrein und eine aufwendig verzierte Kuppel mit Stuckdecke. Der 951 geborene Mahrez hat zu Lebzeiten die wirtschaftliche Entwicklung von Tunis vorangetrieben, den Juden der Stadt Schutz geboten, indem er ihnen erlaubte, sich innerhalb der Stadtmauern anzusiedeln, und die Stadt nach Auseinandersetzungen am Ende der Herrschaft der Fatimiden-Dynastie befriedet. Heute gilt er als Schutzheiliger der Hauptstadt und spielt in der Volkskultur eine wichtige Rolle. Bei Großereignissen wird er von den einen mehr, den anderen weniger ironisch angerufen: Bei wichtigen Fußballspielen zum Beispiel ziert sein Name die Trikots vieler Fans, und auch dass Tunesien am Anfang relativ glimpflich durch die Corona-Pandemie gekommen ist, wird ihm gerne zugeschrieben – manchmal aber auch dem hohen Konsum des scharfen Harissas.

Zum Mittagessen kehren wir in die Souks der Altstadt zurück. Im **Foundouk El Atterine** (9 bis Souk El Atterine), einer renovierten Karawanserei, ist das lärmige Gewusel der Stadt auf einmal ganz weit weg, und wir genießen nicht nur die Stille, sondern auch ein Couscous oder Nwasser, im Dampf gegarte feine Nudelplättchen mit Hühnchen. Zusammen mit einem Wasser kostet uns das jeweils 25 Dinar. Wer es gerne etwas trubeliger mag, geht eine Straße weiter zu **Weld El Haj** (Rue Saida Ajoula), wo es klassische tunesische Hausmannskost gibt, zum Beispiel Kammounia, einen Eintopf aus Meeresfrüchten oder Fleisch in einer würzigen Kreuzkümmelsoße. Dort zahlen wir mit einem Getränk ungefähr 15 Dinar.

Ein Besuch in der Altstadt wäre nicht vollständig ohne einen Blick über ihre Dächer. Damit wir dabei nicht in einer Touristenfalle landen, verbinden wir ihn mit einem Kaffee bei **El Ali** auf der Rue Jemaa Zitouna, der Hauptgasse der Altstadt. Ein Mokka kostet dort 5 Dinar, ein Grüntee mit Minze 4,500 Dinar.

GALERIEN UND BETONKLÖTZE

Es ist jetzt früher Nachmittag, und wir gehen die Straße weiter hinunter Richtung Osten zum **Bab Bhar,** dem »Tor des Meeres«, und der europäisch geprägten Innenstadt aus der Kolonialzeit. Die **Avenue Bourguiba,** benannt nach Habib Bourguiba, dem ersten Präsidenten nach der Unabhängigkeit Tunesiens 1956, führt uns in einer guten Viertelstunde direkt zur Endhaltestelle der TGM-Bahn. Bevor wir losgezogen sind, haben wir geschaut, ob es in den **Galerien Central** oder **32 bis** gerade eine Ausstellung gibt – beide sind bei Facebook zu finden. Wenn ja, dann lohnt sich der kleine Umweg in die Rue Ben Ghedhahem zu der alten Lampenfabrik von Philips und einem kleinen Hangar, in denen diese beiden Galerien nach dem politischen Umbruch 2011 eröffnet haben. Regelmäßig und kostenlos sind dort Ausstellungen zeitgenössischer tunesischer Kunstschaffender zu sehen. Das Fabrikgebäude der 32 bis ist schon für sich einen Besuch wert. Zu lange sollten wir uns in den Galerien aber nicht aufhalten, wenn wir noch in Ruhe einen Blick auf die Ruinen von Karthago werfen wollen.

Auf dem Weg zur TGM-Haltestelle kommen wir an einem gigantischen Betonklotz vorbei – dem **Innenministerium**. Dort fand am 14. Januar 2011 eine große Demonstration gegen die Diktatur statt; wenige Stunden später ergriff der Machthaber Zine El Abidine Ben Ali die Flucht und kam nie wieder nach Tunesien zurück. Ein paar Meter weiter steht linker Hand ein weiteres ikonisches Bauwerk der brutalistischen Architektur: das seit Jahren geschlossene und vom Abriss bedrohte **Hôtel du Lac** in Form einer auf dem Kopf stehenden Pyramide. Ob es wirklich als Inspiration für den Sandcrawler aus »Star Wars« diente, ist umstritten. Der Film wurde ungefähr zur Zeit seines Baus teilweise in Tunesien gedreht – und die Ähnlichkeit ist auf jeden Fall nicht zu übersehen.

DAS ALTE KARTHAGO

Am Ende der **Avenue Bourguiba** steht der **TGM-Bahnhof Tunis Marine**. Die Abkürzung TGM steht für Tunis-Goulette-Marsa: die verschiedenen Vororte, die die Bahn durchfährt. Je weiter wir uns von der Innenstadt entfernen, desto schicker wird es dabei. Doch die Fahrt in der ersten Klasse kostet uns nur 1,250 Dinar. Gemächlich schaukelnd und klappernd tuckert die Bahn auf der Trasse, die den See von Tunis vom Mittelmeer trennt, Richtung Karthago. Sicherlich nicht die schnellste Fortbewegungsart, aber eine, bei der sich garantiert Urlaubsfeeling einstellt.

An der Haltestelle **Byrsa** steigen wir aus und gehen in Fahrtrichtung rechts gut 500 Meter hinunter Richtung Meer zu den **Punischen Häfen**, einer der schönsten historischen Anlagen von Karthago. Hier betrieben zunächst die Phönizier, später die Römer einen Handels- und Kriegshafen. Heute liegen dort neben den Ruinen kleine, bunt gestrichene Holzboote der lokalen Fischer. Eigentlich müssen Sie für 12 Dinar an einer der anderen Ruinen von Karthago ein Sammelticket für alle Stätten kaufen, doch wenn Sie nur die Häfen besuchen wollen und nett fragen, lässt Sie der Wärter in der Regel gerne auch kostenlos hinein und führt Sie durch die Anlage. Über ein Trinkgeld freut er sich in diesem Fall sicherlich. Andernfalls können Sie auch eine Straße weiter beim **Tophet**, einer Grab- und Opferstelle für Kinder aus der gleichen Epoche, ein Sammelticket kaufen. Im Winter schließen die archäologischen Stätten um 17 Uhr, im Sommer um 18 Uhr. Spätestens dann sollten wir uns aufmachen zum vorletzten Etappenziel.

> **HIGHLIGHT**
> **RUINEN VON KARTHAGO**
> Nach drei Kriegen gegen die Römer war das mächtige Karthago zerstört, doch seine Ruinen faszinieren noch heute.

Ein Taxi bringt uns für rund 5 Dinar zum **Hotel Sidi Dhrif** auf einem Hügel über den nördlichen Vororten. Es ist Ausbildungsort der tunesischen Hotelfachschule, eher spartanisch ausgestattet, bietet von seiner Terrasse aber den besten und günstigsten Blick über die Hauptstadt und den Golf von Tunis. Wir sichern uns schnell einen der Plastikstühle, bestellen für 7 Dinar ein Celtia, das beliebte lokale Bier, und genießen den Sonnenuntergang.

TAGESAUSKLANG AM MEER

Zum Abendessen machen wir auf halber Strecke zur Innenstadt halt in **La Goulette**, dem Viertel am Hafen von Tunis. Das kostet uns rund 7 Dinar mit dem Taxi. Über Jahrhunderte lebten hier jüdische und muslimische Tunesier und Tunesierinnen, Menschen aus Malta, Sizilien und Griechenland zusammen. Vom multikulturellen Zusammenleben ist nicht mehr viel übrig, doch der Ort hat sich seinen Charme erhalten. Bei schönem Wetter machen wir noch einen kleinen Strandspaziergang und setzen uns dann zum Essen ins **La Spigola** am Ende der von Restaurants gesäumten Avenue Roosevelt.

Als Vorspeise darf eine Brik nicht fehlen, eine frittierte Teigtasche aus hauchdünnem Teig, gefüllt mit Thunfisch und einem in diesem Fall noch halbflüssigen Ei. Da wir am Meer sind, essen wir natürlich am besten am selben Tag frisch gefangene Fische oder Meeresfrüchte, zum Beispiel gefüllten Kalmar. Für größere Gruppen bietet sich auch ein ganzer in Salzmantel gebackener Fisch für 13 Dinar je 100 Gramm an. Dazu noch einen tunesischen Wein und zur Verdauung den berühmten tunesischen Feigenschnaps Boukha. Das kostet uns mit 75 Dinar den größten Teil unseres Tagesbudgets.

Wer nach diesem langen Tag noch Lust und Energie hat, kann den Abend mit einem Drink in einer der Bars und Clubs ausklingen lassen, die sich in dem zunehmend hipper werdenden La Goulette angesiedelt haben. Im **O Club** spielen oft tunesische Bands unterschiedlichster Stilrichtungen, und durch die großen Fensterfronten kann man das Treiben auf der Straße beobachten. Der nicht weiter beschriftete Eingang zum Club im Eckhaus der Avenue Roosevelt und der Route de La Goulette befindet sich etwas versteckt an der Route de La Goulette hinter einer schwarzen Metalltür.

Zurück in die Stadt kommen Sie schließlich mit einem Taxi zum ab 21 Uhr geltenden Nachttarif für rund 15 Dinar.

KASSENBON
1 Dinar ≈ 0,31 €

Frühstück im Ben Yedder	3,200 Dinar
Traubensaft im El Anba	2 Dinar
Mittagessen	25 Dinar
Mokka im El Ali	5 Dinar
Ticket TGM	1,250 Dinar
Taxi (mehrfach)	27 Dinar
Bier in Sidi Dhrif	7 Dinar
Abendessen im La Spigola	75 Dinar

| DINAR | 138,450 |
| ≈ EURO | 42,90 |

WAR-SCHAU

Paul Flückiger

TRAGISCHE VERGANGENHEIT, AUFREGENDE GEGENWART

Wir treffen uns am Haupteingang des **Kulturpalasts** (polnisch: Pałac Kultury i Nauki, mit vollständigem Namen deutsch «Palast der Kultur und Wissenschaft»). Die Tageskarte der Warschauer Verkehrsbetriebe für Zone 1 für 15 Złoty (ca. 3,20 Euro; 1 Złoty ≈ 0,21 €) haben wir schon gekauft. Der sowjetische Diktator Josef Stalin gab 1952 den Befehl und ließ diesen Palast hier errichten. Viele schmucke Bürgerhäuser wurden dafür abgerissen. Warschau, das im Zweiten Weltkrieg zu fast 90 Prozent zerstört worden war, stieg danach wie ein Phönix aus der Asche. Wenn auch keine Architekturschönheit im klassischen Sinne, ist es eine Stadt mit ganz eigenem Charme. Vor allem aber boomt es hier wie an wenigen anderen Orten in der Europäischen Union. Diesen Boom, aber auch die tragische Geschichte der polnischen Hauptstadt wollen wir heute sehen und erfühlen, und deshalb fahren wir nicht mit Uber durch die Stadt, sondern vor allem mit Tram und Bus. Denn nur so bekommt man einen Eindruck, wer heute in dieser Zwei-Millionen-Stadt lebt.

In den öffentlichen Verkehrsmitteln werden wir Polnisch hören, ganz selten auch Englisch, aber auch immer wieder Ukrainisch und Russisch. Noch vor der russischen Invasion in der Ukraine Ende Februar 2022 war das anders. Doch innerhalb von nur einem Monat ist Warschaus Bevölkerung wegen der Kriegsflüchtlinge aus der weitgehend zweisprachigen Ukraine um 15 Prozent angewachsen. Dies wird in Warschau vor allem als Chance gesehen, denn über die Jahrhunderte hat sich die Bevölkerung hier immer wieder durch Zuwanderungen erneuert.

Alteingesessene Warschauer gibt es nur wenige. Das hängt wesentlich mit der deutschen Besatzung und den beiden Aufständen von Warschau im jüdischen Ghetto (1943) und im damals noch nicht zerstörten Rest der Stadt (1944) zusammen. Die Zivilbevölkerung wurde von den Nazis gnadenlos ermordet oder vertrieben. Nach dem Krieg zogen mehrheitlich Dorfbewohner aus dem Umland in die polnische Hauptstadt, die es zuerst wieder aufzubauen galt.

Der Kulturpalast ist deshalb den meisten Warschauern ein verhasstes Symbol für jene Zeit der Machtlosigkeit unter der kommunistischen Herrschaft nach dem Zweiten Weltkrieg. Nach der demokratischen Wende von 1989 wurde lange darüber diskutiert, dieses Symbol der sowjetischen Dominanz einzureißen. Am Ende jedoch setzten sich praktische Überlegungen durch, befinden sich doch in dem Wolkenkratzer drei Museen, vier Theater, Konzertsäle und sogar eine Privatuniversität. Seit den 1990er-Jahren wird stattdessen im Zentrum von Warschau versucht, den Kulturpalast mit neuen Hochhäusern in seiner Nähe zu neutralisieren.

Auf dem Weg zur **Tramhaltestelle Dw. Centralny** (Hauptbahnhof) sieht man diese neue Skyline von Warschau, die weit besser zu seiner heutigen Stellung als Hauptstadt einer wichtigen Regionalmacht passt. Dennoch ist der Kulturpalast ein Meisterwerk des Stalinbarocks, und die kommunistischen Fresken an seiner Außenmauer sind allemal der Betrachtung wert. Auf

> Wer die polnische Hauptstadt verstehen will, muss ihre tragische Geschichte im Zweiten Weltkrieg kennen. Noch in den letzten Kriegstagen wurde sie von den Deutschen zerstört. Wir gehen durch das ehemalige Ghetto in die wiederaufgebaute Altstadt und lernen auch Praga kennen, den einzigen gut erhaltenen Stadtteil.

114 (von 237) Metern Höhe befindet sich übrigens eine in nur 19 Sekunden Liftfahrt erreichbare Aussichtsplattform. Dies nur als Tipp für den nächsten Warschau-Besuch; sie ist nämlich erst ab 10 Uhr geöffnet.

Wir gehen links um den Kulturpalast herum zu dem kleinen, netten Café mit dem Allerweltsnamen **Black Star Coffee Company** (ul. Sienna 39), das unter der Woche ab 7 Uhr zu Füßen eines der modernen Bürohochhäuser Frühstück, Kuchen, aber auch schon Suppen anbietet. Zusammen mit einem lokal auf der Ostseite der Weichsel gerösteten Kaffee essen wir für 30 Złoty einen kleinen Happen Süßes oder Salziges. In der hier gegenüberliegenden Konzerthalle zu Füßen des Kulturpalasts spielten übrigens 1967 die Rolling Stones als erste Rockband im damaligen Ostblock.

Nun sind wir gestärkt für einen Tag voller tragischer Geschichte, aber auch viel Schönem und Erbauendem. Wir beginnen unseren Rundgang mit den beiden Aufständen in Warschau (1943 und 1944), schauen uns dann in der ab 1945 wiederaufgebauten Altstadt um und besuchen am Abend den einzigen noch gut erhaltenen alten Stadtteil Praga am östlichen Weichselufer, um dort zu Livemusik und Wodka den Tag im hippen »Kreuzberg von Warschau« ausklingen zu lassen.

ZWEI AUFSTÄNDE

Um 9 Uhr morgens öffnet eine der wichtigsten Institutionen Warschaus, das **Museum des Warschauer Aufstands** (ul. Grzybowska 79, Eintritt 25 Złoty). Die Fahrt dorthin dauert mit der Tram Nr. 9 oder 22 etwa eine halbe Stunde, von der Haltestelle **Muzeum Powstania Warszawskiego** ist es rund 100 Meter entfernt.

Eröffnet wurde das Museum mit angeschlossener Forschungsstelle erst im Sommer 2004 – in realsozialistischer Zeit war das Geden-

HIGHLIGHT

MUSEUM DES WARSCHAUER AUFSTANDS
Seit 2004 eine Gedenkstätte für den Selbstbefreiungsversuch der Polen.

ken an den Selbstbefreiungsversuch der Hauptstadt vor dem Einmarsch der Roten Armee nicht erwünscht. Eine patriotische Grundhaltung durchzieht das ansprechend modern und interaktiv gestaltete Museum, das die neuere Geschichte Warschaus und den Widerstand gegen die deutsche Besatzung von 1939 bis 1945 aufzeigt. Wir nehmen uns maximal zwei Stunden Zeit für das Museum.

Der Warschauer Aufstand vom Sommer 1944 wird im Ausland immer wieder mit dem Ghettoaufstand von 1943 verwechselt. Es handelt sich aber um zwei verschiedene Ereignisse, und wer das heutige Polen verstehen will, muss sich mit beiden auseinandersetzen. Ab dem 1. August 1944 kämpfte die polnische Untergrundarmee 63 Tage lang gegen die deutschen Besatzer. Sie verlor rund 15 000 Soldaten, dazu wurden rund 225 000 Zivilisten ermordet und Warschau weitgehend dem Erdboden gleichgemacht. Eineinhalb Jahre zuvor hielten im Warschauer Ghettoaufstand rund 750 jüdische Kämpfer fast einen Monat lang eine deutsche Übermacht in Schach. Bei den Kämpfen und und kurz danach wurden mindestens 40 000 Juden ermordet, die meisten davon völlig entkräftete und wehrlose Zivilisten.

Auch das **Warschauer Ghetto** soll bei unserem Rundgang nicht zu kurz kommen. Wir gehen deshalb vom Aufstandsmuseum von 1944 zu Fuß mitten durch das Gelände des einstigen Großen und Kleinen Ghettos bis zu jenem Denkmal, vor dem Willy Brandt 1970 seinen berühmten Kniefall machte. Das Denkmal ist den jüdischen Polen gewidmet, derer man in den 1970er-Jahren eher gedenken durfte als der zumeist bürgerlichen Aufständischen von 1944.

Der Fußmarsch führt über die ul. Żelazna, die ul. Nowolipie und die ul. Karmelicka über den Willy-Brandt-Platz (polnisch: Skwer

Willy'ego Brandta) bis zum **Ghettodenkmal**. Das dauert etwa 45 Minuten. Wir passieren dabei eine Neubaugegend, erbaut im bereits erwähnten Stalinbarock, aber auch gesichtslose sozialistische Architektur. Unterwegs machen wir einen Stopp und besorgen uns einen Kaffee »to go«, Mineralwasser oder Saft – dafür sind 15 Złoty eingeplant.

Gegenüber dem Ghettodenkmal befindet sich das **Museum der Geschichte der polnischen Juden** (ul. Anielewicza 6), gebaut von dem finnischen Architekten Rainer Mahlamäki. Da die Zeit für dieses umfangreiche Museum über 1000 Jahre Geschichte der Juden in Polen nicht reicht, schauen wir uns im Eingangsbereich, noch vor den Metalldetektoren, nur den symbolischen Gang durchs Rote Meer an. Auch dieses Museum wird für einen anderen Besuch aufgespart.

SPAZIERGANG DURCH DIE ALTSTADT

Vom Ghettodenkmal aus erreicht man mit dem Bus Nr. 111 oder 180 in einer Viertelstunde die Milchbar in der königlichen Prachtmeile **Nowy Świat**. Der Bus fährt dabei am **Grab des unbekannten Soldaten** vorbei, das sich unter dem letzten, 1944 während des Warschauer Aufstandes von den deutschen Besatzern nicht zerstörten Torbogen des ab 1661 erbauten Sächsischen Palais befindet. Das Palais soll nun übrigens auf Wunsch von Jarosław Kaczyński, dem mächtigsten Mann Polens, wiederaufgebaut werden. Das Warschauer Rathaus ist gegen solche historisierenden Eskapaden.

Statt eines der vielen eher teuren Restaurants an der Nowy Świat haben wir die traditionsreiche **Familien-Milchbar** (polnisch: Bar Mleczny Familijny; Nowy Świat Nr. 38) ausgewählt und essen dort eine landestypische Sauerampfersuppe mit Ei (3 Złoty) und die berühmten polnischen Teigtaschen mit Kartoffel-Quark-Füllung *(pierogi ruskie)* für 4,50 Złoty. Dazu gibt es zum Trinken – und gleichzeitig als Dessert – ein Früchtekompott für 1,60 Złoty. Das Mittagessen kostet insgesamt gut 9 Złoty und bietet viel Lokalkolorit – vielleicht kommen Sie ja an einem der runden Tische mit Einheimischen ins Gespräch!

Wir fahren nun wieder mit dem Bus 111 oder 180 zwei Stationen zurück zur **Universität** und schlendern dann am **Präsidentenpalast** (rechts) entlang, vorbei an der 1644 von Constantino Tencalla erbauten **Sigismund-Säule** (links), dem bekanntesten Warschauer Meeting-Point, zum **Schlossplatz**. Das rote Königsschloss wurde erst in den 1970er-Jahren wiederaufgebaut, während die dahinter liegende, im Zweiten Weltkrieg zerstörte Altstadt bereits in den ersten Nachkriegsjahren originalgetreu wiedererrichtet wurde. Noch ein Stück weiter, im Zentrum der Altstadt, liegt der **Marktplatz** mit seinen pastellfarbenen Häusern und vielen Cafés. Die in einen Brunnen umgestaltete Statue der **Warschauer Seejungfer** in der Mitte des Platzes ist das Symbol der polnischen Hauptstadt.

Wir schlendern bis zum 1540 erbauten **Barbakan**, dem letzten erhaltenen befestigten Tor der alten Stadtmauer, und genießen die Aussicht über die Weichsel nach Osten und auf den Stadtteil **Praga**. Auf dem Rückweg zum Schlossplatz schauen wir uns kurz die gotische **Johanneskathedrale** von 1313 an, die allerdings wie alle Gebäude hier zwischen 1948 und 1956 vollständig neu gebaut wurde. Mit der ersten, 1949 eingeweihten Rolltreppe des wiederauferstandenen Warschau fahren wir unter den Schlossplatz zur **Trasse W-Z**, der einstigen West-Ost-Magistrale, die Ostberlin mit Moskau verband. Hier ist das alte kommunistische Flair sowjetischer Bauart zu erleben – 10 000 Arbeiter pro Stunde konnte die Rolltreppe in die Tiefe transportieren. Heute allerdings wird sie von einem deutschen Motor von Thyssen-Krupp angetrieben. Wir steigen in die Tram 4, 13, 20, 23 oder 26 und fahren über die Weichsel bis zur nächsten Haltestelle Park Praski.

Wir sind nun im östlichen Warschauer Stadtteil **Praga** angekommen, dem einzigen im Zweiten Weltkrieg nur wenig zerstörten Teil der Stadt. Wegen des hohen Altbaubestandes wurden dort in realsozialistischer Zeit für das System wenig zuverlässige Elemente angesiedelt, darunter Kleinkriminelle und Minderheiten wie Roma und Sinti. Der Stadtteil galt deshalb lange als gefährlich und wurde noch bis vor einigen Jahren von vielen gemieden. Inzwischen hat sich dort indes eine lebendige Kleinkunstszene entwickelt, die ein bisschen an Kreuzberg in Berlin erinnert.

PRAGA: TEILS HIP, TEILS WILDER OSTEN

Von der **Michaelsbasilika** (mit vollem Namen: Kathedrale des Heiligen Erzengels Michael und des Heiligen Märtyrers Florian), von 1886 bis 1904 im neugotischen Stil erbaut, gehen wir zu Fuß vorbei an dem bunt gestalteten Bezirkssteueramt bis zur ul. Okrzei, die in die ul. Ząbkowska übergeht. Dabei kreuzen wir die Hauptstraße des Stadtteils, die **ul. Targowa**, beim alten Schwarzhändlermarkt **Bazar Różyckiego** (ul. Targowa 54).

Dieser in den letzten Jahren schön renovierten Straße folgen wir bis zur ehemaligen **Wodkafabrik Koneser**, die kurz nach Polens EU-Beitritt 2004 abgewickelt wurde. Heute herrscht hier wieder Leben; das Gelände wurde, wie viele Fabriken in Praga, kürzlich revitalisiert. Neben Lofts und anderen Wohnungen gibt es hier einen Google-Campus, ein Einkaufszentrum, viele Kneipen und ein **Wodka-Museum** (Plac Konersera 1). Dort haben wir für 49 Złoty eine Führung mit Degustation gebucht. Und vielleicht erleben wir danach eine der vielen Livemusikveranstaltungen auf dem Platz vor dem Museum. Dann verweilen wir vielleicht noch ein bisschen.

Zum Ende unseres Ausflugs möchte ich Sie noch in meine Lieblingskneipe in Praga führen, **W Oparach Absurdu** (»In den Dämpfen des Absurden«, ul. Zabkowska 6). Wir erreichen das unter der hiesigen Boheme beliebte Lokal zu Fuß in maximal zehn Minuten, aber unterwegs machen wir noch einen kurzen Abstecher in die **ul. Brzeska** (deutsch: Brester Straße, benannt nach der heutigen Grenzstadt in Belarus, die vor 1939 zu Polen gehörte), der heute noch wildesten und gefährlichsten Straße von Praga. Wir wagen vorsichtig einen Blick in ein oder zwei Hinterhöfe, unterlassen aber das Fotografieren, um niemanden zu provozieren.

Im W Oparach Absurdu gönnen wir uns eine weitere polnische Spezialität: Für 25 Złoty bestellen wir *bigos*, den traditionellen Sauerkraut-Fleisch-Eintopf. Vegetarierinnen und Vegetarier bekommen noch einmal *pierogi*, diesmal mit Buchweizenfüllung oder Spinat. Dazu trinken wir ein lokales Bier vom Fass für 13 Złoty. Haben wir Durst für zwei Biere, bleiben am Ende noch mindestens 65 Złoty übrig. Dafür können wir, nachdem wir mit öffentlichen Verkehrsmitteln zurück ins Hotel gefahren sind, am nächsten Tag noch auf die Aussichtsterrasse des **Kulturpalastes** hochfahren und das **Polin-Museum** besuchen, eines der besten jüdischen Museen der Welt. Und am Ende reicht es sogar für noch einmal Milchbar.

KASSENBON
1 Złoty ≈ 0,21 €

Tageskarte Tram/Bus	15 Złoty
Frühstück im Black Star Coffee Company	30 Złoty
Museum des Warschauer Aufstands	25 Złoty
Getränk unterwegs	15 Złoty
Mittagessen in der Michbar	9,10 Złoty
Wodka-Museum	49 Złoty
Abendessen im W Oparach Absurdu	38 Złoty
ZŁOTY	181,10
≈ EURO	38,00

WARSCHAU

WIEN

Alexander Musik

PFERDELEBERKÄS-SEMMEL UND DREI ACHTEL IN EHREN

Herzlich willkommen in Wien! Der strahlend blaue Morgen kündigt einen wunderbaren Tag an. Lassen Sie mich Ihnen möglichst viel zeigen von dem, worin Wien nicht ist wie alle anderen Metropolen. »Wien ist anders!« Mit dem Spruch wirbt die Stadt schon, solange ich hier bin.

Was ist denn nun anders? Am besten, Sie hören sich zur Einstimmung mal den herrlich entspannten Song »Der letzte Kaiser« von Wiener Blond an. Und schauen sich gleich das Video dazu an: »Wien, Wien nur du allein / darfst zu mir goschert und grantig sein«, singt ein junges Paar im Duett, gestylt wie Dame und Herr anno 1900. Habe die Ehre! Die Welt von gestern wird wach: Stefan Zweig, Arthur Schnitzler, Sigmund Freud, Joseph Roth könnten jeden Augenblick aus der Kulisse treten. Und dazu bloß ein paar hingetupfte, hingezupfte Gitarrenakkorde.

Die beiden sind so sympathisch aus der Zeit gefallen wie Wien in seinen besten Momenten und Orten. Da lässt man sich doch gerne mal *goschert* (frech) anquatschen oder vom *Grant* (chronische Nörgelei) herabziehen.

Lassen Sie sich nicht davon abschrecken, vielleicht sind ja die

> Ein Tag in Wien ohne lokale Schmankerln und Wein ist schwer vorstellbar. Daher verzichtet diese Tour durch die Stadt absichtsvoll auf Stephansdom, barocke Üppigkeit der Hofburg und abgestandene Fiaker-Romantik. Sie macht lieber einen Umweg übers Kaffeehaus und die Reben oberhalb der Stadt.

Grantler heute alle zu Haus geblieben – sie granteln online, im Home Office. Stehen wir also nicht lange herum hier am Gleis, am zugigen Wiener **Hauptbahnhof,** investieren wir einfach die 8 Euro in die Tageskarte für alle Öffis (wie sie hier sagen) – die Wege sind einfach sehr weit in der 1,9-Millionen-Einwohnerstadt, die sich so gern der weltbesten Lebensqualität rühmt.

Ich kenne da ein schönes altes Kaffeehaus, gar nicht weit weg. In der adretten **Argentinierstraße** lässt man die mehrspurige Verkehrshölle des Gürtels hinter sich und taucht ein in die stillere Gutbürgerlichkeit des 4. Bezirks, mit seinen Botschaftsgebäuden, Lokalen und kleinen Geschäften. Lassen wir uns im **Café Goldegg** von 1910 nieder, wo die Kellnerinnen (Frauen, schon das eher die Ausnahme!) gut gelaunt sind und uns voller Elan eine Melange oder einen Mokka samt Croissant, Butter und Konfitüre für 5,90 Euro auf den typischen Marmortischen servieren. Die Tische stehen in den ebenso typischen Nischen mit Plüsch-Sofas, wo man sich im genau richtigen Abstand gegenübersitzt. Dazu gibt es natürlich keine Musikbeschallung, stattdessen hölzerne Wandvertäfelungen, Parkettböden, einen Billardtisch mitten im Raum und so viel Platz, dass sich hier niemand auf die Füße tritt. Zeitungen liegen in Hülle und Fülle aus – einer der Gründe, weshalb die Kaffeehäuser früher Aufenthaltsorte für Stunden oder halbe Tage waren. Bei einer einzigen Konsumation.

Wir haben heute keine Zeit zum Zeitunglesen. Wir spazieren die Argentinierstraße weiter bergab, vorbei am heimeligen **Sankt-Elisabeth-Platz** mit der gleichnamigen Kirche als Mittelpunkt.

Bald stoßen wir auf den **Karlsplatz.** Dies ist einer der schöneren Plätze Wiens, denn er funktioniert tatsächlich als Platz und nicht nur als Verkehrsknotenpunkt ohne Aufenthaltsqualität. Hier, auf den ausladenden Treppen vor der barocken und venezianisch anmutenden, weiß getünchten **Karlskirche,** treffen sich gern junge Leute zum Vorglühen für die Nacht, zum Skaten oder einfach zum Quatschen mit Blick auf eine weite Wasserfläche.

In der Karlskirche, gebaut als Abwehrzauber gegen die Pest, die 1713 mal wieder in Wien wütete, ließ sich übrigens Karl Kraus am 8. April 1911 taufen, nachdem er 1899 aus der jüdischen Glaubensgemeinschaft ausgetreten war.

NEUNUTZUNG FÜR HOFSTALLUNGEN

Wir gehen aber trotzdem nicht hinein, denn wenn nicht gerade Messe ist, kostet der Besuch der Kirche 8 Euro. Was am Panoramalift liegt, den man dann benutzen darf. Es reicht uns zu wissen, dass Antonio Vivaldi auf dem Friedhof nebenan begraben lag. Nur ist der alte Spitaller Gottesacker längst verschwunden, weil überbaut vom Hauptgebäude der **Technischen Universität.** Eine Gedenktafel erinnert an den *prete rosso*, den rothaarigen Priester, der als gefeierter Komponist aus Venedig kam und in Wien unbeachtet von Musikwelt und Publikum nach zehn Monaten 1741 starb.

Zurück zu den Lebenden in der Stadt, die auf den Totenkult so viel hält. Am Karlsplatz treffen sich die Menschen auch deshalb so gerne, weil sich in der U-Bahn-Station gleichen Namens drei Linien kreuzen. Der Eingang liegt am **Resselpark** gleich nebenan.

Lassen Sie uns die U2 nehmen und direkt vor die Tür des **MuseumsQuartiers** fahren. In den ehemaligen kaiserlichen Stallungen ist seit 2001 auf 90 000 Quadratmetern ein stattliches Kulturareal mit 60 Kulturinstitutionen untergebracht. Hier darf man die Stadtplanung einmal loben, dass das spannungsreiche Miteinander von historischer Bausubstanz und moderner Museumslandschaft funktioniert. Leider ist das in Wien nicht überall der Fall.

Wir gehen nicht ins »Mumok« (Museum für moderne Kunst) oder ins Leopold Museum, nicht ins Architekturzentrum mit seinen immer sehenswerten Schauen und nicht zu den anderen Ausstellungen aller Sparten, von Comic über Textilien, urbane Möblierung bis Klangkunst. Es genügt uns, durch die lauschigen Höfe des MuseumsQuartiers zu flanieren, wo ähnlich gesinnte Menschen sich ergehen oder chillen und sich von der Aura des MQ (wie man sagt) einlullen lassen.

> **HIGHLIGHT**
> **MUSEUMS-QUARTIER**
> Die schiere Menge an Kultureinrichtungen und die gelungene Architektur des MQ verdienen einen ausgiebigen Besuch.

Als jüngstes Highlight gibt's hier die sogenannte **Libelle** zu bewundern, ein architektonisches Statement und gleichzeitig ein toller Aussichtspunkt übers ganze MQ und die halbe Stadt bis hin zu den umliegenden Weinbergen (zu denen kommen wir noch!). Kostenlos zugänglich und ohne Konsumationszwang, wie übrigens das gesamte Areal des MQ. In Zeiten des schwindenden öffentlichen Raums ein erwähnenswertes Detail.

Das Herumlaufen und Kulturschauen macht hungrig. Wir könnten natürlich gleich hier in eins der vielen trendigen Cafés oder Lokale gehen, wir tun es aber nicht. Wir essen eine Leberkäs-Semmel, und zwar vom Pferd! Keine Widerrede.

Dazu nehmen wir die U4, fahren Richtung Heiligenstadt den Donaukanal entlang bis zur Station **Friedensbrücke**. Und da sehen wir ihn schon, den **Gumprecht** mit seinen vier Variationen Pferde-Leberkäs. Ich nehme natürlich die Variante Alt-Wiener Tradition (»herzhaft im Geschmack, bissig und heiß, so soll er sein«, wie die Familie Gumprecht ihn bewirbt). Und was darf's bei Ihnen sein? Den Pferde-Knoblauch-Leberkäs oder lieber den Leberkäs-Gugelhupf? Je nach Gewicht geben wir 3 bis 4 Euro dafür aus. Beim Gumprecht-Imbiss die Semmel kauen und auf den graubraunen Donaukanal schauen, das hat schon was. An den Stehtischen treffen sich Leute, die sonst selten zusammenkommen. So wie das auch beim klassischen Wiener Würstlstand der Fall ist oder an einer der Dönerbuden, die zunehmend die Würstler verdrängen.

DIE DONAU: IMMER NOCH SCHÖN UND BLAU

Sie fragen, ob das schon alles ist an Donau? Dieser oft schmutzfarbene und bei Flaute träge dahinströmende Kanal? Nein, gar nicht. Die Donau fließt überhaupt nicht durch Wien, sondern am Rande vorbei. Mitten durch die Stadt rinnt sie erst weiter stromabwärts, in Budapest. Die Wiener haben den Fluss immer als Bedrohung empfunden, wegen der gefährlichen Hochwasserperioden.

Wenn wir die U1 stadtauswärts nehmen, sehen wir das wunderbar. Die U-Bahn fährt hier überirdisch und quert erst den breiten Donaustrom und dann die sogenannte Neue Donau oder, wie manche sagen, das Entlastungsgerinne. Das Gerinne, für das 16 Jahre lang parallel zur Donau ein Bett ausgebaggert wurde, ist normalerweise ein stehendes Gewässer. Nur bei Hochwasser werden die Wehre geöffnet, um die Wassermassen des Hauptstroms aufzunehmen.

Die Insel, über die wir gerade gefahren sind, ist übrigens aufgeschüttetes Aushubmaterial: 30 Millionen Kubikmeter ergaben die heutige **Donauinsel**, ein beliebtes Ziel für Radler, Jogger und Badende, Surfer, Stand-up-Paddler und Volleyballspieler. Und einmal im Jahr findet hier eine riesige Party statt, das Donauinselfest. Kostenlos.

Auf der 21 Kilometer langen und 250 Meter breiten autofreien Insel hat sich seit 1988 einiges an Flora und Fauna entwickelt. Dutzende Stege laden zum Baden ein, selbst im Hochsommer findet jeder und jede genügend Platz. Für FKK-Freunde steht ein eigener Abschnitt bereit.

Grillstellen lassen sich bei der Stadt reservieren, das nötige Brennholz wird am gewünschten Tag bereitgestellt.

Weiter raus fahren wir nicht, denn jenseits des Donaustroms liegt **Transdanubien**, wie man abschätzig sagt. Ein bisschen klingt da Transsilvanien mit, gemeint ist das Hinterwäldlerische. Flächenbezirke mit Wohnsiedlungen und Einfamilienhäusern samt Vorgärten(-zwergen). Im 21. und 22. Bezirk grüßen sich manchmal sogar Fremde, so kleinteilig fühlt sich's hier mitunter an. Die Wiener aus Transdanubien behaupten gleichwohl, es sei so schön bei ihnen, weil im Grünen und der Stadt so nah. Die Stadt Wien ihrerseits will alles tun, um diese Bezirke auch kulturell aufzuwerten, aber das ist noch ein weiter Weg.

IM 1. BEZIRK

Also setzen wir uns lieber in die Tram Nr. 1 oder 2 und fahren den Ring entlang, wo sich Gründerzeit-Palais an Palais reiht und Wien gekonnt auf herrschaftlich macht. Steigen wir doch beim **Schottenring** ein und fahren dann an der **Börse** vorbei, an der **Universität**, am neugotischen **Rathaus**, am **Burgtheater**, am **Parlament**, an schönen alten Hotels, am **Museum für angewandte Kunst** und an der wunderbaren früheren **Postsparkasse** mit ihrem Kassensaal von Otto Wagner. (Der ist als Architekt auch verantwortlich für die schönen Stadtbahn-Stationen im Jugendstil.) Bei dieser gemächlichen Art der Fortbewegung ziehen an den Fenstern allerlei Schauwerte vorbei. Man fragt sich, wo man am besten aussteigen soll.

Vielleicht an der **Staatsoper?** Da gehen wir heute Abend hin. Sie dürfen sich darauf verlassen, etwas Qualitätsvolles geboten zu bekommen, musikalisch, aber das ist nur ein Teil des Genusses. Wenn Sie Glück haben, bekommen Sie einen der 449 Stehplätze (zwischen

13 und 18 Euro). Das ist kein Schnäppchentipp, sondern Wiener Tradition. Stammgäste markieren mit ihren Schals, dass sie zugegen sind und nur kurz, bevor sich der Vorhang hebt, noch mal auf einen Aperitif an die Bar gegangen sind. Sehenswert sind nicht nur die Kulissen auf der Bühne, sondern auch das Innenleben der Oper selbst. Umziehen müssen Sie sich dafür nicht, die Zeiten sind *casual* geworden, selbst in der Wiener Staatsoper.

Vorher gehen wir aber noch zu **Reinthaler's Beisl** im 1. Bezirk, wo alles etwas gehobener ist als in den übrigen 22 Bezirken – vor allem die Preise. Der Reinthaler, ein typisches Alt-Wiener Gasthaus, bildet da eine erfreuliche Ausnahme in bester Lage (Dorotheergasse 2–4). Hier mischen sich Einheimische mit Touristen; alle werden gut bedient. Und die klassische Wiener Küche gibt's zum volkstümlichen Preis. Das Kleine Rindsgulasch zum Beispiel und dazu ein sogenanntes Jugendgetränk, z. B. ein Soda Zitron (in Österreich muss immer ein nichtalkoholisches Getränk billiger sein als ein alkoholisches), bekommen wir für zusammen 10,80 Euro.

OHNE WEIN KEIN WIEN

Wenn wir Pech haben, ist die Vorstellung in der Staatsoper ausverkauft, und wir müssen uns was anderes ausdenken. Oder wir haben nach dem 1. Akt genug gesehen. Dann setzen wir uns in den »D-Wagen« (die Straßenbahnlinie D) und fahren von der Oper zur Endstation Nussdorf/Beethovengang. Da wird Wien ländlich. **Nussdorf** ist eines der zahlreichen alten Weinbaudörfer rund um die Stadt, die längst eingemeindet sind. Hier finden sich nach einer halben Stunde Fahrt unweit der Endstation bald die ersten Heurigen und Buschenschanken. Letztere (Sie kennen sie vielleicht als Straußenwirtschaften) dürfen nur Weine aus eigenem Anbau anbieten und dazu selbst gemachte kalte Speisen. Früher haben sich die Besucher ihre Jause, ihren Proviant, mitgebracht zum **Heurigen,** wo in einfachen Gläsern der junge Wein, der Heurige eben, ausgeschenkt wurde. Heute ist alles verfeinert in Wien, wo es – wie sonst wohl nirgends auf der Welt – Weinberge rund um die Stadt gibt. Und wo auch wirklich nennenswerte Mengen produziert werden, und zwar auf hohem Niveau. Wir gehen die Zahnradbahnstraße hoch (auf der früheren Trasse einer Zahnradbahn auf den Kahlenberg), dann folgen wir der Eroicagasse immer weiter. Wir lassen die Häuser bald hinter uns und haben nur noch die Weinberge vor uns.

Wir nehmen Platz beim **Wieninger am Nussberg,** auf einer der zwischen die Reben gestellten Bänke, und bestellen erst ein Viertel Heurigen und dann ein Achtel Grünen Veltliner und ein Achtel Gelben Muskateller, das sind die besseren Weine, die auch als Flasche verkauft werden. Den freien Blick vom Nussberg auf die Stadt gibt's gratis. Wir schweigen andächtig ob der Aussicht.

Auf dem Rückweg sind wir, leicht illuminiert, wie der Wiener sagt, froh über die Straßenbahn. Wie gut, dass ich ein Buch des ins Exil getriebenen österreichischen Dichters Theodor Kramer (1897–1958) dabeihabe, der auch die Heurigen liebte und bittersüße Verse schrieb:

Schön sind Blatt und Beer
und zu sagen wär
von der Kindheit viel und viel vom
    Wind;
Doch ich bin nicht hier,
und was spricht aus mir,
steht für die, die ohne Stimme sind.

KASSENBON

Tageskarte ÖPNV	8,00 €
Frühstück im Café Goldegg	5,90 €
Leberkässemmel	4,00 €
Abendessen in Reinthaler's Beisl	10,80 €
Stehplatz Oper	18,00 €
Heuriger	3,80 €
EURO	50,50

DIE AUTORINNEN UND AUTOREN DIESES BUCHS

HERAUSGEBER/SAN FRANCISCO: CHRISTOPH DRÖSSER

lebt seit 2014 als freier Journalist in San Francisco. Er beschäftigt sich vor allem mit Wissenschafts- und Technikthemen, schreibt aber auch erfolgreich Kinderbücher. Für sein Buch »100 Kinder« erhielt er 2021 den Deutschen Jugendliteraturpreis. Vor seinem Umzug in die USA war Christoph Drösser viele Jahre Redakteur bei der Wochenzeitung Die Zeit. 2005 wurde er vom Medium Magazin als Wissenschaftsjournalist des Jahres ausgezeichnet.

AMSTERDAM: KERSTIN SCHWEIGHÖFER

ist Absolventin der Henri-Nannen-Journalistenschule in Hamburg und studierte in München und Lyon Romanistik, Politologie und Kunstgeschichte. Seit 1990 lebt sie als freie Autorin und Auslandskorrespondentin in den Niederlanden und arbeitet vorwiegend für die ARD-Hörfunkanstalten, Deutschlandfunk und Deutschlandradio-Kultur sowie das Kunstmagazin Art.

Neben Tulpen, Königshaus und Oranjefieber gehören Rembrandt und van Gogh zu Kerstin Schweighöfers täglichen Brot, aber auch gesellschaftliche Dauerbrenner wie Sterbehilfe, Drogen und Rechtspopulismus.

BANGKOK: MATHIAS PEER

lebt seit 2012 in Thailand. Der Absolvent der Kölner Journalistenschule für Politik und Wirtschaft dokumentiert in Bangkok die rasante Veränderung der Region für mehrere deutschsprachige Zeitungen, Magazine und Onlinemedien – unter anderem für das Handelsblatt, die Wirtschaftswoche, Die Presse und Zeit Online. Mathias Peer ist außerdem Mitgründer des Portals 8MRD.COM, das über den Aufstieg der Schwellenländer berichtet.

BARCELONA: JULIA MACHER

ist Absolventin der Berliner Journalistenschule und hat an der Humboldt-Universität in Berlin Geschichte, Germanistik und Politik studiert. Seit 2004 lebt sie in Barcelona und arbeitet als freie Korrespondentin u. a. für Deutschlandfunk, Zeit Online.

In ihren Reportagen fragt Julia Macher nach den Folgen von Corona- und Klimakrise, schnüffelt mit iberischen Schweinen durch Eichenhaine und spricht mit Anwohnern über die Schattenseiten des Tourismus.

BELGRAD: DANJA ANTONOVIĆ

ist geborene Belgraderin. Sie lernte Sprachen in Mailand, London und Paris und studierte in Frankfurt Philosophie. Sie absolvierte die Deutsche Journalistenschule in München und arbeitete lange Zeit als feste Freie für das ZDF. Seit 2006 lebt Danja Antonović wieder in ihrer Geburtsstadt Belgrad. Mit einem »deutschen« und einem »balkanesischen« Blick berichtet sie als Weltreporterin für deutsche Medien (TV, Radio und Print) über die so nahe und doch so ferne Balkan-Region.

BERLIN: CLEMENS BOMSDORF

hat lange im Norden Europas gelebt (Stockholm, Kopenhagen), bevor er zunächst in den Osten (Friedrichshain), dann Westen (Charlottenburg) Berlins zog. Geboren und ausgebildet im deutschen Westen (Kölner Journalistenschule), hat er aus Nordeuropa als Korrespondent unter anderem für The Art Newspaper, The Wall Street Journal und Die Welt berichtet. Seit 2019 arbeitet er als Referent für Presse und Kommunikation an der norwegischen Botschaft in Berlin-Tiergarten.

BUENOS AIRES: KAREN NAUNDORF

wusste schon vor ihrer Ausbildung an der Henri-Nannen-Journalistenschule: Sie würde aus Südamerika berichten. Die Reportagen der Diplom-Kommunikatoinswirtin sind u. a. in Der Spiegel, Die Zeit, Geo, Dummy-Magazin, Mare, Revista Anfibia und der Washington Post erschienen, Radio- und Fernsehbeiträge bei Deutschlandfunk, ARTE und ZDF. Karen Naundorf ist Korrespondentin der Schweizer Fernsehens und Fellow des Pulitzer Center on Crisis Reporting zum Thema Künstliche Intelligenz.

DURBAN: LEONIE MARCH

ist im Rheinland aufgewachsen, hat nach dem Studium beim Saarländischen Rundfunk volontiert und die Frühsendung von Deutschlandfunk Kultur moderiert. Seit 2009 lebt und arbeitet sie als freie Korrespondentin für das südliche Afrika in der Hafenmetropole Durban. Ihre Radioreportagen, Features und Porträts sind u. a. in Deutschlandfunk, SRF und ORF zu hören; ihre Artikel erscheinen u. a. in Frankfurter Rundschau, Spiegel Geschichte und Der Freitag.

EDINBURGH: NICOLA DE PAOLI

ist eine britisch-deutsche Autorin mit italienischen Wurzeln. Sie ist eine ausgewiesene Schottland-Kennerin und gibt seit rund zehn Jahren das Schottland-Magazin heraus, das in Deutschland, Österreich und in der Schweiz am Kiosk erhältlich ist. Die schottische Hauptstadt Edinburgh ist ihre zweite Heimat. »Der mittelalterliche Stadtkern der Old Town lässt sich immer wieder neu entdecken«, sagt sie.

FLORENZ: CHRISTIANE BÜLD CAMPETTI

hat Publizistik, Deutsch und Niederländisch in Münster studiert, diverse Zeitungspraktika absolviert und wurde nach ihrem Hochschulabschluss feste freie Mitarbeiterin beim Bayerischen Rundfunk. Vor über 30 Jahren kam sie für ein Wochenende nach Florenz. Mittlerweile kann sie sich nicht mehr vorstellen, in Deutschland zu leben, obwohl der Alltag in Italien anstrengend, unberechenbar und oft ärgerlich ist. Aber er ist eben auch lebendig, menschlich und immer für Überraschungen gut.

GENF: MARC ENGELHARDT

studierte in Kiel Geografie, Meeresbiologie und öffentliches Recht und in Hagen Philosophie. Es folgten ein Volontariat beim Norddeutschen Rundfunk und mehrere Jahre bei der Tagesschau. Seit Ende 2010 lebt Marc Engelhardt in Genf und berichtet von dort u. a. über die Ereignisse bei den Vereinten Nationen. Marc Engelhardt ist Autor zahlreicher Bücher und seit 2021 Geschäftsführer des CORRECTIV.CrowdNewsroom, eines gemeinnützigen Projekts für Bürgerrecherchen in der Schweiz und weltweit.

ISTANBUL: SUSANNE GÜSTEN

ist freie Korrespondentin in der Türkei, u. a. für New York Times, Tagesspiegel, Deutschlandfunk. Features, Reportagen & Hintergründe in Print & Funk, auf Deutsch & Englisch. Geboren in München, aufgewachsen in Westafrika, Schulabschluss in den USA, Studium der Politikwissenschaften in Deutschland, Absolventin der Deutschen Journalistenschule, zehn Jahre bei Agence France-Presse in Deutschland, zuletzt als stellvertretende Chefredakteurin; seit 1997 in Istanbul.

JERUSALEM: TANIA KRÄMER

lebt in Jerusalem und berichtet aus Israel und den Palästinensischen Gebieten. Sie arbeitet als Videojournalistin, berichtet live für DW News (TV) und produziert Multimedia-Inhalte. Studiert hat sie in Paris (Geschichte und Internationale Beziehungen), war Volontärin bei der Deutschen Welle. Danach Reporterin in der Nachrichtenredaktion, hinzu kamen weitere Aufenthalte in Afrika und dem Nahen Osten. 2006–2007 hat sie für das UNO-Radio im Süd-Sudan gearbeitet.

KOPENHAGEN: JULIA WÄSCHENBACH

hat Journalistik in Dortmund und Stockholm studiert und kam 2013 als dpa-Korrespondentin nach Dänemark. Sie hat Astrid Lindgrens Tochter und Björn von Abba interviewt, Nobelpreisträger vermeldet, auf Island Elfen nachgespürt, auf Grönland Auswanderer begleitet und Nächte durchgearbeitet, als Terroranschläge Kopenhagen und Stockholm ereilten. Seit 2019 ist Julia Wäschenbach als freie Korrespondentin für Print, Radio und Fernsehen in den nordischen Ländern unterwegs, u.a. für Deutschlandfunk, ZDF, Die Welt und Zeit Online.

LONDON: PETER STÄUBER

zog 2010 von der Schweiz nach London und berichtet seither über britische Politik, Kultur und Wirtschaft. Ihn interessieren vor allem gesellschaftliche Themen jenseits der Schlagzeilen – von der Drogenkrise über Drill-Musik bis zu den Folgen des Wohnungsmangels in der britischen Metropole. Peter Stäuber hat in Zürich, Aberdeen und Wien Englisch und Geschichte studiert und ist Autor von zwei Sachbüchern über London und Großbritannien.

LOS ANGELES: KERSTIN ZILM

berichtet seit April 2003 aus Los Angeles, zuerst fünf Jahre lang aus dem ARD-Hörfunkstudio, seit September 2008 selbstständig für Radio, Print und Fernsehen. Sie informiert aktuell über Waldbrände, Oscar-Verleihungen und Kaliforniens Haushaltsprobleme, interviewt aber auch clevere Unternehmer und Soldaten, die freiwillig in den Krieg zurückkehren. Kerstin Zilm spricht mit Häftlingen in überfüllten Gefängnissen, Einwanderern ohne Papiere und Nachkommen der ersten Hollywoodstars.

MADRID: REINER WANDLER

kam 1992 mit einem Stipendium nach Madrid. Nach Deutschland zurückkehren sollte er nie. Seinen nicht ganz kleinen Fleck auf dem Globus betrachtet er täglich für verschiedene Tageszeitungen wie die taz in Berlin, den Standard in Wien, die Basler Zeitung sowie die Sonntagszeitung in Zürich. Dabei schreibt er über Politik, Wirtschaft, Kultur, Sport und Gesellschaftliches. In den letzten Jahren beschäftigt er sich außerdem intensiv mit dem Themenbereich erneuerbarer Energien.

NAIROBI: BETTINA RÜHL

ist seit 1988 freiberufliche Journalistin und lebt seit 2011 in der kenianischen Hauptstadt Nairobi. Von dort aus schreibt sie über die Warlords von Mogadischu, die sich Hoffnungen auf die nächste Präsidentschaft machen. Über Künstler in Kenia oder über die Drogenbarone von Mali, die in der Region bereits die wichtigsten Arbeitgeber sind. Ihre Features, Reportagen und Berichte erscheinen in verschiedenen Sendungen des ARD-Hörfunks, in Magazinen und Zeitungen.

NEW YORK: BASTIAN HARTIG

hat ein Diplom in Sprachen-, Wirtschafts- und Kulturraumstudien von der Universität Passau und einen Master in Chinese Studies von der School of Oriental and African Studies in London. Nach vier Jahren als Asienkorrespondent der Deutschen Welle kam er 2019 nach New York. Als freier Multimediajournalist berichtet Bastian Hartig für TV, Hörfunk und online darüber, was die Menschen in dieser faszinierenden Stadt antreibt, und darüber, was das ganze Land bewegt.

PARIS: BARBARA MARKERT

berichtet seit 2003 als freie Journalistin aus Paris. Die Diplomkauffrau und Absolventin der Journalistenschule ifp beleuchtet das Savoir-vivre Frankreichs in all seinen Facetten und berichtet im Schwerpunkt über die Branchen Mode und Beauty, hier vor allem zu Themen der Nachhaltigkeit. Ihre Texte erscheinen in Vogue, Schöner Wohnen, S Magazin von Der Spiegel sowie in der Mode- und Handels-Fachpresse. Barbara Markert gehört zu den deutschen Blogger-Pionieren, seit 2021 betreibt sie zudem den Secondhandshop SILO.

PRAG: KILIAN KIRCHGESSNER

berichtet aus Tschechien und der Slowakei für zahlreiche ARD-Hörfunkprogramme und schreibt für den Tagesspiegel, brand eins, GEO Saison und viele weitere Titel. Für seine Reportagen löst er die Rätsel zweier postsozialistischer Staaten: warum die Tschechen auf Atomkraft setzen, wieso die Regierung eine Theatertruppe durch slowakische Roma-Ghettos schickt und weshalb bayerische Handwerker ihre Produkte inzwischen so gern an tschechische Kunden verkaufen.

ROM: MICHAELA NAMUTH

berichtet seit vielen Jahren als freie Korrespondentin aus Rom und Italien. Ihre Reportagen sind Geschichten jenseits der aktuellen Berichterstattung über die unvermeidliche Regierungskrise und jenseits der Klischees von Pizza und Mafia. Ihre Beiträge sind unter anderem erschienen in Brandeins, Wirtschaftswoche, Facts, Annabelle, taz und Frankfurter Rundschau. Sie hat in Heidelberg Politikwissenschaft studiert. 2014 war Michaela Namuth Chefredakteurin der Jahresausgabe des Südtiroler Magazins Nord & Süd.

SALVADOR DA BAHIA: CHRISTINE WOLLOWSKI

ging im April 2000 für ein Jahr nach Recife im Nordosten Brasiliens. Seitdem berichtet sie über das Land, in dem auch dann noch Samba möglich ist, wenn evangelikale Glaubensgemeinschaften zu florierenden Wirtschaftsunternehmen, Fußballernachwuchs zu menschlicher Ware und Politiker zu gefährlichen Karikaturen menschlicher Unzulänglichkeit werden. Ihre Texte erscheinen u. a. in der Frankfurter Allgemeinen Sonntagszeitung, in Reportagen, Cicero und Brigitte.

SAN FRANCISCO/OAKLAND: ARNDT PELTNER

ist seit 1996 freier Korrespondent in den USA, u. a. für Deutschlandfunk Kultur, SWR, Nürnberger Zeitung und Publik Forum. Seine Themenschwerpunkte reichen von der Todesstrafe über Gang-Gewalt und das Wiedererstarken der »Militia Groups« in den USA bis hin zum institutionalisierten Rassismus. Daneben sucht er Geschichten rund um Religion, beschäftigt sich mit der Geschichte der deutschsprachigen Einwanderer und ist immer offen für Musikthemen aller Art.

SYDNEY: JULICA JUNGEHÜLSING

lebt seit 2001 als freie Journalistin in Australien. Ihre Reportagen aus Australien und anderen Ländern im Südpazifik erscheinen unter anderem in Stern, GEO Saison, GEO Special, MERIAN, Die Zeit, Zeit Online, SZ-Magazin und Brigitte. In mehr als 20 Jahren im Land hat sie breites Wissen und tiefe Einblicke in Politik und Gesellschaft Australiens erworben. Julica Jungehülsing schreibt Umwelt-, Architektur- und Reisegeschichten sowie Analysen und Kommentare zum aktuellen Geschehen.

TAIPEH: KLAUS BARDENHAGEN

war Autor und Reporter in der Wirtschaftsredaktion des NDR-Fernsehens und arbeitete in der Nachrichtenredaktion des ZDF. Seit 2008 berichtet er aus Taiwan für Print- und Onlinemedien ebenso wie für Radio- und TV-Sender. Seine neue Heimat ist kaum auf einen Nenner zu bringen. Klaus Bardenhagen berichtet über eine Gesellschaft, die vor vielen ähnlichen Herausforderungen steht wie Deutschland, und über ein Land, das vom Westen noch zu entdecken ist.

TUNIS: SARAH MERSCH

lebt und arbeitet seit 2010 in Tunesien, wo sie seit 2011 den politischen Umbruch, erste demokratische Gehversuche und Rückschläge miterlebt und beschreibt. Sie hat wie viele Kollegen bei der Lokalzeitung angefangen und arbeitet jetzt vor allem für Radio, Print und Web. Neben politischen Themen beschäftigt sich Sarah Mersch mit Gesellschaft und Kultur, schreibt lange Reportagen, Reisetipps über Tunesien jenseits von Strand und Wüste und porträtiert tunesische Aktivistinnen fürs Radio.

WARSCHAU: PAUL FLÜCKIGER

wurde 1966 im britischen Huddersfield geboren, wuchs in der Schweiz auf und lebt seit 2000 als freier Korrespondent in Warschau, von wo aus er neun mittel- und osteuropäische EU-Beitrittsländer begleitet. Dazu schreibt er viel über die Länder Ukraine, Belarus und Moldawien, die er regelmäßig bereist. Paul Flückigers Analysen und Reportagen erscheinen unter anderem in der Neuen Zürcher Zeitung, der Zeit und dem Stern.

WIEN: ALEXANDER MUSIK

kam nach sieben Jahren in der deutschen Redaktion von Radio France Internationale in Paris während eines Sabbatjahrs 2007 nach Wien – und er blieb als Freier. Österreich ist für ihn weniger Kaffeehäuser, Ballsaison und süßlicher Barock, sondern eher eine gewisse mitteleuropäische Melancholie, die vielleicht an der Nähe zur Slowakei, Ungarn und Tschechien liegt. Hintergründe, gesellschaftliche Umbrüche, Umwelt, Porträts, Kultur und Rezensionen sind seine Themen.

IMPRESSUM

© 2022 GRÄFE UND UNZER
VERLAG GmbH, Postfach
860366, 81630 München

POLYGLOTT

POLYGLOTT ist eine eingetragene
Marke der GRÄFE UND UNZER
VERLAG GmbH

ISBN 978-3-8464-0943-5

1. Auflage 2022

Alle Rechte vorbehalten. Nachdruck, auch auszugsweise, sowie Verbreitung durch Film, Funk, Fernsehen und Internet, durch fotomechanische Wiedergabe, Tonträger und Datenverarbeitungssysteme jeglicher Art nur mit schriftlicher Genehmigung des Verlags.

Redaktion und Projektmanagement: Wilhelm Klemm
Lektorat: Martin Waller
Illustrationen: Julia Pfaller
Satz: Werkstatt München – Buchproduktion
Schlusskorrektur: Ulla Thomsen
Umschlaggestaltung und Layout: Designbüro Lübbeke Naumann Thoben
Herstellung: Renate Hutt
Repro: Ludwig media, Zell am See
Druck und Bindung: Livonia Print, Lettland

Wichtiger Hinweis
Die Daten und Fakten für dieses Werk wurden mit äußerster Sorgfalt recherchiert und geprüft. Wir weisen jedoch darauf hin, dass diese Angaben häufig Veränderungen unterworfen sind und inhaltliche Fehler oder Auslassungen nicht völlig auszuschließen sind.

Ansprechpartner für den Anzeigenverkauf:
KV Kommunalverlag GmbH & Co. KG,
MediaCenter München,
Tel. 089/928 09 60

Bei Interesse an maßgeschneiderten B2B-Produkten:
roswitha.riedel@graefe-und-unzer.de

Leserservice
GRÄFE UND UNZER Verlag
Grillparzerstraße 12
81675 München
www.graefe-und-unzer.de

Umwelthinweis
Nachhaltigkeit ist uns sehr wichtig. Der Rohstoff Papier ist in der Buchproduktion hierfür von entscheidender Bedeutung. Daher ist dieses Buch auf PEFC-zertifiziertem Papier gedruckt. PEFC garantiert, dass ökologische, soziale und ökonomische Aspekte in der Verarbeitungskette unabhängig überwacht werden und lückenlos nachvollziehbar sind.

Ein Unternehmen der
GANSKE VERLAGSGRUPPE